U0482142

本书为国家社会科学基金（项目批准号13XSH029）结项成果，出版得到以下项目资助：

国家民委人文社会科学重点研究基地西北民族大学铸牢中华民族共同体意识研究中心、国家民委中华民族共同体研究基地西北民族大学中华民族共同体研究中心项目；

西北民族大学引进人才科研项目（编号 xbmuyjrc2020020）；

西北民族大学国家级一流本科专业（民族学）建设点项目；

中央高校基本科研业务费专项资金项目（the Fundamental Research Funds for the Central Universities），项目编号31920240126-18。

找寻安身之所

边缘地带传统村落与移民社区的文化生境

鲁顺元 著

中国社会科学出版社

图书在版编目(CIP)数据

找寻安身之所：边缘地带传统村落与移民社区的文化生境 / 鲁顺元著. -- 北京：中国社会科学出版社，2024.11. -- ISBN 978-7-5227-3948-9

Ⅰ. K928.5

中国国家版本馆 CIP 数据核字第 2024P24C20 号

出 版 人	赵剑英
责任编辑	耿晓明
责任校对	李　莉
责任印制	李寡寡

出　　版	中国社会科学出版社
社　　址	北京鼓楼西大街甲 158 号
邮　　编	100720
网　　址	http://www.csspw.cn
发 行 部	010-84083685
门 市 部	010-84029450
经　　销	新华书店及其他书店

印　　刷	北京明恒达印务有限公司
装　　订	廊坊市广阳区广增装订厂
版　　次	2024 年 11 月第 1 版
印　　次	2024 年 11 月第 1 次印刷

开　　本	710×1000　1/16
印　　张	20.5
插　　页	2
字　　数	301 千字
定　　价	98.00 元

凡购买中国社会科学出版社图书，如有质量问题请与本社营销中心联系调换
电话：010-84083683
版权所有　侵权必究

目 录

引言：学术层面的移民、村落、热贡和文化生态 ……………（1）
 一　缘起与意义 ……………………………………………（1）
  （一）问题缘起 …………………………………………（1）
  （二）研究意义 …………………………………………（2）
 二　文献回顾与评述 ………………………………………（2）
  （一）生态移民研究 ……………………………………（2）
  （二）村落研究 …………………………………………（5）
  （三）热贡文化研究 ……………………………………（8）
  （四）文化资源开发与文化生态保护问题研究 ………（12）
 三　研究设计 ………………………………………………（20）
  （一）思路与逻辑 ………………………………………（20）
  （二）概念与框架 ………………………………………（24）
  （三）方法与路径 ………………………………………（31）

第一章　"金色谷地"里的角力：人文背景及现实条件 ………（41）
 第一节　人文背景 …………………………………………（41）
  一　抗拒中的变迁：生成场景 …………………………（41）
  二　传统的威力：主要呈现 ……………………………（45）
 第二节　文化资源开发的有力实践：现实条件 …………（70）
  一　经济与社会制度性基础 ……………………………（70）
  二　创新型管理体制的设置 ……………………………（75）

1

三　唐卡开发的示范引领 …………………………………（79）
　　四　转型社会中的生计压力 ……………………………（85）

第二章　村落社区化的两种接续形态：历程及演变 ………（91）
　第一节　保护开发历程 ………………………………………（91）
　　一　艺术资源开发 ………………………………………（92）
　　二　文化生态保护 ………………………………………（107）
　第二节　村落演变 ……………………………………………（130）
　　一　村落生存的压力 ……………………………………（131）
　　二　移民社区的形成 ……………………………………（151）

第三章　保护与开发的互促：景象及问题 …………………（163）
　第一节　保护开发景象 ………………………………………（164）
　　一　传统村落的文化开发及生态保护 …………………（164）
　　二　移民社区的文化开发及生态保护 …………………（192）
　第二节　保护与开发中存在的问题 …………………………（230）
　　一　文化资源开发中存在的问题 ………………………（230）
　　二　村落保护中存在的问题 ……………………………（235）
　　三　文化生态保护中存在的问题 ………………………（240）

第四章　借理论之镜反观问题：文化生态的表与里 ………（244）
　第一节　"文化生态"的诘问 …………………………………（244）
　　一　理论层面的文化生态 ………………………………（245）
　　二　制度层面的文化生态 ………………………………（250）
　第二节　系统与生境：边缘地带的整体性意义 ……………（254）
　　一　青藏高原区域文化保护的自然生态价值 …………（254）
　　二　文化生态保护的系统观 ……………………………（259）

结论与省思：在传统与现代的互构中重塑生态 …………… (264)
    一　结论 …………………………………………………… (264)
    二　省思 …………………………………………………… (272)

附录 ……………………………………………………………… (284)
    一　专论 …………………………………………………… (284)
        （一）深化青海区域民族文化生态保护的形势与建议 … (284)
        （二）打造黄南州和日镇为青海旅游发展新支点 ……… (290)
    二　调查问卷 ……………………………………………… (300)
    三　受访者名录 …………………………………………… (304)

参考文献 ……………………………………………………… (308)

后　记 ………………………………………………………… (322)

引言：学术层面的移民、村落、热贡和文化生态

一 缘起与意义

（一）问题缘起

2010年，笔者在青海省范围选取12个行政村开展有关文化变迁的调研，其中，在黄南藏族自治州（以下简称黄南州）选取的是泽库县的和日村和同仁县的四合吉村。在此之前，2006年，热贡艺术被列入首批中国非物质文化遗产名录；2008年，热贡地区继闽南、徽州后被列为第三个国家级文化生态保护实验区；2010年，热贡艺术被正式列入世界非物质文化遗产名录。当时的选题不涉及热贡文化资源开发相关问题。由于同仁县的唐卡商业化开发已经名声在外，所取得的经济、社会效益十分突出，这在笔者于和日调研时从村民那里获得特别的感知，对笔者而言亦为热贡文化知识启蒙。和日村民唯同仁唐卡开发马首是瞻，每每谈起而仰视，声色饱含羡慕之情。村民反复向前来调研的我提出疑问：同样是热贡地区，从和日往东北，翻过隆务山便是同仁地区，地理空间上可谓近在咫尺，而且列入吉尼斯纪录的和日石经墙的知名度似乎不亚于隆务河谷的唐卡，为什么二者的开发程度和所产生的效益却有天壤之别？因未作深入调查，故未能给出有说服力的回应。笔者允诺来日对此作专门调研，以让当时已经在如火如荼地开发的石雕（刻）产业给当地带来更大的经济收益。2013年，以"热贡移民社区与传统村落的文化开发保护研究"为题，

复申请国家社科基金项目，幸运立项。这样，就有了深入解析和日村民疑惑和诘问的项目条件。

（二）研究意义

1. 学术价值

其一，分析政府、寺院及村落内部传统组织在热贡文化资源开发与文化生态保护中表现出的区域特征，是对国家—市场转型理论的创新和充实。其二，关注少数民族和民族地区传统文化资源开发的特征及以传统村落为文化资源开发载体的民族地区发展模式，是对文化产业研究范式和区域发展理论的有益补充。其三，从文化资源开发与文化生态保护实践窥探村落的文化社会结构变化，可以丰富或反思已有村落研究结论。其四，梳理村落演变为社区或成为"城中村"的历程，反思高寒生态脆弱区城镇化道路，探寻契合高寒地区生态、文化环境的城镇化方式，这是对城市化理论的一大贡献。

2. 实践意义

其一，以实证的方法呈现以丰富的民族文化资源开发带动民族地区发展的模式，对推动民族地区全面协调发展、和谐社会构建有一定的现实意义。其二，纵向比较移民社区生计选择过程，分析民族传统村落社区所承受的转型压力，研究新背景下村落变迁与文化资源开发及生态保护的耦合性，可为高寒内陆生态移民生计转型提供有益借鉴。其三，通过理析，准确给定文化生态的内涵，进而通过村落保护实现文化及其生态的有效、持续保护，此为文化多样性维护、文化资源的可持续开发利用乃至以文化安全助推国家安全拓新思路，亦为基层党委政府实践文化生态保护区建设提供更清晰的路径。

二 文献回顾与评述

（一）生态移民研究

生态移民研究的理论渊源于国际移民（亦称全球移民、跨境移民），对国际上和中国广泛实施的工程移民、开发（扶贫）性移民、吊（调）庄移民等的研究，则为生态移民比较研究提供了更为丰富的实证素材。

学术界经过对生态移民现象的多年阐释，已达成一些共识，加之已有多学科理论的支持，其理论雏形已初步形成，主要体现在研究对象及其分类，就地迁移与异地迁移、移民回迁、移民的社会文化适应、移民社区凝聚力等重要概念界定，推拉理论的应用、文化适应的层次性结论等迁移的内在机理的阐释诸方面。[1] 代表性的国内相关成果有许德祥的《水库移民系统与行政管理》[2]，风笑天的《"落地生根"？——三峡农村移民的社会适应》[3]，雷洪、孙龙的《三峡农村移民生产劳动的适应性》[4]，荀丽丽、包智明的《政府动员型环境政策及其地方实践——关于内蒙古S旗生态移民的社会学分析》[5]，葛根高娃、乌云巴图的《内蒙古牧区生态移民的概念、问题与对策》[6]，刘学敏的《西北地区生态移民的效果与问题探讨》[7]，王晓毅的《生态移民与精准扶贫——宁夏的实践与经验》[8]，谢元媛的《生态移民政策与地方政府实践：以敖鲁古雅鄂温克生态移民为例》[9] 等。

青海三江源区生态环境保护问题因其特殊的生态地位而备受学术界关注，特别是国家设立"三江源"自然保护区后，其中自

---

[1] 鲁顺元：《生态移民理论与青海的移民实践》，《青海社会科学》2008年第5期。
[2] 许德祥：《水库移民系统与行政管理》，新华出版社1998年版。
[3] 风笑天：《"落地生根"？——三峡农村移民的社会适应》，《社会学研究》2004年第5期。
[4] 雷洪、孙龙：《三峡农村移民生产劳动的适应性》，《人口研究》2000年第11期。
[5] 荀丽丽、包智明：《政府动员型环境政策及其地方实践——关于内蒙古S旗生态移民的社会学分析》，《中国社会科学》2007年第5期。
[6] 葛根高娃、乌云巴图：《内蒙古牧区生态移民的概念、问题与对策》，《内蒙古社会科学》（汉文版）2003年第2期。
[7] 刘学敏：《西北地区生态移民的效果与问题探讨》，《中国农村经济》2002年第4期。
[8] 王晓毅：《生态移民与精准扶贫——宁夏的实践与经验》，社会科学文献出版社2017年版。
[9] 谢元媛：《生态移民政策与地方政府实践：以敖鲁古雅鄂温克生态移民为例》，北京大学出版社2010年版。

2005年实施的生态移民工程成为学术热议命题，突出体现在实证性调查、国家人文社科基金项目立项、研究生论文选题、成果发表出版等方面。比如，在中国知网（CNKI）以"生态移民"为题（包含"三江源"）搜索，最为关注的是生态移民的社会适应与文化变迁，居被引次数前十位的论文作者依次为周华坤（第一作者）、周鹏、石德生、李屹峰（第一作者）、孟向京、赵宏利（第一作者）、索端智、解彩霞、百乐·司宝才仁、骆桂花；[①] 已出版近10部专门以三江源区生态移民为研究对象的学术著作，提出富有启发意义的观点。其中，孟向京等认为三江源区生态移民是跨越式的生态移民方式[②]，杜发春等提出"三江源飞地"概念[③]，付海鸿以民族志的方法客观记录了青海省格尔木市的生态移民在迁入地的生活情形及其中蕴含的文化变迁与身份认同问题[④]，任善英对三江源生态移民生产生活效益作了评价[⑤]，还有桑才让、韦仁忠、冯雪红等学者在田野调查基础上描述了三江源生态移民的生存状态[⑥]。冯雪红的调查涉足泽库县和日镇和日村。

---

① 相应的论文分别为《三江源区生态移民的困境与可持续发展策略》（《中国人口·资源与环境》2010年第3期）、《中国西部地区生态移民可持续发展研究》（中央民族大学，2013年）、《三江源生态移民的生活状况与社会适应——以格尔木市长江源生态移民点为例》（《西藏研究》2008年第4期）、《青海省三江源自然保护区生态移民补偿标准》（《生态学报》2013年第1期）、《三江源生态移民选择性及对三江源生态移民效果影响评析》，（《人口与发展》2011年第6期）、《生态移民后续产业发展模式研究——以三江源国家级自然保护区为例》（《生态经济》2009年第7期）、《三江源生态移民的城镇化安置及其适应性研究》（《青海民族学院学报》2009年第2期）、《三江源生态移民的社会适应研究——基于格尔木市两个移民点的调查》（《青海社会科学》2009年第3期）、《试论三江源生态移民的文化变迁》（《复旦学报》2007年第3期）、《三江源生态移民安置与后续产业发展的社会调查》（《青海民族学院学报》2009年第2期）。
② 孟向京等：《中国生态移民的理论与实践研究》，中国人民大学出版社2017年版。
③ 杜发春：《三江源生态移民研究》，中国社会科学出版社2014年版。
④ 付海鸿：《三江源生态移民的文化变迁与身份认同研究：以格尔木昆仑民族文化村为例》，中国社会科学出版社2017年版。
⑤ 任善英：《三江源生态移民生产生活效益研究》，天津大学出版社2016年版。
⑥ 桑才让：《中国藏区生态移民问题研究》，中国社会科学出版社2016年版；韦仁忠：《高原城市的陌生人：三江源生态移民的文化调适和社会资本重建》，中国社会科学出版社2016年版；冯雪红：《三江源藏族生态移民三村》，社会科学文献出版社2016年版。

三江源区牧民被重新安置到另一个可能使他们习得并熟稔的生产技能不能充分发挥，而且周遭资源竞争更加激烈的环境中，需要通过一定艰难途径而完成对迁移后的自然、社会环境的适应。这是其得以融入迁入地社会的重要基础，也是移民得以实施、移民得以致富奔小康的基本保证[①]。自然而然地，生态移民社会适应（包括后续产业发展即生产适应）这一涉及文化变迁、社会认同等的现实问题成为论及最多的命题。但是，对于能否适应、怎样适应问题上并没有达成更多共识，自然地回到了颇受争议的"三江源"地区因"过度放牧"故须减畜减人的这个逻辑是否成立、自然生态保护中是否有必要实施生态移民这个初始论题。在更为宏观的层面上，三江源生态移民过程包含着当地居民聚落形态的变化，即由居住形式松散到集中、由"居无定所"或点状分散到村落、社区形成的变迁。学术界对这个更具学理性价值而且必然影响社会适应的命题并没有给予足够的关注。

（二）村落研究

村落是相较于城市社区的特定生活空间。在进入 20 世纪以后的 100 多年，对中国农村村落、社区的研究是中国社会结构研究的一个极其重要的方面。从 20 世纪初美国学者明恩溥[②]、葛学溥[③]等对中国农村或村落进行总体性或个案式描述开始，到二三十年代中国国内兴起"乡村建设运动"，再到三四十年代村落研究进入规范的"民族志"研究时期，这一历程为后学树立了中西平等对话、理论贡献（如林耀华[④]的社会关系"均衡论"及费孝通[⑤]的"乡土中国""差序

---

① 风笑天：《"落地生根"？——三峡农村移民的社会适应》，《社会学研究》2004 年第 5 期。
② [美]明恩溥：《中国乡村生活》，陈午晴、唐军译，时事出版社 1998 年版。
③ [美]丹尼尔·哈里森·葛学溥：《华南的乡村生活——广东凤凰村的家族主义社会学研究》，周大鸣译，知识产权出版社 2012 年版；周大鸣：《凤凰村的变迁——〈华南的乡村生活〉追踪研究》，社会科学文献出版社 2006 年版。
④ 林耀华：《义序的宗族研究》，生活·读书·新知三联书店 2000 年版；《金翼：中国家族制度的社会学研究》，庄孔韶、林宗成译，生活·读书·新知三联书店 1989 年版。
⑤ 费孝通：《乡土中国》，生活·读书·新知三联出版社 1985 年版。

格局""礼制秩序""长老统治"等）迭出的典范。20 世纪 50 年代后的中国学术低潮期，主要成就有英国人类学家莫里斯·弗里德曼利用"非洲世系模式"，对中国宗族结构和功能的探讨①；美国学者施坚雅在集市社区范围内研究中国村庄，提出市场共同体理论②；赵文词（Richard Madsen）从政治文化角度对一个村庄的道德权威和政治秩序的研讨③。

同一时期，西方学术界讨论城乡关系较为热衷。比如罗伯特·雷德菲尔德 1955 年提出"城乡连续体"（Folk-Urban Continuum）概念，反对把乡村社会与都市社会看成截然不同的两种社会类型，认为城乡之间存在着一连串递次不同的社会类型。④ 再如，深受芝加哥学派影响的法国学者孟德拉斯，以法国农村的现代化道路为背景，分析欧洲乡村社会在第二次世界大战以后的变迁过程，提出传统意义上的农民（小农）正走向终结的观点。⑤

实行改革开放以后，中国村落研究重新进入普遍的学术视野。黄宗智⑥以史料和实地调查研究发现现代化所导致的国家权力扩张对新型国家与村庄社会关系的影响。杜赞奇⑦运用"文化的权力网络"视角探讨村庄的政治权利与文化网络的脱节过程。黄树民⑧、朱爱岚⑨

---

① ［英］莫里斯·弗里德曼：《中国东南的宗族组织》，刘晓春译，王铭铭审校，上海人民出版社 2000 年版。
② ［美］施坚雅：《中国农村的市场和社会结构》，史建云、徐秀丽译，虞和平校，中国社会科学出版社 1998 年版。
③ 吴飞：《仪式、道德话语和制度变迁——读赵文词的两本著作》，《中国书评》1998 年第 5 期。
④ ［美］罗伯特·雷德菲尔德：《乡民社会与文化：一种人类学研究文明社会的方法》，陈睿腾译，南天书局有限公司 2020 年版。
⑤ ［法］H. 孟德拉斯：《农民的终结》，李培林译，中国社会科学出版社 2010 年版。
⑥ ［美］黄宗智：《华北的小农经济与变迁》，中华书局 2000 年版。
⑦ ［美］杜赞奇：《文化、权力与国家：1900—1942 年的华北农村》，王福明译，江苏人民出版社 2006 年版。
⑧ 黄树民：《林村的故事：一九四九年后的中国农村变革》，素兰、纳日碧力戈译，生活·读书·新知三联书店 2002 年版。
⑨ ［加］朱爱岚：《中国北方村落社会性别与权力》，胡玉坤译，江苏人民出版社 2004 年版。

等以个体和乡、镇、村社区的个案研究，分析中国农村社会变迁过程中国家对村落政治及社会文化的改造和影响。

进入20世纪90年代，一批中国本土学者有关村落研究的专著陆续问世，形成一股村落研究"热"。陆学艺①、王沪宁②、李培林③等分析了农民身份的消失和村落家庭（族）文化的消解过程，乃至"村落的终结"。之外，有王铭铭④、折晓叶⑤等对中国东南部地区村落的个案研究，与国内外的村落研究结论进行对话。折晓叶更是提出村落的恢复和再造论题，其著作被认为是该领域个案研究学术趋向的新代表。另外，王颖⑥、毛丹⑦、阎云翔⑧、曹锦清⑨等对农村组织中发生的合作取向，以家族、家庭等血缘关系为纽带的经营管理方式等，都有新的分析和表述。

中国农村实行村民自治政策后，村民自治及其引发的社会问题广受学术界关注。徐勇⑩、于建嵘⑪、吴毅⑫、张厚安⑬等对这一历程作

---

① 陆学艺：《改革中的农村与农民：对大寨、刘庄、华西等13个村庄的实证研究》，中共中央党校出版社1992年版。
② 王沪宁：《当代中国村落宗族文化：对中国社会现代化的一项探索》，上海人民出版社1991年版。
③ 李培林：《村落的终结——羊城村的故事》，商务印书馆2004年版。
④ 王铭铭：《社区的历程——溪村汉人家族的个案研究》，天津人民出版社1997年版；《村落视野中的文化与权力——闽台三村五论》，生活·读书·新知三联书店1997年版。
⑤ 折晓叶：《村落的再造——一个"超级村庄"的社会变迁》，中国社会科学出版社1997年版。
⑥ 王颖：《新集体主义——乡村社会的再组织》，经济管理出版社1996年版。
⑦ 毛丹：《一个村落共同体的变迁——关于尖山下村的单位化的观察与阐释》，学林出版社2000年版。
⑧ 阎云翔：《礼物的流动——一个中国村庄中的互惠原则与社会网络》，上海人民出版社2000年版。
⑨ 曹锦清、张乐天、陈中亚：《当代浙北乡村的社会文化变迁》，上海人民出版社2014年版。
⑩ 徐勇：《中国农村村民自治》，华中师范大学出版社1997年版。
⑪ 于建嵘：《岳村政治——转型期中国乡村政治结构的变迁》，商务印书馆2001年版。
⑫ 吴毅：《村治变迁中的权威与秩序——20世纪川东双村的表达》，中国社会科学出版社2002年版。
⑬ 张厚安等：《中国农村村级治理——22个村的调查与比较》，华中师范大学出版社2000年版。

了深层理解和阐释，从中发现诸多国家与社会关系变化的新动向。

综上，在村落、社区研究中，始终贯穿着学者们对传统农村社会经济变革与转型的宏观背景的强烈关注，比如土地改革与集体化运动、家庭联产承包责任制与市场经济的结合、乡村工业化等。

诚然，中国西部地区，特别是其少数民族地区的村落及依托于村落的文化，在有别于东部地区社会经济变革环境下所发生的或终结或恢复或再造，必然有着自己的特性。这种特征下村落文化的形态、变迁以及保护开发策略也会有所不同。对这种不同及其缘由的深入探究，在大力倡导文化大发展大繁荣以提升地区竞争力的当下，显得越发重要。就此，没有引起学术界应有的重视。就中国热贡地区村落而言，对其研究多限于村民宗教信仰、社会认同等方面，而作宏观和微观结合、与文化保护开发进行相关性比较研究的成果鲜见。

（三）热贡文化研究

黄南州是中国第一个少数民族地区国家级文化生态保护试验区——"热贡文化生态保护实验区"（以下简称"保护实验区"）所在地，是著名的"热贡艺术之乡"。对热贡文化的研究历时并不久远，最早的史籍专门记载见于清代龚景瀚的《循化志》，其对分布在热贡地区隆务河谷堡寨的族群作了初步溯源，认为"屯兵之初，皆自内地拨往，非番人也，姑今有曰'吾屯'者，其先盖江南人，余亦有河州人。历年既久，衣服言语渐染夷风，其人自认为土人，而官亦目之番民矣"[1]，从中确知，隆务河谷，特别是其堡寨居民与普遍传诵于青海东部地区的江南（珠玑巷）人族群来源说，有如出一辙的源头；梁份涉青西北史地籍《秦边纪略》、杨应琚《西宁府新志》等描述历史状况、《那彦成青海奏议》叙述行政管理时，都涉及热贡地区。

---

[1] （清）龚景瀚编：《循化厅志》，李本源校，崔永红校注，青海人民出版社2016年版，第142页。

引言：学术层面的移民、村落、热贡和文化生态

对热贡文化的学术研究始于中华人民共和国成立以后，相伴于20世纪50年代到1983年民族识别工作的开展。① 1961年，中国美协青海分会组织调查组，对热贡艺术历史沿革、艺术特色等做了一次较全面调查，形成《五屯艺术调查报告》。② 这是第一份有现代学术意味的调查成果。一直到千禧之交，对热贡文化的研究侧重于文化资源（比如热贡艺术、藏戏、"六月会"、"於菟"③等）的普查整理和初步调查分析，比较有代表性的成果除《黄南民间歌谣》《黄南民间故事》《黄南民间谚语》三套丛书④外，还有芈一之⑤、王继光⑥、刘夏蓓⑦、陈景源⑧等的文章。这些注重资料发现之举为田野调查方法在这一地区的广泛应用提供了经验先河。

进入21世纪，以《神秘的热贡文化》⑨为主要发端，以热贡地区为研究区域对象的学术研究勃兴，其成果数量呈井喷式增长，渐成学术热点。其中不乏以村落为视角的微观田野调查成果，代表性的作

---

① 唐仲山：《热贡文化百年学术研究》，《青海民族研究》2012年第4期。
② 角巴才让：《热贡艺术的起源与发展》，《群文天地》2011年第2期。
③ 於菟（wū tú）有地名和习俗活动两种释义。《左传》《汉书》等古籍称其为楚人对虎的方言称谓或曰"源于楚"。《辞源》释：今湖北省云梦县址古称於菟。位于重庆老城西的佛图关，曾亦称浮图关、於菟关、虎关，均含虎的意思。《辞海》称"於菟，虎的别称"。青海同仁地区於菟舞被称为"楚风活化石"，是仅存于年都乎村（毗邻郭麻日村，史称季屯）的一种特有民俗文化形态，包含念平安经、人神共娱、祛疫逐邪等仪式，被列入第一批国家级"非遗"传统舞蹈类代表性项目。除楚风说外，另有羌俗说、本教仪式说等多种渊源观点，民间也有多种说法。"於菟"舞系列民俗活动在隆务河流域传承数百年，也曾流行于河东的吾屯等村落，据村民记忆，其表演程式及舞蹈动作富有特色，后由于种种原因绝迹。
④ 黄南藏族自治州文化局民文集成办公室编：《黄南谚语》（藏汉对照），青新出（90）准字第35号；《黄南民间歌谣》（藏汉对照），青新出（90）准字第36号；《黄南民间故事》（藏汉对照），青新出（90）准字第37号。
⑤ 芈一之：《同仁土族考察报告——四寨子（五屯）的民族历史》，《青海民族研究》1985年第2辑。
⑥ 王继光：《青海隆务河流域藏族来源的社会考察》，《西藏研究》1998年第2期。
⑦ 刘夏蓓：《青海隆务河流域的"六月会"及其文化内涵》，《西北民族研究》1999年第1期。
⑧ 陈景源、庞涛、满都尔图：《青海省同仁地区民间宗教考察报告》，《西北民族研究》1999年第1期。
⑨ 马成俊主编：《神秘的热贡文化》，文化艺术出版社2003年版。

者有唐仲山①、索端智②、王远新③、李元元④、陈乃华⑤、意娜⑥、祁进玉⑦等，涉及山神信仰、村落社会（群体身份）建构、族群认同、信仰仪式、市场空间、艺术内涵等具有理论对话意义的命题。

  隆务河流域各村落各有自身的文化社会独特性，面向每个村落的研究皆有典型意义，而毗邻村落间文化社会联系为区域研究提供了内在逻辑。相对而言，在历史上所谓季屯、李屯、吴屯、脱屯"保安四屯"中，李屯指今郭麻日村和尕沙日村，这2个村具有的文化社会属性相似性更甚，故就尕沙日村的个案研究对本书有更多的参照价值。年都乎村处于隆务县城与郭麻日村之间，以於菟文化闻名但古堡保存完整性稍逊，已先于郭麻日村完成了以耕地被征作城镇用地为标志的土地非农化经营实践，故就年都乎村的成果对郭麻日村的个案研究具有启发意义。

  值得一提的是，长安大学和西安建筑科技大学从2015年开始多年持续关注热贡地区的村落保护问题，有多篇硕士学位论文以郭麻日或其所在隆务河谷区域为个案解析其村落空间结构。首如，《青海同仁传统村落公共空间保护与更新研究——以郭麻日村为例》⑧ 厘析了该村公共空间的构成要素和分类，认为公共空间是村民交往活动的重

---

① 唐仲山：《青海"於菟"巫风调查报告》，《民俗研究》2003年第3期；《同仁县年都乎村村落山神信仰与村落民俗的民族志分析》，《西北民族研究》2012年第3期。
② 索端智：《藏族信仰崇拜中的山神体系及其地域社会象征——以热贡藏区的田野调研为例》，《思想战线》2006年第2期。
③ 王远新：《城镇边缘土族村庄的语言生活——青海同仁县年都乎村语言使用、语言态度调查》，《新疆师范大学学报》（哲学社会科学版）2009年第3期。
④ 李元元：《经堂与市场之间——青海黄南藏族自治州唐卡文化产业与民族社区发展研究》，民族出版社2018年版。下同。
⑤ 陈乃华：《无名的造神者——热贡唐卡艺人研究》，世界图书出版公司2013年版。
⑥ 意娜：《直观造化之相：文化研究语境下的藏族唐卡艺术》，社会科学文献出版社2013年版。
⑦ 祁进玉：《非物质文化遗产传承与保护的可行思路——以青海省黄南藏族自治州"热贡艺术"为个案》，《西北民族大学学报：哲学社会科学版》2009年第6期；王康康、祁进玉：《热贡地区土族"六月会"祭祀活动的仪式分析——以同仁县尕沙日村为个案》，《青海民族大学学报》（社会科学版）2010年第4期。
⑧ 杨嘉琦：《青海同仁传统村落公共空间保护与更新研究——以郭麻日村为例》，硕士学位论文，长安大学，2016年。

要载体，在传统村落中具有重要的保护价值与地位；《安多藏区传统聚落与民居建筑研究——以青海同仁郭麻日村为例》[①]探讨了郭麻日村落形成和空间演化过程，回答了这一类型的聚落"到哪里去"的问题；《基于复合生态系统的青海郭么日村落空间结构》[②]更是以复合生态系统的理论视角，分析梳理了该村的生态系统及其要素与村落空间结构关系现状、历史演化和未来优化重组之间的相互关系。另如多篇从热贡地域整体上探讨村落社会空间的硕士学位论文。[③]上述偏重于建筑学的论文，对深入理解该区域村落空间及其文化生态系统有一定的参考价值。

对隆务河谷传统聚落的人文审视颇具新意，启发深远。比如，周全鑫的《青海省历史文化名村郭麻日村聚落评介》[④]分析了郭麻日聚落的典型特征及现实问题，骆梁笑、刘婧超的《热贡地区地域文化对聚落分布的影响》[⑤]对隆务河谷聚落的分类及各类聚落形成和布局特征的描述，对进一步研究郭麻日村落演变具有启发意义。还有专门以同仁县曲库乎乡江什加村传统聚落为研究对象的论文[⑥]，提供了热贡地区农业村与牧业村之间村落文化互动变迁的典型案例。

热贡文化虽已成学术关注热点，但其研究所涉面并不宽，相关成

[①] 柯熙泰：《安多藏区传统聚落与民居建筑研究——以青海同仁郭麻日村为例》，硕士学位论文，西安建筑科技大学，2015年。

[②] 左臣：《基于复合生态系统的青海郭么日村落空间结构研究》，硕士学位论文，西安建筑科技大学，2013年。

[③] 包括米庆志：《基于居民时空行为的热贡地区乡村社会空间结构研究》，硕士学位论文，长安大学，2018年；黄蕊：《旅游联动发展视角下的青海同仁古村落保护与发展研究》，硕士学位论文，长安大学，2015年；骆梁笑：《热贡地区场所景观特征研究》，硕士学位论文，长安大学，2017年；吕咪咪：《人居环境科学视角下热贡地区传统村落保护与发展研究》，硕士学位论文，长安大学，2017年；陈锐：《基于居民时空行为的热贡地区城市社会空间结构研究》，硕士学位论文，长安大学，2018年。

[④] 周全鑫：《青海省历史文化名村郭麻日村聚落评介》，《新西部》（理论版）2015年第6期。

[⑤] 骆梁笑、刘婧超：《热贡地区地域文化对聚落分布的影响》，《美与时代》（城市版）2016年第6期。

[⑥] 孙国才：《多元文化背景下的青海省同仁县江什加村传统聚落研究》，硕士学位论文，西安建筑科技大学建筑学，2017年。

果中有些注意到文化保护中的整体观和文化空间等问题，但多数关注其历史渊源、艺术价值及社会功能。其中开发与保护之间学理上的矛盾显见，最为突出的莫过于在理论上对村落演变与保护之于文化生态保护的意义尚未给予足够的重视。

在实践层面，已经制定出台《青海热贡文化产业规划》《国家级热贡文化生态保护实验区总体规划》（以下简称《总体规划》）等，但空间何以成为文化"生态"、该如何保护文化"生态"，对类似的问题还没有给出清晰的路径探索，这在很大程度上是理论研究相对滞后使然。

（四）文化资源开发与文化生态保护问题研究

在全球化背景下，民族文化可以且也应该被保护开发，这是共识；但究竟如何保护开发，中外学术界对此有不同看法。一个看似成功的路径是像保护自然生态那样建立文化生态保护区，保护开发的主动权归于文化承载者。但也有研究者对此质疑，认为这样做会使该文化逐步丧失与外界对话、互动的能力和竞争力。另一个办法是文化产业化。这是文化（资源）保护开发研究所涉及的一易观察、可讨论的命题和核心论题。西方文化产业研究始于20世纪40年代，相关的著作及理论建树颇丰。比如，德国法兰克福学派代表人物霍克海默与阿多诺[1]以文化生产视角、英国文化研究学派从接受角度、法国后现代社会理论家鲍德里亚[2]从技术论视角，各自对产业化时代的文化与社会作过富有哲学意蕴的研究，提出至今仍有启发意义的理论观点。西方当下的文化产业研究以理论研究为主，多元性、批判性与评价性构成其理论发展的主要取向。

---

[1] ［德］麦克斯·霍克海默、泰奥多·阿多诺：《文化工业：作为欺骗大众的启蒙》，载胡惠林、单世联主编《文化产业研究读本（西方卷）》，上海人民出版社2011年版，第31页。

[2] 参见汪民安等主编《后现代性的哲学话语——从福柯到赛义德》，浙江人民出版社2000年版，第329—345页。

引言：学术层面的移民、村落、热贡和文化生态

改革开放以来，中国文化建设巨大的形态性变化和社会实践中经济文化一体化现象的出现，为学界的文化产业开发研究奠定了坚实的现实基础，随之出现大量论著。其内容主要涉及学科理论性、产业政策与体制、发展规划等方面；研究视角强调文化产业化的一般过程，较少涉及少数民族特色文化保护开发的特殊过程；多用经济学、管理学等学科的方法进行研究，其结果重经济效益而轻文化效应，缺少对特定文化场景下文化保护开发的实证研究；现实意义大多体现于对文化产业化路径、发展政策等问题的探讨。事实上，文化开发实践给文化本身带来发展困惑，最为突出的莫过于文化旅游业发展中出现的媚俗现象和文化开发中过于功利而使部分优秀传统文化要素遗失局面，于是，学术界保护文化及其生态的呼声高扬。

国内对文化生态的研究，基本沿着"生态人类学"和"文化生态"两种范式进行。

"生态人类学"研究范式相对侧重于理论探讨。美国生态人类学家唐纳德·L.哈迪斯蒂把生态人类学的源头追溯到西方文艺复兴时期的环境决定论，比如，希波克拉底的体液论、孟德斯鸠的"气候决定宗教类型论"等。[1] 有学者注意到，发端于1920年美国芝加哥学派的"人类生态学"学术思想，与生态人类学的产生密不可分。[2] 该学派代表作之一《城市》的2个中译本序言中，都对"人文生态学"思想作了重点推介，或称"研究人与空间利用关系的城市社会学家就是人类生态学家，而人类生态学研究则是由芝加哥学派，尤其是由R.E.帕克和E.W.伯吉斯所开创的"[3]，或以"人文与生态"为题，对帕克等的学术思想进行总结[4]。R.D.麦肯齐的《研究人类社区的

---

[1] [美] 唐纳德·L. 哈德斯蒂：《生态人类学的理论流派——〈生态人类学〉导论》，郭凡译，《民族译丛》1991年第1期。
[2] 刘术一：《人类生态学研究现状与发展趋势》，《绿色科技》2012年第4期。
[3] 宋俊岭：《中译本序言》，载 [美] R.E.帕克、E.N.伯吉斯、R.D.麦肯齐《城市社会学》，宋俊岭、吴建华、王登斌译，华夏出版社1987年版，第2页。
[4] 田耕："人文与生态（代译序）"，载 [美] 罗伯特·E.帕克等《城市——有关城市环境中人类行为研究的建议》，杭苏红译，张国旺校，商务印书馆2016年版，第5—21页。

生态学方法》一文被收入其中。20世纪60年代,致力于复兴芝加哥学派思想的社会学家莫里斯·贾威茨评价该文,"基于生态学的解释也展现了一种对城市进行整体分析的理论抱负,而随着现代城市日趋庞大和复杂,这种尝试就更为重要了"。也有学者关注到,博厄斯倡导的"历史特殊论"与生态人类有着渊源关系。① 生态人类学的创立,以斯图尔特20世纪50年代的著作《文化变迁的理论》为标志。② 该著中的观点,为国内学界广泛应用。之后的生态人类学经历了以萨林斯、托马斯·哈定等为代表的新进化论、马文·哈里斯、罗伊·拉帕波特为代表的新功能主义等的继承和发展。③ 对上述西方生态人类学的梳理内容中,无论是从研究方法还是理论思想上,尤为中国学术界讨论和引述的是斯图尔特的"多线进化论""社会文化整体水平"、怀特的"普遍进化论""能量进化学说"④,以及拉帕波特对生态系统方法的定量化方案。

在生态人类学发展史中,中国学界特别关注其对系统生态学理论和方法的借取和应用。有学者注意到,"生态系统"(ecosystem)这一概念最早由英国生态学家坦斯利(Arthur G. Tansley)于1935年提出。这种方法常将生物及其生态环境视为一个整体,认为其构成一个相对独立的系统。之后20年左右,美国生态学家E. P. 奥德姆的《生态学基础》和埃文斯在《科学》杂志上的书评,确立了把生态系统作为研究单元的地位。学界对这一概念的理解遂日趋清晰和统一,即生态系统是在一定时间和明显边界空间内,可识别的各种生物和非生

---

① 韩昭庆:《美国生态人类学研究述略》,《原生态民族文化学刊》2012年第1期。
② [美]朱利安·斯图尔德:《文化变迁论》,谭卫华、罗康隆译,贵州人民出版社2013年版。
③ [美]马歇尔·萨林斯:《石器时代的经济学》,张经纬等译,生活·读书·新知三联书店2019年版;[美]托马斯·哈定等:《文化与进化》,韩建军、高戈令译,浙江人民出版社1987年版;[美]马文·哈里斯:《文化唯物主义》,张海洋、王曼萍译,华夏出版社1989年版;[美]罗伊·A. 拉帕波特:《献给祖先的猪——新几内亚人生态中的仪式》,赵玉燕译,商务印书馆2019年版。
④ [美]L. A. 怀特:《文化的科学——人类与文明研究》,沈原等译,山东人民出版社1988年版。

物成分之间通过不断地进行物质循环、能量流动和信息交换而相互作用、相互依存所形成的,具有内部平衡机制的生态学功能单位。① 生态学中"系统"概念的应用和发展,加上系统科学的创立,使得同时代的社会科学深受其影响,从而在人类学内部出现了"系统生态学"这一解释人类生态系统的理论模型。② 生物学界对生态系统的理解和界定,影响到包括拉帕波特在内的多位生态人类学家。比如,格尔茨首次将生态系统作为一个分析的功能单位应用于人类学,但也仅仅是将其作为观点放在书中论述;拉帕波特和他的导师安德·维达于1968年首次提出"生态人类学"。拉氏的代表作《献给祖先的猪》,被认为确立了生态人类学的"系统论"研究方法和研究模式。③

中国人类学界对西方生态人类学动态的关注始于改革开放后,一方面引介其理论和方法。最早的关注且践行者当属中国人类学本土化、中国化的最早提倡者和积极实践者吴文藻,他在改革开放初期撰文介绍新进化论学派几大代表人物的学术观点和对古典进化论的创新发展。④ 创刊于1979年的《民族译丛》,从1982年始至1994年停刊,共刊登介绍西方生态人类学理论方法的文章约17篇,其中包括吴文藻的门生王庆仁介绍 D. 凯普兰和 J. H. 斯图尔特学说的2篇文章,庄孔韶、尹绍亭分别对苏联学者的经济—文化类型、日本学者的民族地理学派的译介文章。从1995年改刊为《世界民族》后,也刊有几篇相关介绍文章。⑤ 当然也有其他刊物登载的相关译介文章。一本刊物如此密集地关注这一学科门类的思想观点和方法,

---

① Eugene P. Odum. Gary W. Barrett:《生态学基础》(第5版),陆健健等译,高等教育出版社2009年版。
② 付广华:《人类学的系统生态学述论》,《广西民族研究》2018年第5期。
③ 袁同凯:《从拉帕波特及其生态系理论说起(代译序)》,载[美]罗伊·A. 拉帕波特《献给祖先的猪——新几内亚人生态中的仪式》,赵玉燕译,商务印书馆2019年版。
④ 吴文藻:《新进化论试析》,载中国民族学研究会编《民族学研究·第7辑》,民族出版社1984年版,第290—304页。
⑤ 比如,[美]汤姆斯·N. 海德兰的《生态人类学中的修正主义》(付光华译)、任国英的《俄罗斯生态民族学思想综述》、王红艳的《简释北美印第安人节日和生态文化的内涵及启示》,分别刊于《世界民族》2009年第2、5、5期。

足以说明国内学界对生态人类学的重视。此外，还有多部专著译为中文，比如，除前引唐纳德·哈迪斯蒂的《生态人类学》（2002）、拉帕波特的《献给祖先的猪》（2016、2019）外，还有绫部恒雄[①]、斯图尔特（台湾地区译为史徒华）[②]、马文·哈里斯[③]、克利福德·格尔兹[④]、大柳太郎[⑤]等的著作。国内也出版了一些综述性介绍著作，比如，庄孔韶主编的《人类学通论》专门有"生态人类学"一章，介绍其概念、理念和方法，还有杨庭硕、罗康隆等的概论性著述[⑥]。

另一方面，努力用这种理论诠释中国文化现象并有所创新，其试图进行理论建构以与西方生态人类学对话的色彩浓厚。这种理论诠释和建构分为2个维度，一个是侧重的理论推演和总结。最早在这方面做出努力的当属林耀华、宋蜀华及其弟子对中国"经济文化类型""文化区"的划分。林耀华与苏联民族学者合作，早在1958年完成《中国经济文化类型》。这种对中国各种不同生计方式的类型化，作为一种理论建构尝试，经庄孔韶、张海洋等进一步修订，纳入中国民族学界使用时间较长的通用教材《民族学通论》，产生了重要的影响。到20世纪90年代，宋蜀华提出"中国文化生态区"的概念，解释中国生态文化问题。[⑦] 从这种理论上有益的探索，能够

[①] ［日］绫部恒雄主编：《文化人类学的十五种理论》，周星等译，贵州人民出版社1988年版。

[②] ［美］史徒华：《文化变迁的理论》，张恭启译，远流出版事业股份有限公司1989年版。

[③] ［美］哈里斯：《文化唯物主义》，张海洋、王曼萍译，华夏出版社1989年版；《文化人类学》，李培茱等译，东方出版社1988年版。

[④] ［美］克利福德·吉尔兹：《地方性知识——阐释人类学论文集》，王海龙、张家瑄译，中央编译出版社2000年版。

[⑤] ［日］秋道智弥、市川光雄、大柳太郎：《生态人类学》，范广荣、尹绍亭译，云南大学出版社2006年版。

[⑥] 比如，杨庭硕：《生态人类学导论》，民族出版社2007年版；罗康隆：《生态人类学理论探索》，湖南人民出版社2017年版。

[⑦] 宋蜀华：《人类学研究与中国民族生态环境和传统文化的关系》，《中央民族大学学报》（哲学社会科学版）1996年第4期。

引言：学术层面的移民、村落、热贡和文化生态

看到西方多线进化和"文化区"理论的影子，但其立论并不具有符合"严谨的现代人类学田野工作之要求"①的论据支撑，无形中削弱了自身学术创新的价值。

中国学者在生态人类学理论上的探索与对话，在方法论上的价值显得相对大一些。不仅是早期中国学者"区位"和"系统"的方法得到马林诺夫斯基、马文·哈里斯、弗里德曼（提出"人类学的中国时代"）等的肯定，而且对中国人类学民族学的发展产生持续的影响。1934年，吴文藻在评价前来中国讲学的芝加哥学派代表人物帕克的学术贡献时指出，发挥人文区位学的观点和方法，是其对于美国社会学的"第四个贡献"，并提出，"从社会思想史的眼光来看，人文区位学并不是一种新学问，只可以说是一种最新颖的环境论"，是"以围绕我们的或围绕文物制度的环境——地理的或社会的环境——为着眼点"②。执掌燕京大学社会学系（会）的吴文藻，为此勉励社会学界，更多地借鉴民族学研究初民部落的方法，研究文化不同的各种社会，强调需要地理或区位的观点和方法，这样，"将来真正的社会比较研究，可有一个稳固的基础了"。其后的中国人类学民族学，更坚定而广泛地将社区或区位研究、"社区民族志"作为方法论主干，推动学科中国化进步。

另一个是在田野调查基础上的理论升华。20世纪80年代初，尹绍亭在云南对多民族刀耕火种生计形态的持续关注和研究，被认为是中国生态人类学实证研究的典型代表。他在田野调查基础上提出"刀耕火种系统树""复合系统"的概念③，特别关注这种生计背后所隐含的地方性知识，认为此为体现了文化适应功能的森林所孕育的农耕文化④。这一探索和成果，体现出一定的理论韧劲。庄孔韶也较早关

---

① 杜靖：《中国生态人类学70年研究理路与反思》，《湖北民族学院学报》（哲学社会科学版）2019年第6期。
② 吴文藻："导言"，载北京大学社会学人类学研究所编《社区与功能——派克、布朗社会学文集及学记》，北京大学出版社2002年版，第14—15页。
③ 尹绍亭：《人与森林》，云南教育出版社2000年版，第13—14页。
④ 尹绍亭：《森林孕育的农耕文化——云南刀耕火种志》，云南人民出版社1994年版。

注到西南山地游耕方式所体现的生态智慧。[1] 这种格外关注用以维系生态系统平衡的民间智慧的视角，成为后来中国学者研究各个区域文化生态的一个范式，甚至成为解释、反思生态环境治理问题的工具。比如，色音、麻国庆、阿拉坦保力格、韩念勇等对内蒙古草原生态系统的调查研究[2]，杨圣敏、崔延虎等对西北干旱草原生态文化的研究[3]，杨庭硕、罗康隆等对西南地区石漠化地区生态治理与传统知识的研究[4]，南文渊、范长风等对高寒草原生态问题的人类学解析[5]。经过长期的调查积累，中国生态人类学界也试图提出理论主张。比如，杨庭硕、罗康隆等20世纪90年代初提出"民族生境论"[6]，后来进一步明确指代"各民族在文化规约下人为建构的次生生态系统"，其特殊性在"特定文化在生态领域内的再现，并与特定文化的运行相始终"[7]。但这种主张对中国国情的解释力，尚需进一步提高。

"文化生态"研究范式则相对注重实践探索。文化生态（学）与生态人类学在概念上明显不同。从范畴上来说，文化生态学是生态人类学研究的一部分，侧重研究人类的社会文化特质与环境间的关系，而生态人类学除关注这些外，还关注人类的生物特质与环境

---

[1] 庄孔韶：《云南山地民族（游耕社会）人类生态学初探》，载中国人类学会编《人类学研究续集》，中国社会科学出版社1987年版，第94—108页。

[2] 代表性成果有，色音：《蒙古游牧社会的变迁》，内蒙古人民出版社1998年版；麻国庆：《草原生态与蒙古族的民间环境知识》，《内蒙古社会科学》（汉文版）2001年第1期；阿拉坦宝力格：《论干旱戈壁地区游牧生活方式的历史文化定位》，《广西民族大学学报》（哲学社会科学版）2008年第3期；韩念勇主编：《草原的逻辑——顺应与适应：游牧文明的未来价值》，北京科学技术出版社2011年版。

[3] 代表性成果有，杨圣敏：《环境与家族：塔吉克人文化的特点》，《广西民族学院学报》（哲学社会科学版）2005年第1期；崔延虎：《生态决策与新疆大开发》，《民族研究》2001年第1期。

[4] 代表性成果有，杨庭硕：《地方性知识的扭曲、缺失和复原——以中国西南地区的三个少数民族为例》，《吉首大学学报》（社会科学版）2005年第2期；罗康隆：《生态人类学的"文化"视野》，《中央民族大学学报》（哲学社会科学版）2008年第4期。

[5] 南文渊：《藏族传统文化与青藏高原环境保护和社会发展》，中国藏学出版社2008年版；范长风：《自然之道：文化眼里的青藏牧民及其自然资源管理》，中国发展出版社2017年版。

[6] 杨庭硕、罗康隆、潘盛之：《民族、文化与生境》，贵族人民出版社1992年版。

[7] 杨庭硕：《生态人类学导论》，民族出版社2007年版，第44—45页。

的关系。① 在中国学术界，对"文化生态（学）"实践的研究更多由致力于民俗研究学科建构的学者所热衷。在 20 世纪 20 年代以后的开创期和 20 世纪 80 年代的恢复期，中国民俗研究的理论资源主要为泰勒、弗雷泽、安德鲁·兰以降的英国人类学和民俗研究的文献，其专业训练所依据的是由顾颉刚（如孟姜女传说研究）、闻一多（如神话与民俗的研究）、杨堃（如《灶神考》）所开创的范式。② 或许正是专业训练带来的研究范式的偏向，中国民俗研究一直沿着重范式而轻理论的道路上前行。2004—2006 年，中国先后做出加入《保护非物质文化遗产公约》、提出要进行"非遗"保护、确定"文化遗产日"3 个重大决策，"非遗"工作迅速成为国家文化建设的重要工作。中国民俗研究学者敏锐地将其纳入研究视野，确定为研究对象，而"非遗"保护的工作实践也将中国民俗学科的发展与国家文化建设紧密相连。③ 这种参与不仅是"实践性"的，也是"反思性"的。文化生态保护区理念的论证和提出便是一个反思性成果。④ 其过程是，由最初着重对"非遗"传承人的扶持，到"非遗"所在地文化生态的"整体性"保护，后来延伸到村落保护及其研究。这种变化过程中，呈现学界与决策层的良好互动。从中能明显看到生态系统论的影子，但少有该领域的学者上升到生态人类学理论的层面去探讨，中国民俗研究界的理论缺憾甚至范式危机成为关注的一个中心。因此，有学者提出，当代人类学的理论方法可能是中国民俗研究最重要的学术取向，并成为其最有效的生长点。⑤ 但是，这一倡议并未被民俗研究界普遍接纳。

从以上梳理中可以看到，中国的人类学和民俗研究，从理论与实

---

① 庄孔韶主编：《人类学通论》，山西教育出版社 2004 年版，第 126 页。
② 高丙中：《中国民俗学三十年的发展历程》，《民俗研究》2008 年第 3 期。
③ 穆昭阳：《非物质文化遗产保护与中国民俗学学科建设》，《长江大学学报》（社会科学版）2018 年第 1 期。
④ 萧放、贾琛：《70 年中国民俗学学科建设历程、经验与反思》，《华中师范大学学报》（人文社会科学版）2019 年第 6 期。
⑤ 高丙中：《中国民俗学的人类学倾向》，《民俗研究》1996 年第 2 期。

践相向而行，但都不能从对方反观自身并汲取营养，也就无法在文化生态保护这个点上形成理论合力。其实，民俗研究更加具象化的对象，恰恰是中国生态人类学孜孜以求的地方性知识和智慧的载体；在文化生态保护政策层面反复强调却一时难以落实的整体性保护，恰恰是生态人类学的系统生态观的体现。可以说，这两个学科领域之间的隔膜，在一定程度上限制了中国学术对文化生态保护这一重大政策的理论解释力和贡献度。

三　研究设计

（一）思路与逻辑

1. 研究思路

作为文化资源开发相对滞后的村落，和日村是最初被选定作调查研究的区域对象。与之相比较，课题设计时确定的隆务河谷的村落为（上或下）吾屯村。当时考虑：一是吾屯上、下2个村的唐卡开发起步早、市场化程度高，早蜚声省内外，为"全国文化产业示范基地"（2006），热贡艺术原即称为"吾屯艺术"。二是2012年笔者在上吾屯作过粗略调查，之后多次走访过主要分布在吾屯的唐卡画院，有一定的调查基础。但是，选择（上或下）吾屯村不仅代表性不够，而且其村落空间遭到破坏、形态极不完整，已无从观窥村落演变之于文化资源开发与文化生态保护的影响。在同仁地区选择一个村落形态保持基本完整、热贡艺术开发有一定基础的村落，无外乎是在上吾屯村、下吾屯村、年都乎村、郭麻日村、尕沙日村、保安城内村共6个村中选取。

经征求曾在同仁地区做过扎实田野调查的学者，最终选定郭麻日村为调查对象。从地理方位说，郭麻日村位置居中，即北去依次为尕沙日、保安城内村，往南行则为年都乎村，东与上、下吾屯村隔河相望。从村落保存完整性看，郭麻日为2006年文化部确定的"全国历史文化名村"、2018年住房和城乡建设部确定的"中国传统村落"、2016年青海省民族宗教事务委员会确定的中国少数民族特色村寨，在隆务河谷地，其村落形态保持较为齐整。

本书的研究主旨是，通过作为移民社区的和日村与作为传统村落的郭麻日村的比较，在实践层面上，找到和日村文化资源开发所应努力的方向和路径；在理论层面上，试图发现这样一个形态基本完整的村落到底多大程度上决定着热贡文化产业的持续健康发展；更进一步，村落是否为关键的文化生态，如果是，应当在现有的行政体制中做出怎样的保护、开发行动。具体言之，主要围绕以下三个问题展开。

一是村落基本形态是怎样呈现的？村落作为依托文化的一个地理人文共同体，有其特定的可观察形态，从中可以看到村落结构的完整性和文化生态境况。对于热贡地区而言，村落还与堡寨文化、屯垦文明等紧密联系在一起，共同维护着一系列民俗活动的展演和热贡艺术的开发。因此，村落的结构性特征反映着文化的存续状态。

二是聚落由村落已然或即将演变为城镇社区中，主要的民族文化特质或要素发生了（着）哪些变化？聚落形态由村落演变为城镇社区，几乎伴随于中国每一座城市的扩张过程。其中，尤为学术界关注的是所谓市民化问题。对于聚落形态的变化，还不能完全给出价值判定，因为这是中国城市发展的一个基本向度，但是，以村落为载体的文化的迅速变迁，必然会带来村落的解体。这是"村落终结论"者的基本判断。而且，在城镇社区社会空间结构中，无法孕育出以村落为依托的文化类型。幸运的是，笔者在郭麻日调研时，其耕地正在被征用，也就是正处在地域被城镇吞并的过程中；2009年调研时，已经属于社区的"四合吉"还在为被征地的利用和收益问题挣扎，而多数已迁移到集镇周围的和日村民还未在城镇完全安下心来。通过对这种村落演变不同过程的比较，可展现在城市化背景下，村落形态的变化究竟在多大程度上导致文化特质或要素的性质的改变。

三是聚落形态的变化和文化变迁在何种深度上影响着热贡文化资源的开发利用？热贡文化并不能完全归属于藏族安多文化，而展示了更多的地域文化特征，具有十分突出的多元一体之属性。诚如其核心符号唐卡，虽孕育并发端于佛、法、僧多以藏文化要素特点示人的藏传佛教寺院这一场景，但其在民间的流布并不仅限于藏族群体而活跃于具有复杂多元身份的民族群体。因此，由村落形态变化及其引起的文化变迁并不完全属于藏文化变迁范畴。但是，就区域整体和关系均衡的角度看，热贡的核心地区隆务河谷地处青海藏文化圈的边缘，[①] 其边缘属性特别体现在族群构成的复杂性和宗教信仰的多元性。其所处"河湟谷地"更是"华夏边缘"。通过隆务河谷村落与村民完全自我认同为藏族的和日村的比较研究，可以发现藏文化变迁在城镇化浪潮涌动下可能会出现的一种状态。这一过程正在进行，对其走向也能够给出一个基本预判，那么，也自然能够窥见这种变化之于热贡文化资源开发的可能影响。

2. 研究逻辑

上述三个问题源于政策实践中的困惑，也具有理论对话的意图。正如美国社会学家华莱士"科学环"中研究的两个入口：理论和观察。[②] 在理论层面上，无论是村落终结论还是村落再造论（如"既不同于传统意义上的'乡'，又不同于现代意义上的'城'，而是表现出诸多的中间性特征"的"超级村庄"的出现[③]），有一个共同的认识是，随着各地城镇化的发展，总体上，村落面临着解体，特别是那些城郊村落就是其被纳入城镇后，最先成为城中村，而后在城市改造中完全成为其一部分。这是各地普遍存在的社会现象，从青海省会城市西宁到州、县政府驻地城镇亦概莫能外。

从实践层面看，村落对文化传承可能具有的不可替代的载体作用，使得村落保护极具特殊意义，这种意义在青海民族文化变迁中体现得尤为突出。遗憾的是，无论是在高寒地区村落保护还是文化生态保护实践中，都不能看清这种价值。仅就热贡地区而言，理论认识的局限在一定程度上导引基层实践者把注意力聚集于文化产业特别是已

[①] 鲁顺元：《文化圈的场域与视角——1929—2009年青海藏文化变迁与互动研究》，中国社会科学出版社2016年版，第169—171页。下同。

[②] 参见风笑天《社会学研究方法》，中国人民大学出版社2001年版，第32—34页。

[③] 折晓叶、陈婴婴：《超级村庄的基本特征及"中间"形态》，《社会学研究》1997年第6期。

有群众实践基础的唐卡艺人传承和市场拓展上。这也是一种在有限的财政资金投入下"急功近利"的表现，无可厚非。因此，以村落及其演变作发问和起设逻辑点，是合适的。

对地势高寒的青藏高原地区牧业社会而言，"逐水草而居，随庐帐而迁，避瘟疫而逃"的生产生活方式的改变，不仅关涉心理且为现实需要。对高寒地区而言，居住形式的改变所能指向的两个显见的维度是村落和集镇。基于这两种环境在自然社会文化条件上的巨大差异，使得这种变化对文化变迁的挑战巨大。藏文化圈边缘文化带村落形态的变化就具有示范价值和"桥头堡"作用。

在分析问题阶段，主要围绕引起聚落形态演变的城镇化这一因素和文化变迁这一结果展开。如图1所示。主要的分析角度有"城镇化与聚落演变"即城镇化在何种程度上使得聚落形态发生演变。两个案例呈现两种类型：一是正在或将要成为"城中村"的郭麻日村，二是通过异地搬迁、生态移民而成为集镇一部分的和日村。"聚落演变与文化变迁"即聚落演变如何引起文化变迁，同样是两种类型能够比较充分地解释文化变迁的动因。"聚落形态与保护开发"则要探讨在移民社区与传统村落两种文化生境中，政府主导的文化生态保护实践与文化资源开发所呈现的共同性和差异性。

提出问题	分析问题	解决问题
村落基本形态	城镇化与聚落演变	文化原真性保护
聚落形态演变	聚落演变与文化变迁	文化多样性维系
聚落演变的影响	聚落形态与保护开发	文化资源可持续开发

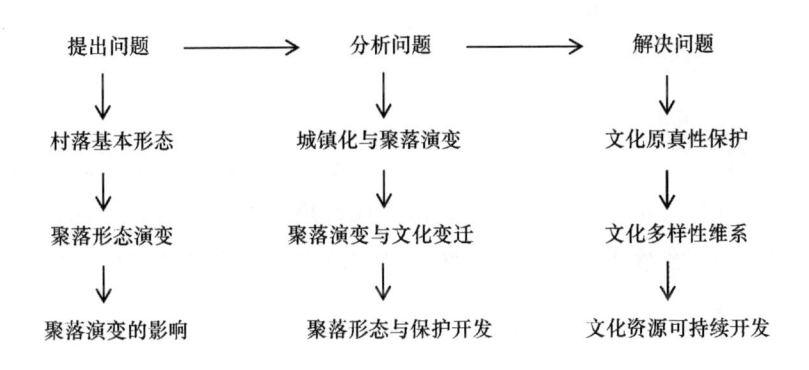

图1 研究逻辑

作为主要面向应用的研究，自然要通过调查研究提出问题的解决方案。本书拟在文化原真性保护、文化多样性维系和文化资源可持续开发这三个方向上做出初步尝试。其中的逻辑是"科学环"观察之入口，即从观察入手，通过描述和解释所观察到的经验事实形成经验概括，并上升到理论，进而做出预测，然后对未知事物做出假设，再通过观察新的经验材料来检验这种假设。最终，找到一条兼顾现实与未来，既能维护文化多样性又能加快文化资源保护开发步伐的思路或方案。其中，"文化原真性保护"借用国家有关政策对非物质文化遗产保护"文化原真性"[①] 这一概念（要求），分析多年来的文化生态保护区建设的方向、路径及效果；作为文化生态保护的远期目标，"文化多样性维系"不仅旨在丰富"中华民族多元一体"中的"元"，而且是文化类型多样、形态完整的民族和地域文化多样性建设之目标，其中，元之要素越丰富多样，文化越具有活力和创造性；"文化资源可持续开发"则是在实践和发展层面上的目标，这在开发发展任务紧迫而艰巨、可持续发展仍然是第一要务的当代，是必须被纳入整个框架的内容。比较而言，前两者是根基，"文化资源可持续开发"是延展。

（二）概念与框架

1. 主要概念

（1）村落

"村落"是本书之核心概念。对于这一概念，在中文历史语境中有"村庄""乡村"或"乡下"的内涵。前者如《三国志·魏志·郑浑传》"入魏郡界，村落齐整如一"，韩愈《论淮西事宜状》"村落百

[①] 国务院办公厅：《关于加强我国非物质文化遗产保护工作的意见》（国办发〔2005〕18号，2005年3月26日）规定，非物质文化遗产保护的指导方针是："保护为主、抢救第一、合理利用、传承发展"，提出"坚持非物质文化遗产保护的真实性和整体性"要求。《中华人民共和国非物质文化遗产法》（2011年2月25日通过）第四条明确规定，"保护非物质文化遗产，应当注重其真实性、整体性和传承性"。

姓，悉有兵器，小小俘劫，皆能自防"的描述，以及袁可立的《甲子仲夏登署中楼观海市》"村落敷洲渚，断岸驾长虹"，郑燮的《山中卧雪呈青崖老人》"银沙万里无来迹，犬吠一声村落闲"的诗句等。后者如张孝祥《刘两府》"某以久不省祖茔，自宣城暂归历阳村落"，以及《初刻拍案惊奇》卷二十"萧秀才往长洲探亲，经过一个村落人家，只见一伙人聚在一块在那里喧嚷"，鲁迅的《伪自由书·中国人的生命圈》"村落市廛，一片瓦砾"的文言和白话描写。从中可以看到，在城乡差别极其模糊的中国历史社会，其村落更多是指一种生存地域和生活状态。

在英语词源解释中，"村落"（village）指位于农村（rura）地区的一组房屋和相关建筑，比村庄（hamlet，指无教堂的小村庄）大，比城镇（town）小①，为众多居住房屋构成的复合地或人口集中分布的区域。日语语境中则称之为"集落"，可通俗地解释为"集中起来落脚"。在其之上，房屋规模较大、居住密度高，众多的人口聚落而成"村镇"或"集镇"。在青海广大农牧区，这样的集镇则多数呈现为乡（镇）政府驻地。

在中文词源释义中，《象形字典》称，"村"始见于战国文字，从邑、屯声，篆文与此同，与"邨"互为异体字。"屯"意草木丛生，引申为驻扎；"邑"为邦国，引申作人民聚居之处。隶书另造形声兼会义的"村"替之，"木"表示建材、"寸"表示手势，整个字形表示用木材搭建定居的邑舍，造字本义表示"人口聚集的自然邑落"。许慎《说文解字》释其为：地名，从邑、屯声；臣铉等曰：今俗作村。段玉裁《说文解字注》释为：屯聚之意也，又变字为村。据考证，以魏晋南北朝为界，之前的"聚""里""格""庐"等皆称作聚落形态，之后，"村"被运用到郊野聚落的命名中，直至今日；"村"与"落"连用的最早典籍为《三国志》，两晋时期，肇始

---

① 《牛津英语词典》（第二版修订），牛津大学出版社2005年版。

并逐渐盛行的"村落",用以命名乡野的民众聚居之所。①

在考古学和其他语言中译时,"村落"和"聚落"常混合使用来表示同一概念,也就是将"聚落"作狭义理解。而在广义上,聚落涵盖城镇群、城市、住宅、集镇、村落、院落乃至建筑单位等各个层次的人类居住点。

中国农民生活特点有别于西方的是"聚村而居"。费孝通分析其原因有四:便于水资源的共同利用;协同护卫;耕地面积小,聚而经营;土地、祖业等的平等继承。② 从这个分析看,村落的"乡土"属性远比具有人类居住形态起源学意义的聚落要复杂而多元。

综上,可给村落定义为,是自然形成的,处于城镇环境之外相对独立的空间,以第一产业为主导产业、以农牧副及手工业为主要生计,具有相对固定的亲缘关系、互助形式和共同的信仰对象的一种聚落式居住形态和社会共同体。其中,人们通常把历史遗留下来的村庄聚落称为古村落或乡土建筑。③ 进一步说,村落有地理和社会文化的双重内涵,换言之,它不仅是一个居住的自然空间,强调形成中与自然环境的契合性,更是一个区别于城镇的社会文化空间,强调形成过程的久远性。对于中国村落的社会文化特征,较为熟知的是费孝通"礼俗社会""熟人社会"的概括。这种特征特别表现在,"每一个村落的固定存在,均表示出村民团体的不易分散和成员的不易流动,因而村落内部成员的交流互动与协作关系,较之与外界的联系就显得特别紧密"④。这种关系是建立在亲缘关系(家族、宗族等)、互助形式和共同的信仰对象基础上的,从这个意义上说,村落的社会文化空间更多表现着一种关系空间。

(2) 社区

社区概念具有广义和狭义之分。广义的社区是指"进行一定的社

---

① 胡彬彬:《中国村落史》,中信出版集团2021年版,第7—15页。
② 费孝通:《乡土中国 生育制度》,北京大学出版社1998年版,第8—9页。
③ 胡燕等:《传统村落的概念和文化内涵》,《城市发展研究》2014年第1期。
④ 刘铁梁:《村落——民俗传承的生活空间》,《北京师范大学学报》(社会科学版)1996年第6期。

会活动、具有某种互动关系和共同文化维系力的人类群体及其活动区域"①，甚至在更宏观的层面，将之视为聚居在一定范围内的人们所组成的社会生活共同体。狭义的社区是指城市（镇）内部成员间具有亲密的互动关系，建立有各种服务、规范、人际关系、组织，居民对内部事务具有一定自主权的生活交往区域。这两种界定的外延是统一的，即一定数量的人口、一定空间的地理、一定规模的设施、一定特征的文化、一定类型的组织。这大体是社会学对社区概念的共识。从广义的界定看，社区包含了"行政村落"、乡、区、县等法定的社区，城市、自然村落、自然镇等自然的地域以及专能社区、精神社区甚至网络社区（如天涯社区）。

从社区概念的本源上看，其最初被称为"共同体"，"一种生机勃勃的有机体"，以与"一种机械的聚合和人工制品"的"社会"相比较②。中国在最初译介德国社会学家费迪南·滕尼斯的代表作时，将这一概念译为"共同体与社会"，也有论著称之为"社区与社会"。

中文的"社区"一词经历从德文 Gemeinschaft 到英文 Commune（公社、村社）或 community，然后到中文的"社区"的语词旅行过程。③ 滕尼斯将原本同义的德文 gemeinschaft 和 gesellschaft 加以概念区别和系统分析：前者具有"亲密的、秘密的、单纯的共同生活"内涵，是自然形成的、整体本位的、小范围的，是在情感、依赖、内心倾向等自然感性一致的基础上形成的有机群体；后者与其相向。④ 1940 年，美国版首次英译滕氏著作时，未找到对应词，姑且译作"Fundamental Concepts of Sociology"；1955 年，英国版英译本将标题定为"Community and Association"；1957 年，芝加哥大学重版英文首

---

① 郑杭生主编：《社会学概论新修》，中国人民大学出版社 1994 年版，第 348 页。
② ［德］斐迪南·滕尼斯：《共同体与社会——纯粹社会学的基本概念》，林荣远译，北京大学出版社 2010 年版，第 45 页。
③ 姜振华、胡鸿保：《社区概念发展的历程》，《中国青年政治学院学报》2002 年第 4 期。
④ ［德］斐迪南·滕尼斯：《共同体与社会——纯粹社会学的基本概念》，林荣远译，北京大学出版社 2010 年版，第 43—45 页。

译本时将标题改为"Community and Society",其后通用此译法。英语世界中,也有以 civil society 译 gesellschaft、以 commune 译 geneinschaft 之法。① community 的希腊词源为 koinonia,本意指人们在联合、联系的基础上形成的各种群落、集团、团体或联盟,尤其是指具有城邦和政治意义上的市民共同体。② 英译本首先传入中国,首译者为倡导社区研究第一人吴文藻及燕京大学社会学系学生集体。其译介的问题集中在已内化为英文语境的 community,其对应中文历经了从"基本社会""地方社区"到"社区"的过程。③ 芝加哥学派对社区内涵的理解及方法论实践,也影响到中国社会学界对"社区"的解读和应用,使其成为一个被广泛接受和认同的中国化词汇,促进"着重实地调查和比较研究"④ 的"社区研究"范式的形成。

学术界在找社区概念的源头时,自然向"共同体"那里追溯。但是,从城市和乡村的二元维度看,后者更具有"共同体"的属性,而前者可谓"社会"的。由是观之,滕尼斯所探寻的主题仍然是与有机团结与机构团结⑤,神学的、军事的社会与实证科学的、工业化的社会⑥,乡民社会与市民社会⑦等解析社会运行的二元视角相统一的。

社区概念释义上的矛盾,实质上反映了社区理论与实践的脱节。在理论上,认为社区是在城乡社会普遍存在的,广义的社区是其正解。但在实践上,从 20 世纪 80 年代开始,主要由民政部门推进的城市社区建设,各地在探索中使城市社区建设发生了从服务到自治再到

---

① 刘海涛:《滕尼斯"共同体"理论的中国化及其当代意义——兼论中华民族共同体理论构建的创新发展》,《北方民族大学学报》2021 年第 1 期。
② 黄杰:《"共同体",还是"社区"?——对"Gemeinschaft"语词历程的文本解读》,《学海》2019 年第 5 期。
③ 丁元竹:《中文"社区"的由来与发展及其启示——纪念费孝通先生诞辰 100 周年》,《民族研究》2020 年第 4 期。
④ 费孝通:《略谈中国的社会学》,《高等教育研究》1994 年第 4 期。
⑤ [法]埃米尔·杜尔干:《社会分工论》,渠敬东译,生活·读书·新知三联书店 2017 年版。
⑥ [法]奥古斯特·孔德:《论实证精神》,黄建华译,商务印书馆 2001 年版。
⑦ [美]罗伯特·雷德菲尔德:《乡民社会与文化——一种人类学研究文明社会的方法》,陈睿腾译,南天书局 2020 年版。

治理的目标或职能转变。① 尤其在村（居）民民主自治实践中，作为组织建设的重要一环，在城乡分别是以社区居委会和村民委员会为建设对象和组织力量分别予以推进的。这样，社区就被解读为城区或城市社会中一个独特的组织单元。这一多少与社区的"共同体"本意脱节的概念认识，内含一种在城市社会环境下其内部建立起具有亲密亲属关系和心理认同感的意愿单元的诉求。以至在农村的"社区建设"中出现"社区是政府供给公共品的基层单元，行政村则是村民自我事务的自治体"这样一种二者相分离的"怪诞的结果"②。而在普通大众的观念里，"社区只是城市有，农村哪可成社区"，仍然是从狭义上理解社区的。实际上，这样理解，反而有助于消解社区概念上的分歧。为此，本书取其狭义，并与村落明确区分。

（3）移民

移民包括国际移民、工程移民、开发移民、生态移民等多种类型。本书所指为生态移民，即以改善和维护自然生态环境为目的的人口迁移行为和迁移群体。也就是说，其外延以迁移目的为指向，其内涵不仅包括作为动词的人口迁移这一行为和实践活动，还有作为名词的迁移群体。以"移民"限定"社区"，特指在生态与生计压力下迁居城镇而形成的或松散或集中的居住生活交往区域。就类型而言，所涉及的和日村属于以生态移民按迁入地和迁入地行政边界为划分标准的跨州移民、跨县移民、跨乡移民、乡内移民中的乡内移民。这一牧民迁居乡镇政府驻地而形成社区的形式，在青海牧区十分普遍。而和日移民村的形成有着特别的历程，具有自身的特征。

（4）边缘地带

本书把调查对象区域称为边缘地带，包含着地理和文化边缘的双重含义。中国自然地理学界普遍认可的全国农业区划委员会方案，将中国自然地理划分为东部季风区域、西北干旱区域和青藏高

---

① 李培林等主编：《社会学与中国社会》，社会科学文献出版社2008年版，第139—141页。

② 李勇华：《农村"社区"与"行政村"辨析》，《探索》2014年第5期。

寒区域三个一级区域。[①] 黄南州处在分属于三个区域的黄土高原、阿拉善高原与河西走廊、青东南川西北高原的过渡地带和交汇之地。沿黄河支流隆务河的汇入干流口逆流而上，在其东西向和南北向都有自然地貌的鲜明边缘性特点。本书案例之一郭麻日村便处在隆务河的中上游。另一案例和日村所在的泽库县则处在青东南川西北高寒的东部边缘，是青海高原天然草地的东部边界区域。随着全球气候的变化和植被条件的改变，两个案例所在区域在自然地理上的边缘属性变得更加明显。

文化上的边缘属性则体现在生计方式、族群身份认同、宗教信仰等诸多方面。其中，生计方式上的边缘性尤为突出。以隆务河谷往北的黄河与往南的山脊为界，黄南州与青海"东部农业区"形成总体上的农耕与畜牧的分野。隆务河谷属于青海的"小块农业区"，可喻为青藏高原的农业"斑点"之一，其以西牧业的天然程度明显强于以东区域。而泽库县的草地畜牧业，从放牧方式、畜种等方面都具有向农业过渡的特点。从整体文化结构看，2个案例所在区域处在藏文化圈的边缘文化带。对文化上其他的边缘属性，本书将作微观分析。

2. 内容框架

本书"引言"主要交代一些背景，包括研究缘起、相关研究成果和研究设计。第一章分析包括泽库县在内的热贡地区实践文化生态保护政策和开发文化资源的人文背景和现实基础，这些都是所选取并作比较的2个案例村所在地区共有的。第二章梳理热贡文化资源开发和文化生态保护的历程，以及村落的演变，文化资源主要是指唐卡和石刻（雕），村落的演变指和日由村到社区的演化以及郭麻日村在城镇化背景下的坚守和蜕变。第三章解析文化资源开发和文化生态保护的基本状态及其中存在的问题，后者包括文化资源开发、村落保护和文化生态保护中存在的问题。第四章专门讨论文化生态保护问题，解决为什么、怎样从系统的观点看待文化生态的问

[①] 全国农业区划委员会编写组：《中国自然区划概要》，科学出版社1984年版。

题，这种讨论紧紧围绕2个案例及文化边缘地带的实际展开。结尾为得出的一些基本结论，并就一些理论和实践问题给出初步的应对思路和建议。

(三) 方法与路径

1. 田野调查

(1) 田野点概况

郭麻日村为青海省黄南州同仁县年都乎乡下辖村，位于青藏高原东北部的隆务河谷地（位置见图2）。该村距离同仁县城5千米，是郭麻日古堡所在村，有1个自然村12个生产队。全村主要种植小麦、豌豆、青稞、油菜、洋芋，其中洋芋亩产量3500斤、小麦6000斤、油菜4000斤；饲养羊786只、牛63头（奶牛）。建有村小学1所，在校学生169人，其中适龄儿童139人；全校有教职工11人，其中临聘教师1人，持有小教高级职称证书10人。坐落于该村的郭麻日寺，有僧侣105人。[①] 其他相关数据见表1。

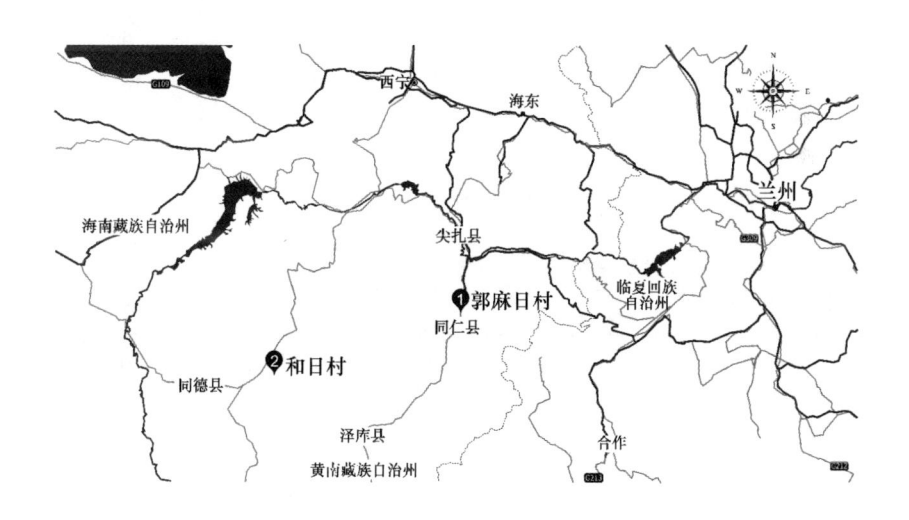

图2 田野调查点的方位

---

① 数据来源于笔者调查时年都乎乡办公楼大厅的张贴栏，具体截止日期不详。

表1　　　　　　　　　田野点经济社会概览

行政区划归属			青海省黄南州 同仁县年都乎乡	青海省黄南州 泽库县和日镇
村名			郭麻日村	和日村
人口数量	户数	常住户（户）	635	257
		户籍户（户）	—	253
	人口	常住人口（人）	2109	961
		户籍人口（人）	—	961
		宗教教职人员（人）	18	18
	贫困状况	建档立卡贫困户（户）	71	92
		贫困人口（人）	302	137
收入		人均收入（元）	—	6340.53
		集体经济收入（万元）	3	
民族构成（人）		藏	—	960
		汉		1
		土		0
		其他		0
学生人数（人）		小学	208	102
		初中	110	59
		高中	56	
		在籍大学生	12	47
资源		草场（万亩）	—	62226
		耕地（亩）	2150	972

资料来源：郭麻日村数据系县、乡驻村工作队提供，和日村数据摘自年度统计报表。数据截至2018年。

和日村为青海省黄南州泽库县和日镇下辖村，位于青藏高原东北部的泽库草原，所在地为南巴滩次哈吾曲沟口周毛多则塘（藏语意为"周毛积石滩"）（位置见图2）。该村距离泽库县城70千米，是著名的石刻小镇。和日镇政府办公场所公告栏如下介绍和日村

(对文字略作了调整)：

> 位于和日镇东面，距离镇政府所在地 1 千米，是以"石雕"艺术而闻名的一个行政村。有 1 个自然村 3 个生产队（社），总面积 3.64 平方千米。全村总户数和总人口分别为 257 户、960 人，其中男性 475 人、女性 485 人，劳动力 397 名。全村学生 443 人，其中大专 51 人、高中 35 人、初中 111 人、小学 208 人，学龄前儿童 27 人。
>
> 全村以藏族为主体民族，村民以畜牧业为主要生产方式。全村草场面积 62226 亩，其中，可利用草场面积 34612 亩，人均占有草场 36.4 亩；黑土滩 14142 亩、荒山 15470 万亩、沙滩 500 亩。耕地总面积 2000 多亩，人均占有耕地面积 2.1 亩。全村存栏各类牲畜 1442 头（只、匹），其中，牛 1371 头、羊 71 只，适龄母畜 200 头（只、匹），牲畜出栏数 180 头（只、匹），出栏率为 90%。2016 年全村人均收入 5925.15 元。

（2）田野调查过程

涉及本书的田野调查分 2 次进行。第一次是在 2010 年 10 月 14—29 日，其中，14—24 日在泽库县（包括和日村），25—29 日在黄南州府所在地隆务（包括四合吉社区）。主要采用个别访谈方式，在州一级受访人主要分布在政策研究室、地方志编纂委员会办公室、民族事务委员会（宗教局）、统战部、教育局、农牧局、民政局等党委、政府部门或机构，县一级主要在民族宗教局、统战部和地方志编纂委员会等部门或机构，在乡一级主要接触乡镇党委政府的主要领导或分管领导，村一级访谈对象主要为村中耆老和退休并长住村或牧委会的老干部（包括村干部）。主要受访者名单见本书"附录三"。

第二次田野调查开展于 2018 年 10 月 12 日至 11 月 21 日。其中，在郭麻日村的调研于 10 月 27 日至 11 月 12 日进行，主要采取参与体验、个别访谈等方法，食宿在农户家，深度参与体验了村民的宗教活动、日常生活、民俗活动、村务等，访谈了手工艺人、法师、村干部、退休教师、赘婿等，查阅了乡政府、村委有关扶贫、民政、党务等相关材料。在泽库县以及和日镇（村）的调研于11月12—20日进行，同样采用参与体验、个别访谈等方法，体验了村民的宗教活动、日常生活、石刻（雕）生产、集体经济分红等，访谈石刻（雕）艺人、在职村干部、退休村干部、村中耆老等，查阅了村务所有存档资料。

在上述2个村的田野调查之外的时间间隙，则是在州、县、乡党委政府及相关职能部门作调查。一是于10月15日在黄南州政府召开一次热贡文化生态保护实验区建设座谈会，有"实验区"管理委员会（简称"热管办"）、州委政策研究室、州文化广电局、州"非遗"保护管理局、州热贡艺术馆、州文工团负责人以及传承人、艺人代表参加，了解掌握实行文化生态保护实验区建设的整体情况。二是访谈州、县、乡政府相关负责人。三是收集城镇发展、"非遗保护"、古堡屯寨保护等方面的规划以及基本情况的数据统计等资料。

2. 问卷调查

（1）问卷内容及抽样方法

问卷调查作为本书研究的重要方法，是为了弥补田野调查时长不够的缺陷，可帮助在尽可能短的时间内掌握了解只有长期参与观察方能触及的信息。2018年的问卷调查内容涉及"基本情况"、村落发展、文化生态保护三个大的方面共36个问题（问卷内容详见"附录二"）。问卷调查主要在村民中进行，兼及与文化资源开发和文化生态保护相关部门的干部。

对村民的样本选取采取立意抽样或判断抽样的方法。先是在村、镇小学将问卷发放给四、五、六年级学生，相当于学生担任问卷调查员向其家长作访问式问卷（其中不排除有一定文化程度的个别家长自填的情况）。根据实际，在2个村的具体操作略有不同：在郭麻日完全小学，是在周末让学生将问卷带回家，作为一项作业任务完成；在和日镇中心完全小学，则是在周五召集和日村籍学生家长于学校会议室，一边由教师逐个讲解题目、一边由学生向家长提问并填答。收回问卷后，根据填答的有效性及学生所在家庭情况，查漏补缺地选择学生调查其家庭以外能够反映问卷调查代表性的户，再进行补充问卷（一般为访问式问卷）。此外，在和日寺的问卷由僧人自填；对郭麻日寺个别僧人亦作了访问式问卷，但由于有效问卷数量较少，未单独作样本分类。

（2）问卷分布及回收

问卷样本量按照2个村实有户数30%的具有统计学意义的比例设定。根据2017年底郭麻日村、和日村户数，预设其样本规模分别为190例和77例；在实地调查中，考虑到和日寺香火地不限于和日村，以及其与和日村地域上相对分离、关系日渐疏远等情况，增加了10例（9例有效）僧人样本，在分类时归入"和日村民"。收回的2个村有效问卷占比分别为70%和100%，针对村民的合计样本有效率为80.4%，加上和日寺僧人的问卷，这一比例为84.7%。加之有效率为98.5%的干部有效问卷64例，总有效样本规模达到258例。为了方便问卷利用和样本分析，按照村民/干部为一类，郭麻日村民、和日村民/州县乡党政教、泽库党政教为二类，以及12个具体问卷调查点（见表2编码1—12）为三类进行分类；3类及受访者分别占1、1、2、3位（共7位）进行编码（详见表2）。

表2　　　　问卷对象分类、问卷编码及有效样本分布　　　　（例）

分类1			分类2			分类3		
编码	样本数	分类名称	编码	样本数	分类名称	编码	样本数	调查点名称
1	194	村民	1	105	郭麻日村民	1	24	郭麻日古堡内外
^	^	^	^	^	^	2	81	郭麻日完小（家长）
^	^	^	2	89	和日村民	3	39	和日村移民点
^	^	^	^	^	^	4	10	和日寺周边
^	^	^	^	^	^	5	9	和日寺
^	^	^	^	^	^	6	31	和日镇中心完小（家长）

续表

分类1			分类2			分类3		
编码	样本数	分类名称	编码	样本数	分类名称	编码	样本数	调查点名称
2	64	干部	3	34	州县乡党政教*	7	20	州县党委政府（隆务）
						8	9	年都乎乡政府
						9	5	郭麻日完小（教师）
			4	30	泽库党政教	10	10	泽库县党委政府
						11	10	和日镇政府
						12	10	和日镇中心完小（教师）
合计						258		

注：* 州、县、乡分别指黄南州、同仁县、年都乎乡，因这3个单元后者包含于前者的行政区处于一个地理单元，其党政教领域相关干部作为一个总体进行问卷调查分析。进一步细分，将同在隆务镇的黄南州、同仁县党委政府相关干部作为一个总体进行问卷调查分析。

（3）有效样本的基本属性

年龄。如图3所示，回答有效的农牧民样本年龄以35—44岁为主，占41.7%，其次为25—34岁年龄段。总体样本的年龄结构与此类似，35—44岁占39.1%（如表3所示）。相对而言，样本反映，25—34岁的干部占一半，而35—44岁的占32.9%，二者之和达到72%。

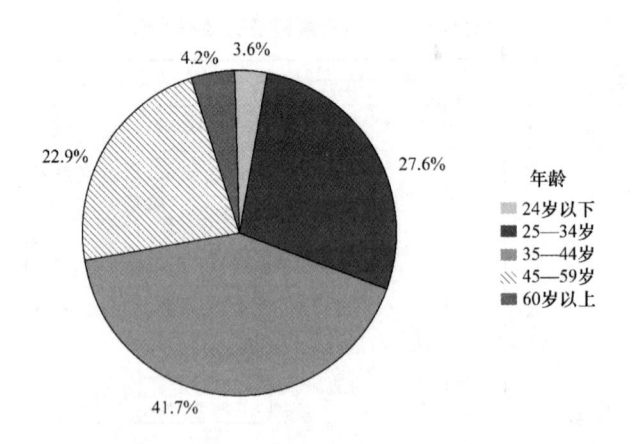

图3 回答有效样本农牧民年龄结构

表3　　　　　　　　　受访者的年龄结构　　　　　　　（例、%）

		频次	百分比	有效百分比
有效	24岁以下	13	5.0	5.1
	25—34岁	85	32.9	33.2
	35—44岁	101	39.1	39.5
	45—59岁	49	19.0	19.1
	60岁以上	8	3.1	3.1
系统缺失		2	0.8	
合计		258	100.0	100.0

性别。样本以男性为主，占61.6%，女性样本占34.1%；做出有效回答的农牧民样本中，男性占67.2%，女性占32.8%。

婚姻状况。样本中，已婚、未婚、离婚和"同居"的分别占74.8%、13.2%、5%和3.1%，换言之，受访者大多数为已婚者。就回答有效的农牧民样本中，各种婚姻状况占比与此大体相当（见图4）。

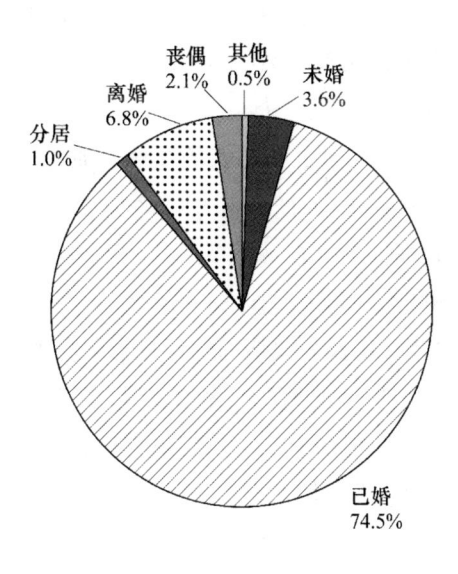

图4　回答有效样本农牧民年龄结构

户籍。样本中,农村户籍的占60.1%。值得注意的是,回答有效的农牧民样本中,有16.9%的选择"城镇",也有个别受访"干部"为农村户籍。

受教育程度。样本总体中,受教育程度为"小学"的占比最高,为33.7%;其次为"未上过学",占22.9%。在回答有效的农牧民样本中,案例中的郭麻日村整体受教育程度高于和日村(见表4)。

表4　　　　回答有效农牧民样本和样本总体的受教育程度　　　　（%）

	未上学	小学	初中	中专（中技）	高中（职高）	大专（高职业）	大学本科	研究生及以上	样本数（例）
郭麻日村	24.8	51.4	19.0	0	2.9	1.0	0	1.0	105
和日村	36.8	35.6	18.4	2.3	3.4	2.3	1.1	0	87
合计	30.2	44.3	18.8	1.0	3.1	1.6	0.5	0.5	192
样本总体	22.9	33.7	15.1	1.9	2.7	8.5	12.0	1.9	258

政治面貌。样本中,未加入任何党派的受访者占57%,其次为"中共党员"(占20.2%)。在回答有效的农牧民样本中,也有14.5%的受访者为中共党员,有5.8%的受访者为共青团员。

家庭人口规模。样本家庭人口数以4、5人的居多,二者占比之和为46.5%,6人、7人以上和3人的家庭分别占15.9%、14.7%和12%。回答有效的农牧民样本家庭人口结构与样本所反映的结构类似,4、5人的占46.8%,6人、7人以上和3人的家庭分别占17.7%、17.7%和9.7%。

作为符号的民族身份及自我认同的民族身份。回答有效样本中,民族身份(身份证上的"民族")为藏、土、汉、蒙古族的分别占57.2%、37.2%、4.4%和0.8%;而自我认同的民族身份(受访者自己认为所属的民族),在回答有效样本中,藏、土、汉族分别占59.1%、37.1%和3.8%。其中包含的文化内涵见后文。

职业。受访者职业分布于多个行业,如表5所见,农民占比最高,牧民次之，专门的手工艺人占 12.2%。

问卷结果显示了受访者比较复杂的职业认同。表 5 所示，首列"村民""干部"是笔者为问卷方便而作的客位身份分类，首行诸种职业则是受访者对所从事职业的自我认同。两者的交叉分析，展现了受访者复杂甚至混乱的职业认同。比如，认为自己的职业属农牧民的受访村民占比为 60.2%；在认同为农牧民的样本中，还有 18.9% 的是干部。后者反映了受访党政机关干部职业的不确定性。专门的手工艺人主要分布在村民群体中，但也有持此认同的 1 个案例出现在干部中。在村民和干部中分别有 3.7% 和 4.7% 的受访者没有对此问题做明确作答，反映了其职业身份的多重性。

表 5　　　　　　　　　　　样本职业分布

身份分类		自我认同的职业											合计
		农民	牧民	党政机关干部	专门的手工艺人	教师	宗教人士	商人	村干部	企业工人	就学者	亦农亦商者	无职业	其他	
村民	计数（例）	70	45	0	30	3	11	10	5	4	3	2	1	7	191
	身份分类中的%	36.6	23.6	0	15.7	1.6	5.8	5.2	2.6	2.1	1.6	1	0.5	3.7	100
	自我认同职业中的%	94.6	86.5	0	96.8	17.6	100	100	100	100	75	100	100	70	74.9
	合计总计数的%	27.5	17.6	0	11.8	1.2	4.3	3.9	2	1.6	1.2	0.8	0.4	2.7	74.9
干部	计数（例）	4	7	34	1	14	0	0	0	0	1	0	0	3	64
	身份分类中的%	6.3	10.9	53.1	1.6	21.9	0	0	0	0	1.6	0	0	4.7	100
	自我认同职业中的%	5.4	13.5	100	3.2	82.4	0	0	0	0	25	0	0	30	25.1
	合计总计数的%	1.6	2.7	13.3	0.4	5.5	0	0	0	0	0.4	0	0	1.2	25.1
合计	计数（例）	74	52	34	31	17	11	10	5	4	4	2	1	10	255
	身份分类中的%	29	20.4	13.3	12.2	6.7	4.3	3.9	2	1.6	1.6	0.8	0.4	3.9	100
	自我认同职业中的%	100	100	100	100	100	100	100	100	100	100	100	100	100	100
	合计总计数的%	29	20.4	13.3	12.2	6.7	4.3	3.9	2	1.6	1.6	0.8	0.4	3.9	100

39

个别访谈则反映了更为复杂的职业认同。比如，有的村级干部实际上不在人事干部序列中，只能算是半农（牧）半工的准干部，但在填答问卷中，却坚定地认为自己是名副其实的干部；再如，2个案例中有的农牧民既无耕地又无牲畜，但他们仍然认为自己是农民或牧民。

3. 比较分析

在对2个村落的比较分析，拟从三个层面进行，一是对村落（社区）演变过程的比较，分析在城镇化背景下由村落演变为社区以及村落文化空间的维系所面临的压力和挑战。二是对村落和社区两种聚落形态中文化资源开发和文化生态保护的比较，分析现行保护策略和路径的优劣。三是与2010年在泽库县和日乡[①]和日村和同仁县隆务镇四合吉社区的调查结果比较，分析村落、社区文化空间形态以及文化资源开发和文化生态保护状态的变化。

---

① 本书根据不同的语境（时期）称为"乡"或"镇"。和日建制变化见后文。

第一章 "金色谷地"里的角力：人文背景及现实条件

热贡文化资源开发和文化生态保护有着浓郁的人文背景和一定的现实基础，其人文背景即生成于热贡的自然环境，并与其文化社会环境密切相关。而其现实基础就是生发于当地民俗且在生计转型压力下自发的文化资源开发实践和政府层面以"实验区"建设为龙头的政策实践。人文背景和现实基础二者的有机整合是文化资源可持续开发的动力远景。

第一节 人文背景

热贡地区之所以能够成为文化资源开发的成功案例，既有该地区作为高寒内陆地区自然和文化边缘所具有的特殊场景，又有文化的多元性及其内在维护力量。对于前者，可重点从自然与文化空间的角度作审视。对于后者，可从文化的基本分类出发，从传统工艺与作品的宗教属性、语言文字的和合之美、文化心态的包容性特点，以及结构视角所及的整合功能，看到两个案例所在区域文化资源开发与文化生态保护的共性外在呈现和内生动力。

一 抗拒中的变迁：生成场景

政府发布的关于热贡文化生态保护区的总体规划，把隆务河划归其核心区，泽库、尖扎县所在区域作为辐射带动区。① 这种定位基于历史演进过程和现实发展状况，有其合理性。学术界比较一致的看法是，同仁县所在的隆务河谷是热贡文化孕育之所，而且无论资源富集度还是保护开发政策实施力度，与"热贡文化资源分布核心区域"相匹配。之所以形成这样的文化格局，与隆务河谷所处的特殊地理位置和地域文化属性直接相关。归结起来，表现在：一是东西南面为山、北方为谷的地势特点，即东望德合隆山，西依夏琼山，南靠麦秀山，北走隆务峡，而顺地势总体上自南向北游走的隆务河及其南、西、东部的诸多支流，为当地人提供着充沛的水源。二是边界的文化属性，即隆务河谷往东、往北的土壤环境条件适宜农业耕作，往西、往南则为广阔的牧业区，属于典型的农牧交界地带和青海藏文化圈圈层边界。

正是基于这样的条件，隆务河谷在历史上成为"兵家必争之地"，上演了一幕幕移民迁徙、筑堡防御、不同民族主体的统治者交替管理的激荡舞剧，促成民族构成、宗教信仰复杂而多元，民族心理开放而包容，文化不断受到扰动而自成结构。被视为"辐射带动区"的黄南藏族自治州泽库、尖扎两县，尽管其文化渊源、文化属性等与隆务河谷不尽相同，即便两地已经被纳入热贡艺术（如唐卡、石刻）开发区域之一体，也有迥异的源头和流变。但是，其具有的程度不同的地理、文化边界属性，使得"热贡文化"有了可以拿来作整体分析的人文基础。需要指出，如果要对热贡文化作民族性归类，是"以藏文化为主体的区域文化"② 无疑，称之为"主体"或主干，并不排斥隆务河谷低洼地带（河谷两岸）极其丰富的多元民族（包括部分自我认同相异的民族），以及政府有意纳入热贡文化生态保护范围的河南蒙古族自治县。这些支干在不同程度上或以宗教信仰或以文化认同或利益导向上，成为模糊文化边界的着色剂。

---

① 黄南藏族自治州政府：《热贡文化生态保护区建设总体规划》（成果稿），2011年8月。
② 唐仲山：《热贡艺术》，青海人民出版社2010年版，第5页。

第一章 "金色谷地"里的角力：人文背景及现实条件

"金色谷地"这一指代或形容名称的使用，反映了人们对热贡这一自然、文化区域的"传统"与认知再造。这一名称散见于当代志书、旅游宣传册、政府文件、政府门户网站等广泛的领域，几近成为对"热贡"的普遍认知。甚至热贡所处中心区域同仁县的志书序言，把"同仁"与"热贡"对等起来，视为藏语的转译，称其为"极乐的金色谷地"[①]。有的宣传资料还将其演绎为"梦想成真的金色谷地"。这一名称被普遍接受，说明迎合了隆务河谷旅游业和热贡文化产业发展的期待，可能会成为共识。

对于"热贡"的本源含义，存在本地、东来和南来三种解读。"金色谷地"可称为本地说，更加强调隆务河谷的自然环境和人文状况。这一被旅游资源开发广为应用的解读，在藏语文中并非现代词汇。成书于清代的《安多政教史》称，"隆务河流域自南至北，分为上中下三区。其中枢之地是位于惹卜查三沟（reb tsha lung pa gsum）的上沟的热贡赛摩疆（reb gong gser mo ljongs）地方"[②]。其中，"赛摩"义为"金色"，"疆"义为"谷地"；而由"热贡"到"reb gong"，有明显汉译藏的痕迹。可见，有文献记载的最早的金色谷地所指，是以隆务寺为中心的狭小区域；将"热贡"解读为"金色谷地"，是词义反复。也有把"金色谷地"与当地地名考证结合的尝试案例，比如，一本当地政府组织编纂并公开出版的导游词书籍主张，"热贡"是一个宽泛的地理、地域概念，"是缩写地名，其原意是'地处热察三部落上部地区'，热察三部落分别是热察、伊察、姜察，都散居在今之青海循化、甘肃临夏及甘南藏族自治州夏河县的部分牧业地区。"[③] 这一编者的主张，与其书名（宣传定位）不甚契合，与"金色谷地"的解读相比，被旅游市场经营者和游客接受的程度会有

[①] 同仁县志编纂委员会编：《同仁县志》，三秦出版社2001年版，"序二"。
[②] （清）智观巴·贡却乎丹巴饶吉：《安多政教史》，吴均、毛继祖、马世林译，青海人民出版社2017年版，第488页。
[③] 索南多杰、扎西东智、尕藏东知主编：《金色谷地之游——同仁县导游词》，人民日报出版社2010年版，第3页。

不同。还有将"同仁"与"热贡"用藏语互译的尝试,甚至曾有改"同仁县"为"热贡县"的建议,显然是将包含"同登仁域"蕴意的"同仁"在地化的努力。

东来说有较丰富的文献佐证。《后汉书·西羌传》提及大、小榆谷十次,其中引述陇麋相曹凤奏言称,"自建武以来,其犯法者,常从烧当种起。所以然者,以其居大、小榆谷"。① 清中后期撰修的《循化厅志》中,未见"热贡"这一称谓,将"西番边都沟七寨、下龙布六寨、起台沟五寨、保安四屯共二十二屯寨"归为"熟番",强调"保安四屯,实内地民人久居番地,染其习俗,竟指为番人,拟误矣"。该志纠正将"龙布"论为"隆务"②,亦说明当时已有隆务的称法。据青海籍史家李文实考证,大小榆谷为烧当羌与汉军相持的重要后方,"原为羌语的汉语";后来,宋时一公城、榆谷、一公、捏工、热贡,元、明记载的捏工川,都是一名的古今异译。③ 其他的中文近作,多持与此相同观点。比如,《青海历史纪要》称,"公元101年(和帝永元十三年)秋,平定烧当羌迷唐战乱后,地方秩序逐渐恢复","烧当羌居大小榆谷(今青海省贵德等地区)",又注"榆谷:即藏语热贡之汉译,宋时译作一公。"④ 初版于1989年的《安多政教史》中译本将"reb gong"译为"热贡",并注解"榆谷即热贡之古译音"。⑤ 究竟何时由"榆谷"转由"热贡"指称地名,未见有专门研究。

南来说主要倾向于西藏的来源。有学者发现,敦煌藏文写卷中既有与热贡同音的藏文词汇 reb kong⑥,推断唐代就有这一地名的藏文

---

① 《后汉书》卷87《西羌传》。
② (清)龚景瀚编:《循化厅志》,李本源校、崔永红校注,青海人民出版社2016年版,第263、152页。
③ 李文实:《西陲古地与羌藏文化》,青海人民出版社2019年版,第68、83、150页。
④ 青海省志编纂委员会:《青海历史纪要》,青海人民出版社1987年版,第21页。
⑤ (清)智观巴·贡却乎丹巴饶吉:《安多政教史》,吴均等译,甘肃民族出版社1989年版,第578页。
⑥ 更尕:《有关"热贡"名称由来的几个问题》,《中国藏学》(藏文版)2008年第4期。

称法。还有学者从部落名称演变、藏语地名由来、服饰与祭祀节日的同质性等，来证明"热贡"与西藏贡布地区的关联性。[①] 更有学者从藏语言学的角度明确称，热贡地名来自贡布地区的骨系或姓氏。[②] 学界同样把关注点放在"热贡"这一热词，却对《安多政教史》"赛摩疆"（gser mo ljongs）一词，鲜有考证。

对"热贡"内涵的争议，体现了继承发展传统中地方文化势力之间的角力，当属族群或群体文化走向区域文化过程中的一个独特现象。这种争执和模糊性，恰恰是多元文化区域的传统向着共享性再造的有利条件。本书赞同向着有益于文化资源开发的方向再造的价值，并将此视为隆务谷地热贡艺术开发较成功的一个条件。这个条件看似微观，实则反映了基于教育基础、开放水平等的软力量的支撑意义，这是和日地区所缺乏的。

二 传统的威力：主要呈现

（一）民族传统工艺与宗教

人们一谈到热贡文化，最先可能想到的是热贡艺术，而说到热贡艺术，首先映入头脑的便是久负盛名的唐卡艺术。这三者之间存在的先后包含关系，大致可以用图 1-1 表示。[③] 就热贡文化第一层分类而言，可以从物质文化、精神文化和调适文化（组织、制度等）三个大的方面进行分类，其艺术、宗教、民俗三方面是当时呈现最为活跃的文化元素。其中，市场化程度最高的当属彩绘唐卡艺术，唐卡绘制传统工艺的保护传承则是政府"文化生态保护"政策实践的关注重点。无论是从参与绘制人数规模还是从艺术品数量规模上说，身份为俗人的唐卡艺人是唐卡绘制队伍的主要力量。

---

① 参见吉迈特却《隆务寺志》（藏文），青海民族出版社1988年版；热贡·卡尔泽杰：《浅谈"热贡文化"范围界定》，《黄南报》2006年5月21日。
② 浪加·喇嘛才让：《热贡政教史》，香港天马出版社2002年版，第76页。
③ 其中，热贡艺术的分类参考了马成俊著《热贡艺术》（文化艺术出版社2012年版，第60、69页）。

◆ 找寻安身之所

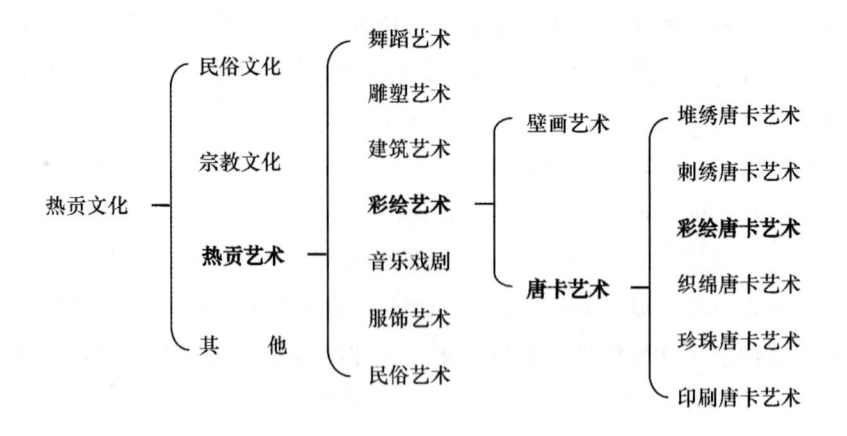

图1-1 热贡文化基本分类

（热贡文化分类结构：热贡文化→民俗文化、宗教文化、热贡艺术、其他；热贡艺术→舞蹈艺术、雕塑艺术、建筑艺术、彩绘艺术、音乐戏剧、服饰艺术、民俗艺术；彩绘艺术→壁画艺术、唐卡艺术；唐卡艺术→堆绣唐卡艺术、刺绣唐卡艺术、彩绘唐卡艺术、织锦唐卡艺术、珍珠唐卡艺术、印刷唐卡艺术）

唐卡工艺及绘制与寺院有着千丝万缕的紧密联系，主要表现在：一是唐卡传统工艺源于藏传佛教寺院。热贡艺术是伴随着藏传佛教在热贡地区的传播而逐步形成的，传播就需要相对固定的场所——寺院，建寺院则必须有绘制壁画、雕梁画栋的工匠艺人。而热贡地区建造以隆务寺为肇始的寺院所需工匠艺人最初大多数来自西藏的几个寺院。藏汉史料明确的是，隆务寺初建于元大德五年（1301），当时为规模甚小的萨迦派小寺。至1426年前后，当地名僧三木旦仁钦与其胞弟罗哲森格以当地萨吉达百户为施主，主持维修并建成了该寺。三木旦仁钦的祖父便是被现热贡艺人尊为阿米拉杰（"阿米"为尊称，"拉杰"为人名简称）的拉杰扎那哇。身为瑜伽师的阿米拉杰曾于1267年受西藏萨迦法王八思巴的派遣，带领包括擅长绘画、木石雕刻等技艺的工匠300多名，来到隆务地区弘法并建寺修塔。在此过程中，自然将藏传佛教绘画艺术带到热贡，其《绘画如意宝》《功能源》等论著成为唐卡画师们心目中的经典。这是从史论到实践层面，基本认可的热贡艺术的起源之说。

对热贡艺术的形成产生直接影响的上述工匠，虽然其身份不全是僧人，但组织者、推动者是僧人，传播艺术的初衷是修建、扩建寺院。对藏传佛教及其寺院而言，造型彩绘艺术是其重要标志和组成部分。在更深的层次上，有了形象生动的壁画、精美的造型（包括佛像、建筑等），使之发挥着"以使我们更好地感到宗教的真理""用图像说明宗教真理以便于想象"①的功能。而且，由于传统使然，热贡地区大大小小的寺院，"极尽装饰彩画之能事"②，寺院遂成为热贡文物、艺术之宝藏。

上述特点，在热贡艺术的传统分类中得到体现。藏文文献《知识总汇》③将"利他之工艺技术"分为上工和下工，上工又分为身之所依佛像之造、语之所依佛经和意之所依佛塔之功，其中，佛像之造包含绘画和雕塑，前者分唐卡和壁画，后者分泥塑、打造、铸造、雕刻、酥油花、堆绣、刺绣等，佛塔之工则包括供奉之塔和器械等；下工为制造生活用品的石工、瓦工、磨工、漆工等。从中可见，在藏族传统上，现代学术意义上热贡艺术的诸分类皆在宗教范畴，反映了热贡艺术早期基本服务于藏传佛教的源起和传播。

二是唐卡、壁画等的题材绝大多数是有关宗教的，体现着热贡艺术的"宗教性"。正是基于起源上的宗教性，唐卡、壁画等在其起源、流布、传承、发展的很长时期，一直囿于藏传佛教寺院和宗教信仰领域，其题材和内容大多是有关藏传佛教的。而且，唐卡、壁画等作品的创作过程，被认为是一种神圣的宗教仪式和修行过程，其若被用于宗教以外的其他用途（比如用来作为商品交换）则被视为对佛的不敬。当下在艺术作品的市场交易过程中，当地仍习惯地把通过交换获得唐卡之行为称为"请"唐卡。一个"请"字，道出了宗教虔诚。在热贡地区信教群众家中，唐卡、宗教题材的雕塑等仅作为圣物供奉在家庭佛堂，鲜有作为艺术品或装饰来利用的，而壁画、宗教舞蹈等只是宗教文化的一部分，极少出现在寻常百姓的日常世俗生活中。普通百姓在翻建住房时，也很少采用寺院所常用的木雕工艺。在传统社会，即便是能为百姓所用的房檐式样，仍有着严格的等级划分，部落上层、

---

① ［德］黑格尔：《美学》（第一卷），朱光潜译，商务印书馆1996年版，第130页。
② 钱正坤：《"热贡艺术"与藏传佛教》，《美术研究》1987年第4期。
③ 工珠·元丹嘉措：《知识总汇》（藏文），民族出版社1982年版。

官宦人家等的，则比百姓所用要繁杂得多。

也有唐卡画师为取得更多认可，在绘画创作中意欲突破宗教题材，以迎合市场。比如20世纪末，就有艺人在唐卡题材上超越宗教范围，涉猎现实生活、历史故事、神话传说等世俗内容，创作出《格萨尔王传》《文成公主入藏途经西海》等作品①。在笔者调研时见到，毕业于高校艺术专业、研习过"国画"的胜境热贡艺术苑青年画师夏吾尖措，尝试在唐卡作品中"留白"、增加竹子、竹叶等元素，以"藏汉绘画艺术、国画与唐卡特点相结合的不同于传统的唐卡风格"进行艺术创新。还有画师创作出关羽像等不在藏传佛教内容题材范围的作品。但是，上述创新之举并不被当地画师群体完全认可，亦尚未被民众普遍看好。

唐卡艺人创作中的题材创新尝试，除来自市场的动力外，管理部门的商业化推动也是重要因素。纵览热贡文化生态保护实验区管委会年度工作报告，无一不把推动热贡文化市场化发展作为举措和成绩，明确总结"几个结合"，即与传统文化保护、精准扶贫、民族团结进步创建活动、品牌建设战略、"三江源"生态保护与建设、产品质量与标准化建设、"维稳"、"文旅融合"等的结合。受访管理者认为，热贡艺术商品化是其固有属性，生产性保护是必然出路。

  艺术发展的必然出路是商业化，历史上的唐卡就是商品。
  必须通过生产性保护，让更多的百姓富起来，要不然，仅仅限定在保护，这种保护就很难持续。换句话说，让文化保护带来实惠，这种文化、技艺才有可能传承下来。国家文化部强调生产性保护，讲"非遗"衍生品，贵州的蜡染、河南的虎形玉雕、热贡的唐卡是这方面的典型代表。

---

① 王友江：《浅谈热贡艺术的发展及其特色》，《西北民族学院学报》（哲学社会科学版）1998年第1期。

第一章 "金色谷地"里的角力：人文背景及现实条件

（受访者：QDL，N12[①]，男，藏族，1962年生人，热贡文化生态保护实验区管委会常务副主任。2018年10月15日访谈于黄南州委会议室。下同）

相较于唐卡，石雕（刻）题材的现代（世俗）转型要快速、全面得多。石雕（刻）在热贡传统社会里的题材同样限于宗教范围。在笔者2009年调查时，目之所及石刻题材多为经文，石雕题材多限于藏传佛教范围。到2018年，两种类型的作品已广泛涉及世俗题材，尤其工艺更为复杂的石雕作品已涉及世俗生活的各方面。比如，曾经为和日和氏兄弟推介的"和砚"（砚台），农牧民生活中的牛、狗、藏羚羊等，都成为石雕题材，作品陈列于村展厅、装饰在进村通道一侧护栏，甚至把匠人雕刻时的形象纳入创作题材范围。

三是寺院僧人是民间热贡艺术品创作的重要参与者。为了宗教的传播、吸引壮大信教群众队伍而增加寺院的艺术色彩，需要大量懂得彩绘、雕塑等的技能者，较为自然和便捷的办法便是寺院自身培养这样的僧才。为此，藏传佛教继承佛教传统，十分注重丰富和践行"大小五明"的通达之惠，工巧明即"工艺学"则为大五明之一。《瑜伽师地论》卷十五"工业明处"称：农，商，事王，书，标、计度、数、印，占相，咒术，营造（雕塑），生成（豢养六畜等），防那（纺织、编织、缝纫），和合（调解争讼），成熟（饮食业），音乐十二种均属此。这些技艺可归为两类：包括细工、书画、舞蹈、刻镂等艺能的身工巧，以及文字赞咏、吟唱等艺能的语工巧。

热贡地区藏传佛教寺院十分重视工巧明中彩绘、雕塑艺能的教育学习，将之作为佛家修持的内容之一。特别是入寺僧侣早期必须研修上述艺能身工巧，寺院也发展出自成系统的热贡艺术教育体系，许多高

[①] 指附录"三 受访者名录"序号。本书按学界惯例，全部隐去受访者姓名并以其首字母指代方式处理。后文再次引用该受访者访谈内容时，不再赘注访谈时间、地点等信息。略去重复信息表示与首次标注内容相同。

僧大德既为造像能手、绘画高手，也成为培养通达"身工巧"人才的导师，寺院僧人多成为掌握"身工巧"的僧才。比如，据2012年的报道，吾屯上寺以及下寺僧人，90%以上都会画唐卡。① 热贡地区的寺院还允许学成僧人（一般为年龄达到15岁）在继续住寺修行和返村还俗之间自由选择。这样就有一部分僧人带着足以养家糊口的技艺走出寺院、步入世俗生活，通过收徒、以画为生等方式将技艺播撒到世俗社会。因之，寺院就成为民间热贡艺术传播的重要源头。

图1-2 雕刻大师GBCD和其徒弟SDJC住地

许多世俗热贡艺人多有在寺院学习的经历。据调查，20世纪50年代末先后过世的吾屯籍近10位第一流画师中，有一半是僧人。20世纪80年代公认的十余位一流老艺人中有7名是僧人，其他虽不是僧侣，但60多岁的老艺人早年几乎都曾在寺院求过学。② 在笔者调查时，有不少僧人活跃在热贡地区几大画院（苑），或合伙创办，或为师授徒，是传承热贡

---

① 《"热贡艺术之乡"：文化产业吹来现代"时尚风"》，新华网，2012年3月26日。
② 钱正坤：《"热贡艺术"与藏传佛教》，《美术研究》1987年第4期。

第一章 "金色谷地"里的角力：人文背景及现实条件

艺术、推进其市场化的重要力量。从其间受赠的画院（苑）介绍画册看，有在寺僧人为其创立者，有的传承人曾师从僧人学画或以多为僧人的亲属作"技术指导"。比如，胜境热贡艺术苑主创尖措为吾屯下寺僧人，热贡民族文化宫的创建者银交加（法名嘎藏加措）及其兄桑杰亦为吾屯上寺僧人，热贡龙树画苑的创始人之一曲智曾在吾屯下寺为僧23年。石雕（刻）技艺传承中也是如此。

图1-3 和日村旧址

四是藏传佛教寺院亦是热贡文化产品市场化的重要关节。就率先进行唐卡市场化的吾屯村的个案调查显示，在市场开发初期，"寺院率先成为市场取向的行动者，僧人以主动参与唐卡市场性交换的方式完成了对唐卡文化意义的重新诠释，成为唐卡从经堂走向市场的重要推动力量"[1]。这一行动，对民间唐卡规模化市场的形成起到示范作用。

---

[1] 李元元、李军：《市场的诞生——青海吾屯"唐卡"文化市场的个案研究》，《北方民族大学学报》（哲学社会科学版）2015年第1期。

（二）语言文字传承的功能

2019 年初，联合国教科文组织首个以"保护语言多样性"为主题、具有中华民族文化特点的宣言——《岳麓宣言》经会议通过，再次将语言文字之于可持续发展的重要性推向大众视野，这时已经毋庸讳言中国少数民族语言文字（包括历史悠久的藏语言文字）的有力有效传承对于中华民族文化传承、国家可持续发展的价值。但是，就地方而言，无论是从思想上还是行动上，对这种价值或作用的认识仍然存在很大的偏差和距离。

热贡地区特别是隆务河谷几个村寨民众在生动的社会文化实践中，追求并呈现了语言文字多样性之美。首先，其文化关系形态诠释了文化与语言的关系之美。基于上述热贡文化与宗教寺院的紧密联系，藏语言文字及其传承不仅是热贡文化传承的一部分，而且在整个文化结构的完整性、系统性维系上所起到的媒介作用不可替代。最为显在的表现是，因为热贡艺术的源头、主题、表现形式等多以藏文化形式呈现，因此，习得其技法、明了其精髓，若无藏语言文字作为工具和媒介，是很难实现的。习者进入寺院则沉浸于藏语文环境，学习效率、研习深度远甚于寺外。热贡艺术如此，习得热贡文化其他方面亦如此。比如，"'热贡六月会'年龄最大的法师"[①] 郭麻日村人 WMCL，在"法神"时所诵内容是用藏文写在笔记本上的，称译自汉文，其中还夹着打印机印制的藏传佛教经文。他说：

> 别人在称呼我时，习惯于叫我拉哇·WMCL，"拉哇"是法师的藏语音译，土语叫法师为"采麦"。我在 26 岁时，跳六月会要拍头顶至流血（藏语把这个叫"丛"），在脸颊穿刺（藏语叫"喀"）。后来，隆务寺活佛阿勒什琼桑说，不要再搞"丛"和"喀"了，于是，现在郭麻日、尕沙日村跳神时不再做这个，听说吾屯村、年都乎村跳神时有。村中另外有 3 位法师，他们只是

---

① 青海黄南州同仁县文化局：《青海省第四批省级非物质文化遗产项目代表性传承人推荐表》，2018 年 5 月 29 日。

第一章 "金色谷地"里的角力：人文背景及现实条件

各自跳年轻山神（厹沙日）、格萨尔和军艾。

（受访者：WMCL，N32，1952年生人，土族，同仁县年都乎乡郭麻日村民。2018年10月31日访谈于郭麻日村WMCL家中）

我们学校有学前班，这是一个大班，里面有42名学生；村里还有一所私立幼儿园，学习的有80多名幼儿。这里的学前班，第一学年教藏语，重点教1—100的数字。到了期末的时候，学生就能听得懂藏语，并且能说出来，但讲得不太流利。也就是说，学生藏语零基础进学前班，进入小学前就能讲藏语，到了小学一年级就能听得懂数学。在藏语文教学上，二、三年级主要抓造句，到三年级末，学生可以用藏文写一般的请假条、日记；学习较差的，就用土族语造句再用藏文拼，老师有时看不太懂。到了四年级下半学期，可以用藏文写作文，就是通顺性差一些，里面错别字多。到五年级，学生就可以正式写一篇藏文作文了。我们学校是藏、土、汉、英语四种语言教学的学校。

（受访者：XWLX，N34，男，藏族，1967年生人，郭麻日完全小学校长，2018年11月2日访谈于学校校长办公室）

从民间信仰的角度理解并掌握藏语文这一媒介，为宗教的呈现和利用提供了条件。而学校教育则为藏语文工具的规范化使用提供了基础。

其次，藏语文传承实践诠释了不同语种可以在一个村落里和谐共存之美。在郭麻日村，"在家说土语，在外说藏语和普通话"是这个村落语言使用的普遍情形。就民族身份来说，如表1-1所示，郭麻日村只有10.9%的受访者在身份证上填写的是"藏族"，88.1%的为"土族"。实际上，据村民讲述，村中没有家长（父母）皆为藏族[①]的家庭，

[①] 某人被村民称为藏族，并不完全是从语言、服饰等文化特征而是从来源县域上区分。比如，在郭麻日村，父亲为循化县藏族、母亲为本地土族的家庭有1例，这时村民普遍称该男性为藏族。（受访者：WMJ，N42，男，1992年生人，同仁县年都乎乡郭麻日村民、唐卡画师。2018年11月10日访谈于受访者家中。下同。）

父母中有一方为藏族的居多；青年夫妻中，大概80%为"女藏男土"型。这是政府基础数据统计中，只以土族村寨称之却未详加区分民族的原因之一。正是在这样的家庭民族构成中，土族语尽管夹带着"不下10%的藏语"，"与蒙古语有70%的词汇相通"①，却有着村民自己认可的明确的语言边界，至少在操持该语言者来说，这就是"土族语"。

表 1-1　　　　　　　　　两个村受访者的民族身份

样本数（例）			身份证的民族身份（%）				
			汉	藏	回	土	蒙古
村民	郭麻日	101	0	10.9	0	88.1	1.0
	和日	85	1.2	97.6	1.2	0	0
合计		186	0.5	50.5	0.5	47.8	0.5

这种复杂的民族构成，并没有影响或破坏家庭的语言环境。外界看来如此艰难的语言维系，村民所解释的一个原因是，语言使用有性别差异：男性所操持语言以藏语为主，其中关于军事的词汇（比如枪、箭等）比较丰富；女性语言使用以土族语为主，其中家庭生活用词较为丰富。正是在这样的家庭语言环境作用下，多数幼童在入学前只会讲土语。这给采用"汉语文以外的课皆用藏语言授课"模式的村小学的一年级教学带来了一定的困难。

村落中未成年人体验着丰富的、多语言的生命起始历程。呱呱坠地起就对土语、藏语耳濡目染，牙牙学语时习得土语，进入幼儿园（大班）开始系统地、按阶梯学习藏语文，直至小学毕业，此时宛然成为一名以土语为"母语"，以藏语为走出村落、汉语为走进城镇社会、英语为了解世界的交流语言的集多语言于一身的族群个体。若生

---

① 受访人：DGR，N26，男，土族，50余岁，乡医院退休院长（外科大夫）、同仁县年都乎乡郭麻日村党支部书记；EXDZ，N28，男，土族，40余岁，郭麻日村委会主任。2018年10月27日访谈于同仁县城隆务镇夏琼北路某打字复印店。

第一章 "金色谷地"里的角力：人文背景及现实条件

在"父土母藏型"家庭，则要体验更为奇妙的语言转换经历：可能在厨房与母亲用藏语交流，在正屋与父亲用土语交流，在学校则力争用国家通用语、藏语交流；若生在"父母皆土族型"家庭，则以土语为家庭日常用语，而父亲为家庭中藏语的启蒙者、学校知识的巩固者，在村落环境中则是多种语言混合使用。这种语言使用状况，并未使任何一种语言的使用遭到人为排斥。更为惊奇的是，各种边界清楚的语言，在村民那里得到自如地切换使用，村民可以根据不同的语言交流对象，讲出不同的语言来。

对于外来人来说，进入这种村落环境，会激发出不一样的语言习得潜力。试举两例：

> 我从学校毕业后在拉萨当导游，主要是在青藏铁路火车上跑，说的藏语是卫藏方言，当然会讲汉语、英语。后来，我和老公在进藏火车上相遇、相识，两人通过交流、接触后就结婚了。到这个村子后，他们讲的土语我听不懂，我讲的卫藏话他们听不懂，但不到半年，我就能听得懂土语、藏语安多方言。一年多以后，我就能用土语、安多话跟他们交流了。

（受访者：SM，N40，女，藏族，1992年生人，同仁县年都乎乡郭麻日村民。2018年11月8日访谈于受访者家中）

> 我的父亲是甘肃永靖县三元乡的汉族人，母亲是本村土族人，妻子是循化县文都乡的藏族人。我父亲来我们村做木工时认识的我母亲，他结婚时19岁，现在45岁。我们平时在家里完全讲土语，甘肃那边父亲的弟弟妹妹来的时候就说汉语。我是在循化给佛爷房画画时，认识了我现在的妻子，2017年春节结婚，女儿于2018年6月出生。最开始，我跟她用藏语交流，娶进家门后，晚上我教她土语，现在，她全部能听得懂我们讲的土语，就是不能说。估计一年半载后，她就能说土语了。

（受访者：同仁县年都乎乡郭麻日村民、唐卡画师WMJ，N42）

郭麻日村的语言使用实践证明，语言在一个村落里，是可以共存的，而且多种语言可以并行不悖，体现着语言的"美美与共"。这种村落语言环境和语言使用状态，对于激发人的创造活力、调动人们生活的激情等大有裨益，也保证了热贡艺术在这样的文化生态里生生不息。

（三）兼收并蓄的文化心态

对不同语言的接纳，是兼收并蓄文化心态的一个重要表现。这种接纳建立在对民族语言文字使用充分自信的基础上。笔者在郭麻日村调研期间，时时看到村民在不同的场合用土语开怀畅谈，用藏语与他人无障碍交流。作为被"他者"冠以"土族"的郭麻日村民，对藏语言文字的学习，始终抱着十分积极的态度。如表1-2所示，当问及村民更愿意送子女到哪一种教学模式的学校时，郭麻日村虽不及和日村，但也有超过一半的受访者愿意送子女到以藏语授课为主的学校学习；加上愿意送到以国家通用语授课为主并教授藏语学校的受访者比例，二者超过70%。2010年的问卷调查显示，对学习其他民族语言的态度，和日村、四合吉社区受访者中选择"十分愿意去了解和学习"的比例分别为73.3%和58.3%，选择"有机会可以了解一点"的比例分别为23.2%和41.7%，选择"不感兴趣"的比例分别为3.3%和0。这也印证了两次调研时被村民干部提及的"面向世界要学英语，面向全国要学通用语，面向牧区要学藏语"这种认识实属较普遍、一贯的认知。

表1-2　　　　　送子女入学学校类型的选择倾向　　　　　　（%）

	以民族语文授课为主的	以"汉语"授课为主并教民族语文的	完全以"汉语"文授课的	哪一种皆可	说不上	两种语文并重的学校	回答有效样本数（例）
郭麻日村	55.2	17.7	6.3	12.5	7.3	1.0	96
和日村	70.5	13.6	1.1	12.5	2.3	0	88
合计	62.5	15.8	3.8	12.5	4.9	0.5	184

第一章 "金色谷地"里的角力：人文背景及现实条件

在村民有着多元的民族身份认同、少数民族语言文字使用空间被不断挤压的背景下，有学习不同语文的强烈意愿的村民占比甚高，从一个侧面反映了村民的文化心态。此为其一。

其二，宗教与民间信仰有界限却无冲突，呈现了二者的相互包容。据同仁县民族宗教局提供的作为隆务寺属寺的郭麻日寺介绍材料，该寺：

> 初建于1651年，第一世夏日仓·噶丹嘉措根据郭麻日智钦洛桑曲达日的嘱托，将地处公路沿边的旧寺迁移到现址而始建。寺院初建时属藏传佛教宁玛派，后改宗为格鲁派。1958年实行"宗教改革"前，建有大经堂1座、弥勒殿1座、印经院1座、护法殿3座和活佛囊欠4院及僧舍150余院，僧侣350人。1981年，在郭麻日僧俗共同努力下，予以维修重建。现占地6.7公顷，建有大经堂1座、护法殿2座、坛城殿1座、弥勒殿1座、佛塔1座、活佛囊欠1院、僧舍80院，活佛1名，僧侣80余人。寺主活佛为历辈郭麻日仓。香火村为郭麻日村、知尕日村、卓龙村。

从中可见，该寺佛法僧齐备，具备典型的藏传佛教格鲁派寺院的要素。

郭麻日寺从公路沿相对低洼处迁至现台地，与其最近、最盛的香火村落郭麻日村，保持着既相对独立又紧密联系的关系。首先，在自然空间上寺院与村落相疏离。对隆务河谷村落寺院空间结构的研究认为，根据地势高差布置寺院与村落，高处为寺、低处为村即上寺下村的形式，为此处最普遍的村寺空间结构形态，犹如寺院高高俯视着村落，村落仰望着神圣的寺院。[①] 在隆务河谷，规模仅次于隆务寺的郭麻日寺与村落的这种空间关系更为鲜明。该寺坐落在隆务河二级台阶，东与古堡以卓浪沟作天然界线（如图1-4），只是后来由于古堡内部人口增长，有的村民越过此沟、建宅院于寺院东侧台阶下。

---

① 杨嘉琦：《青海同仁传统村落公共空间保护与更新研究——以郭麻日村为例》，硕士学位论文，长安大学，2016年。

其次，二者在文化空间范畴存在着有限度的互动。在文化关系上，寺院及其僧伽极少参与村落内部带有苯教或自然崇拜特点的"原始宗教"活动，即便是带有民俗性质的"於菟"、军舞、祭祀拉什则等活动，也鲜有寺院组织化的参与。但此并未影响村民对制度化宗教的较普遍信仰和寺院对村民的行为规制。寺院大致于明末清初始在古堡东、西、南三处城门上方设"嘛呢康"，作为宗教用房，给城门赋予出入口以外的新功能，这是寺院早期介入并影响村民世俗生活的体现。当下，这种嘛呢康的宗教功能已经从古堡城门这一公共空间转移到家庭院落，几乎每家每户设有专门的"乔康"（佛堂）。据笔者所见，除法师家的佛堂供奉着的是山神外，其余探及家庭皆供奉释迦牟尼、宗喀巴等的佛像，依家庭经济条件不同，形式有塑像、唐卡或活佛照片等。

随着旅游业的发展，寺院与村落各自的文化空间互有渗透却慎重地维持着距离。比如，偏重于村民参与的六月会会场设在卓浪沟靠寺院一侧，而寺院的晒佛台设在卓浪沟靠古堡一侧（如图1-5）。这并不是意味着寺院在世俗力量前的俯就，而仍然在村民信仰结构中居于至高地位，即便是村民捐建于寺院东北角、佛塔之侧的嘛呢殿，寺院也不愿意接管，入夜时锁门、清洁等事务仍由捐建者承担。宗教与信仰的这种若即若离的关系，保证了以信仰藏传佛教为主的群众信仰的多元性，是其信仰主体和区域文化包容性的重要体现。

对于和日村而言，寺院（宗教）与民间信仰的关系内涵同样十分丰富。对于和日寺（如图1-6），相关地方文献如是记述：

> 藏语，和日贡特合欠澳赛多杰切林，意为和日大乘光明金刚洲。位于泽库县治西北和日乡政府所在地北侧2千米的智合加灵智宗。该寺为藏传佛教宁玛派寺院，德尔敦·德钦卓多在和日千户昂钦的支持下，创建于清道光十一年（1831年），寺址选在宁秀卧杰额顿浪山。此后，二世德尔敦·牟盘噶瓦罗哲继承前业，扩建经堂，塑立佛像，并建立扎仓，开讲经说法之制，寺院有了较大的发展，寺僧增加至340余人。三世德尔敦·晋美桑俄旦增

第一章 "金色谷地"里的角力：人文背景及现实条件

图 1-4 卓浪沟及寺与堡的连接桥

图 1-5 郭麻日寺晒佛壁及瞻拜广场

◈ 找寻安身之所

时，鉴于寺院饮水困难并屡遭抢劫等因，于1925年迁寺院于现址。四世德尔敦·晋美鄂赛，1950年主持修建经堂。该寺香火地主要是原和日四部落。①

图1-6 和日寺

寺院对村落的让渡和包容贯穿村寺关系的变化始终，沉淀于住家僧人的角色和宗教信仰活动中。作为宁玛派寺院，和日寺内部有一特别景象，即寺院为住家僧人（亦称"俄巴"或"俄华"）留有进行宗教活动场所的佛殿——莲花生殿。此殿紧邻经堂，平日关闭，只是在重大宗教活动时，众俄巴聚于一处诵经，但不参与经堂和其他佛殿的活动。俄巴群体的形成，是"宗教改革"（1958）和宁玛派信仰特征两个因素共同作用的产物。虽然俄巴诵奉对象与宗教寺院宁玛派相同，但由于其不脱离生产、可娶妻生子等原因，从其信仰特点、形式等看，已然属于民间信仰范畴。以下是对村中长者的访谈，可作进一步解读。

现在和日村在家的宁玛派僧人大概有40人。这些僧人念的经文跟寺院阿卡一模一样。到寺院去念经，"本本子"（俄巴）有另外的经堂，每年大概集中去10次，每次念7天。寺院阿卡念经的时候，"本本子"可去可不去，一块儿念经也可以，但次数很少。俄巴们里面，有专门管理财务的，叫"尼哇"，相当于

---

① 泽库县志编纂委员会编：《泽库县志》，中国县镇年鉴出版社2005年版，第500页。

第一章 "金色谷地"里的角力：人文背景及现实条件

会计；有管事的，叫"改贵"，总共就这么两个人，由众俄巴共同商荐，三年一换。

和日寺的母寺是多知寺，也就是知钦寺。大家听多知活佛的话，多知寺不往这里派经师，这里的活佛要到那里去学习，两个寺院的关系就像中央和省一样，一个文件发下来，子寺就要执行。

（受访者：GQSZ，N54，男，84岁，藏族，泽库县和日镇和日村民、俄巴。2018年11月17日访谈于GQSZ在和日镇的居所。）

和日寺和和日村二者的这种关系所反映的包容性特点，显然要比郭麻日村的要突出得多，这是地方社会文化对不同信仰形式兼收并蓄的突出呈现。

再次，婚嫁对象选择上，更倾向于并越来越注重普遍意义上的条件，体现了包容心态。婚嫁对象条件的选择倾向，能够反映群体或个人对他者最深层次的心理认同。问卷显示（见表1-3），受访者在出嫁姑娘或娶媳妇最重要的考虑因素中，郭麻日村的受访者选择最多的是"对方人品好坏"，其次为"是否为同一民族"；和日村虽然有46%的受访者选择后者，但与2010年（就同一问题的问卷选答3个，并按重要性排序）相比，这一占比下降了12.1个百分点，而选择前者的受访者亦仅次于选择后者的占比，达到29.9%。2018年的问卷结果还反映，一部分受访者将"文化水平""相似的经历""两人感情"等因素作为首要条件。与之形成鲜明对照的是，2010年调查时，四合吉社区有73.7%的受访者在确定婚嫁对象时选择"同一民族"。当时，四合吉已经完全由村变为社区（耕地被全部征用，村民身份变为"准市民"）。这种反差可能与村落内部经济的活跃程度及生产与文化资源开发的关联度有一定的关系。

在内部婚姻限定条件之外的因素受到更多重视的情况下，人们更容易接受新鲜事物、包容外来文化。这对于文化资源开发和文化生态保护都是十分有益的。从这个意义上说，已经迁居乡镇并且基本弃牧从工商的和日村民、耕地即将被征用且面临着再就业的郭麻日村民的

61

文化心态，需要进一步激发和引导。

表1-3　　　　　　　　受访者婚嫁首肯条件　　　　　　　　（%）

样本数			是否同一民族	"身袖"	家庭经济条件	两家距离远近	人品好坏	相貌	文化水平	相似经历	其他	幸福就好
样本数（2010）	31	和日村	58.1	0	0	0	41.9	0	0	0	0	0
	19	四合吉社区	73.7	5.3	0	0	15.8	0	0	0	5.3	0
	40	合计	64	2	0	0	32	0	0	0	2	0
样本数（2018）	94	郭麻日村	26.6	18.1	7.4	2.1	30.9	1.1	2.1	8.5	2.1	1.1
	87	和日村	46.0	4.6	5.7	2.3	29.9	1.1	2.3	2.3	5.7	0
	183	合计	35.9	11.6	6.6	2.2	30.4	1.1	2.2	5.5	3.9	0.6

（四）自成系统的文化结构

对事物的结构化理解，是发现"真实"的重要方式。法国结构主义人类学家克洛德·莱维-斯特劳斯（Claude Lévi-Strauss）认为，凡是存在之物皆有结构，结构是存在者的必需条件，甚至只有结构堪称"真实"（reality）。他认为，结构是有脉络可循的系统。[1] 按照自然科学的解释，这种普遍的结构若要成为系统，则要"运动着的若干部分，在相互联系、相互作用之中形成具有某种确定功能的整体"[2]，或者是"相互联系相互作用的诸元素的综合体"[3]。换言之，自然科学对系统的本源定义强调元素间的相互作用以及系统对元素的整合作用。

从结构视角看热贡文化，可见艺术只是其中的一小部分。就文化结构而言，最为常见的是其物质文化、制度文化、精神文化的"三结

---

[1] [法]克洛德·莱维-斯特劳斯：《结构人类学》，谢维扬、俞宣孟译，上海译文出版社1995年版。
[2] 钱学森：《论宏观建筑与微观建筑》，杭州出版社2001年版。
[3] [德]冯·贝塔朗菲：《一般系统论：基础、发展和应用》，林康义、魏宏森译，清华大学出版社1987年版。

构说"。据此，可以将热贡文化作基本的结构划分，如图1-7所示。应当指出，这只是按文化的内涵或其诸要素作划分，其对象针对热贡文化，亦不能穷尽，也就是说这种分类并不具有普遍性。通过详细梳理热贡文化的结构，可以发现，热贡文化是民间文化而非官方文化；从意识形态上讲，基本限于非主流文化而不是主流文化。其中，热贡艺术仅仅是热贡文化的一部分，甚至是一小部分。

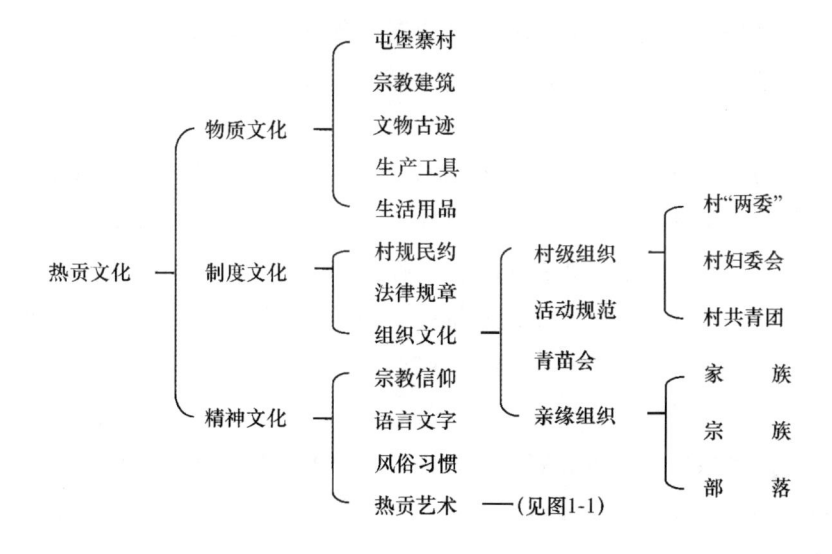

```
                      ┌ 屯堡寨村
                      │ 宗教建筑
           ┌ 物质文化 ─┤ 文物古迹
           │          │ 生产工具
           │          └ 生活用品
           │                              ┌ 村"两委"
           │          ┌ 村规民约  ┌ 村级组织 ┤ 村妇委会
热贡文化 ──┤ 制度文化 ─┤ 法律规章  │          └ 村共青团
           │          └ 组织文化  ┤ 活动规范
           │                      │ 青苗会
           │          ┌ 宗教信仰  │          ┌ 家 族
           │          │ 语言文字  └ 亲缘组织 ┤ 宗 族
           └ 精神文化 ─┤ 风俗习惯              └ 部 落
                      └ 热贡艺术 ──(见图1-1)
```

图1-7 热贡文化结构

热贡文化结构中3个部分的各自功能及相互关系具有特殊的呈现。从普遍意义上讲，物质文化是基础性的，其中隐藏着人们一定的观念、思想和情感等，呈现在表层而且是制度、精神的深层文化的物化；制度文化（包括组织文化）规制着个人与他人、个体与群体之间的关系；精神文化则是文化结构的内核，在变迁中具有迟滞性。热贡文化结构的系统性即其元素间的相互作用以及整个系统对诸元素的整合作用并不限于此。前文已对热贡艺术与宗教信仰、语言文字习得和使用的相互作用有过分析。物质文化涉及热贡文化承载者的衣、食、住、行、娱，以及生产劳动的场所和自然基础；离开了这个基础，热贡文化就无以焉附。虽然随着生产生活方式的改变，生产工具机械化、生产方式非农化演进加速，一些沿用几十年上百年的生产工具被机械替代而不复使用，却与其他文化元素同源而成为人们文化记忆的一部分。一定程度上说，这些传统元素与自然环境及文化整体结构整合度更高。

制度文化的规制功能最为突出的体现莫过于潜移默化于村民内心的诸多民俗活动规范。以每年举办的六月会为例，郭麻日村民在此期间与毗邻的尕沙日村一道跳"玛合则"军舞，演出时要求每户派一名15—50岁男性参与跳舞；如果不参与，跳神的法师就要追打前去会场观看的户主。2018年开始，提出对不参与跳舞的家庭罚款100元。若家中无适龄男性，则可象征性地给点钱，不给钱亦可。村民对声称神附体的村中法师很是敬畏，法师平日也管教村中调皮捣蛋的村人。在跳军舞期间，法师指定几位（一般为12人）青年人组成"管委会"，负责维持会场秩序、登记缺席家庭人员、追缴罚款等。

军舞仅仅是每年固定的民俗活动，一年里，村民需要参与的节日及宗教活动极多。笔者在郭麻日村调研的十多天时间里，几乎每天有需要参与的活动，房东显得应接不暇。其中，举办频率最高的当属一项被称为"松改"的活动。

"松改"是藏文 gson dge（亦作 gson chos，译为"松曲"，"生前法事"之意）的音译，意为生前善事或功德，一般在八月至十月举行。以下是办结当日对举办户主的有关"松改"的来历及程序、内容等的访谈（仪式中的几个场景见图1-8）。

"松改"从前由寺院活佛指定富裕人家来做，说是做一次善事，对自己好。人的一生中至少要做一次，通过这样的活动施舍众人，比如活动中发的青盐、饼子等都是生活必需品，对穷人家也是日常必需的东西。后来，普通人家也随着做。

本村人只要40岁以上的，一生中都可以办一次"松改"。每

第一章 "金色谷地"里的角力：人文背景及现实条件

人一天，我们家办了3天，分别是给爷爷、父亲、母亲办的。具体程序如下：

清早，专人到郭麻日寺，在寺院僧人食堂的大锅里煮奶茶。以前用的是牛奶，现在不养牛羊了，只能用奶粉。煮好后，其中送给寺院三五壶，供僧人喝早茶，其他的就由妇女们担回来供给前来参加的村人。

上午，全村人来时仅拿一个茶碗即可，到主办者家中喝茶，茶毕，领几份"生活品"回家。前几年，多数发油炸饼子和青盐。我家准备了三种：方便面、桶油和青盐。此外，每人发两个花卷馍馍。

做"松改"时不请寺院僧人，但要给寺院（郭麻日寺）和尚（约有八九十人）每人200元，这是现在的一般标准。我们家给了寺院和尚共2万元，做"松改"一共花了5万元。给寺院的钱有点水涨船高，大约2004年时只给寺院僧人每人20元。

做"松改"时，远近亲戚都要来，带的贺钱有500—1000元不等，其中，父亲的哥哥带的最多。最远的亲戚来自西宁。不管路途多远，多么艰辛，亲戚要力争前来。同村的亲属来的时候，拿的贺钱要少一点，一般是一二百元。这次总共收了7000元贺钱。同村的500多户人家每户至少有1人前来喝茶，哪怕有恩怨情仇，至少要派一名小孩前来。通知的办法是，对于亲戚，要亲自到门口去请；其他村人得听村委会的广播，不作专门通知。以前，由嗓音好的一个人[1]在村巷或屋顶打锣喊："某某家要做'松改'，请大家去喝茶。"

做"松改"期间，亲戚们在举办者家的一日三餐中，早饭为奶茶、馍馍；午饭为烩菜，里面有肉、萝卜、粉条和蔬菜，这是最高标准；晚饭一般为包子、酸汤面，萝卜包、肉包子更常见。

（受访者：SJJ，N23，男，30余岁，同仁县年都乡郭麻日村民、唐卡画师。2018年10月25日访谈于受访者家中）

---

[1] 本书"附录三"中受访者XWT（N24）的祖父在村中这方面最为知名，任这一角色时间最长。

图 1-8 "松改"剪影

"松改"的功能发生着变异并继续发挥着广泛的社会功能。从当初的施舍贫困者演变为时下多少有"人即亡、做准备"的含义在其中，亦相当于汉族聚居区为在世人老人做棺材、过寿一般。其潜在的功能至少有以下几个方面。

一是借以增强村落社会凝聚力。从上述个案可见，对确定"松改"参与者，主办者那里不存在"请谁来，不请谁来"的考量，这种立场对有误解、积怨甚至交恶的个体与个体、家庭与家庭会产生化干戈为玉帛的效果。对于非亲属关系的村民来说，参加这样的活动，没有任何经济压力，对这种活动起到经济支撑作用的是关系相对牢固的亲属，亲属之间的经济支持就具有"礼物交换"的含义。村民在

第一章 "金色谷地"里的角力：人文背景及现实条件

无经济压力的状态下参与"松改"活动，也是一种人情关系的投入，这种投入并不像恪守"差序格局"般的参与，从而使得村民十分坦然地成为此类组织化活动的一员。

二是客观上成为家庭经济状况的展示窗口。"松改"对参与者也是一种告示，举办者家庭发的"份子"是什么、给寺院僧人多少钱、有没有请活佛来，类似关涉经济经营因素的话题，被村头巷尾的村民热议。这样，无形中给参与者形成压力：长辈健在的，需要考虑及时举办"松改"；长辈已过世的家庭，也在考虑给己辈举办"松改"。其中，办不办、什么时候办、办多大规模（主要是份子钱），是对家庭经济能力和水平的一个考量。这时候，做善事的初衷就变了味道，成为比赛和助长攀比之风的一个因素。

三是成为村落的整合力量。"松改"所隐含的组织特点，使得这种活动经久不衰，在现代化冲击中历久弥坚。"松改"的确成了整合村落内部文化元素的促进力量。其社会组织特点或属性体现在，有特定的组织目标，即施舍或生命礼仪；有一定数量的固定成员，即村人和亲属；有制度化的组织结构，即以寺院为潜在中心的结构；有普遍的行为规范，即内化的道德约束和村落规范；有开放的系统，即以村民为固定成员，以村民的亲属关系为始终变动、有矩延展的成员外延。

从性质上看，"松改"是以村落为依托，以地缘关系为纽带，以血缘（亲缘）关系为补充的组织形式，属于帕森斯分类下的整合组织、布劳所称的规范组织，是通过将组织规范内化为成员的伦理观念或信仰来控制成员的组织[①]。

"松改"活动内含的组织特点和规范，只是村落具有规制作用的制度文化的"冰山一角"。诸如村落婚丧嫁娶活动，名目繁多，都遵从着增进交往交流、凝聚人心、聚拢人气等使命，成为村落文化的整合力量。

---

① ［英］T. 帕森斯：《现代社会的结构与过程》，梁向阳译，光明日报出版社1988年版；［美］彼得·布劳等：《现代社会中的科层制》，马戎等译，学林出版社2001年版。

在热贡文化分类中，村级组织的组织特征更鲜明。人们习惯上把它称为准行政组织。在笔者调研时，两个村的"两委"干部在填答问卷"身份"一项时，坚决地认为，自己是国家干部而非村民；郭麻日村的支部书记为退休国家干部，作这样的身份认同尚可理解。其中领取薪酬者不过二三人，多数从村级行政工作中获得的直接经济收益甚微，实际的身份无疑是村民。村妇委会和村共青团组织的负责人一般兼任村党支部或村委会委员，故将其列为村级组织正式成员中。除此之外，还有民兵（连队）、社（小队）等，这些组织作为基层社会组织，扮演着双重的角色，发挥着自上而下政策落实到基层的桥梁纽带作用，以及整合国家力量与民间力量的黏合剂作用。

和日村缺少整合功能突出的类似"松改"的活动，其民间社会主要以宗教活动的形式维持一体性。如表1-4所示，全年除二、十、十一月外，其他各月份寺院都有宗教活动；在全年15个宗教活动中，群众可参与6个活动，除八月底举办的梵烟供施念经活动规模略小（100人），其他活动僧俗群众参与规模在1万人以上，一月的晒经法会、五月和八月初的六字真言法会的参与人数在3万人左右。在这些宗教活动中，和日村民近水楼台，是最为积极的参与者。通过参与宗教活动，加之组织藏戏演出，以及广泛介入商品交易，和日村民由此维系着因迁移而变得相对松散的社会结构。

表1-4　　　　　　　　　和日寺年度佛事活动

日期	名称	活动内容	活动场所	规模/人数/僧尼数	群众有无参与
一月初五—十五日	大法会（西超智嵌）	念经	小经堂	小/200人/102人	无
一月初八—十六日	金刚橛法会		小经堂/大经堂	中/2万	有
一月十三日	晒经法会（正月祈愿法会）	晒佛像、经书	大/小经堂/晒经台	大/3万/102人	有
三月初一—初十	冈本	修十万护法	小/大经堂	小/100人/47人	无

第一章 "金色谷地"里的角力：人文背景及现实条件

续表

日期	名称	活动内容	活动场所	规模/人数/僧尼数	群众有无参与
三月初五—初八	法会（迪却）	德尔敦喇嘛晋美益西娘沃活佛万马土旦多杰的法会	小经堂	小/60人/47人	无
四月初五—十五日	大法会（智嵌或四月法会）	念经	大/小经堂	中/2万/47人	无
五月初一—初七	六字真言法会（嘛呢法会）	念六字真言	大/小经堂/莲花生殿	中/3万/47人	有
六月十五日—七月初一	夏令安居（夏季闭关）	闭关修行	大经堂/莲花生殿	小/60人/47人	无
七月初五—十一日	7月10日宗教法会（七月嘛呢会）	念经，燃酥油灯	大经堂/小经堂/莲花生殿	中/1—2万/47人	有
七月二十四日—二十八日	金刚萨埵法会（多桑法会）	久美沃德赛恰德隆央活佛定期法会	小经堂	小/60人/47人	无
八月初一—初七	六字真言法会（八月嘛呢法会）	念六字真言	大/小经堂/莲花生殿	大/2—3万/47人	有
八月十三日—二十日	莲师心咒法会（格日司德）	念经	大小经堂	小/100人/47人	无
八月二十一日—二十九日	极乐法会（德嵌向智）	梵烟供施念经	大小经堂	小/100人/47人	有
九月初一—初十	啊合拉护法法会（萨本）	念经	小经堂	小/100人/47人	无
十二月二十三日—二十九日	八大本尊法会（噶结法会）		小经堂	小/100人/47人	无

资料来源：泽库县文体广电旅游局、和日寺管理委员会：《和日石经墙及和日寺保护规划》，2018年。原表列七月二十四—二十八日的金刚萨埵法会"历史起源"为"始于久美沃德赛恰德隆央圆寂起"外，其他法会皆"从建立寺院起"，该表从略。表中"名称"列括号藏语音译名称、"规模/人数/僧尼数"列僧尼数来自镇政府提供的《和日寺院元月至四月份举行传统法会固定佛事活动统计表》（2018年1月12日）。

69

第二节　文化资源开发的有力实践：现实条件

如果说前述人文背景是热贡文化资源开发和生态保护的天然禀赋，那么，在这样的基础之上，新时代的"掘金者"在开发保护道路上开展了卓有成效的探索。其中既有管理者的开拓创新，也有理论界的参与贡献，还有文化主体者的呼应；既有干部群众的主动作为，也有承受市场化、城镇化发展的被动适应性所为，促成了文化资源的开发合力。

一　经济与社会制度性基础

热贡文化保护开发格局的逐渐形成，是民众创造、政府推动、专家参与、社会响应的结果。在此过程中，各级党委政府注重民智激发、实践总结、经验积累，形成了一套有助于促进保护开发持续健康发展的体制机制，为文化资源开发和文化生态保护奠定了基础。

一是规划先行，初步实现《总体规划》对文化生态保护工作的统领。在编制《总体规划》前，黄南州先后组织了两次热贡文化资源普查。一次是在2006年，青海省文化厅和黄南州联合成立"黄南州文化遗产保护和非物质文化遗产普查领导小组"，组织专人对热贡地区民族民间、非物质文化资源状况进行普查，确立一批具有重大历史价值、特色鲜明、处于濒危状态、亟待抢救保护的文化遗产项目。另一次是在2007年，先后组织两批专业人员，重点对热贡地区文化遗产的种类、数量、分布状况、生态环境、保存现状及存在问题进行普查、调查，绘制《热贡文化生态保护地理区位图》《热贡生态保护区非物质文化遗产分布图》，并编制《热贡文化生态保护区规划纲要》。在此基础上，为应"实验区"建设之急需，黄南州政府委托中国城市规划设计研究院编制"总体规划"。该院于2010年2月组织野外考察组在黄南考察，2011年10月"总体规划"获文化部批准实施，这是全国首个批准通过的文化生态保护实验区总体规划。为了使"总体规划"更具有操作性，2012年，黄南州编制完成《热贡文化生态保护实验区总体规划实施方案（2013—2015）》，细化保护区建设的三年目标任务，明确各单位、各部门职责。保护区建设中除个别项目按国家和青海省要求作适当调整外，基本按该实施方案展开。

二是决策导引，促成从上到下、各个部门齐抓共管的局面。在《国务院关于加强文化遗产保护的通知》《文化部关于国家级文化生态保护区建设的指导意见》《中华人民共和国非物质文化遗产法》等的指导下，省州层面相继出台《青海省人民政府关于促进青海省文化改革发展建设文化名省的意见》《关于加强我省文化生态保护实验区建设的指导意见》《中共黄南州委、州人民政府关于建设文化名州的决定》《关于推动热贡文化大发展大繁荣若干问题的决定》《保护区管委会关于贯彻落实第十七届六中全会精神加快热贡文化生态保护实验区建设的实施意见》《黄南州金融业支持热贡文化生态保护实验区建设的指导意见》等指导性文件，为保护区持续建设提供政策保障。2016年发布的《青海省国民经济和社会发展第十三个五年规划纲要》有五处提及"热贡"，提出"加快推进热贡、格萨尔（果洛）国家级文化生态保护建设"，"实施文化产业示范区培育提升工程，推进塔尔寺民族文化产业园、城南文化产业集聚区、同仁热贡艺术文化产业园、丹噶尔古城等一批重点项目建设"，打造"'热贡艺术'劳务品牌"等。黄南州"十二五"（2011）、"十三五"（2016）规划纲要从完善热贡文化的研究、传承和发展体系等方面，对热贡文化及其生态保护区建设做出具体安排。

为了推动工作落实，从省到县成立实验区建设领导小组，各小组成员单位根据自身业务特点抓任务落实。比如，在州县层面，教育局配合开展"非遗"进校园活动，扶贫办将"非遗"生产性保护作为精准扶贫的有效手段，民宗局利用少数民族发展资金支持热贡艺术的保护传承，人社局将"非遗"名录项目纳入就业培训的重要内容，市场监管局创建唐卡质量体系追溯系统，旅游局将"非遗"作为优质文化旅游资源进行宣传推介等。

三是总体规划与"分规划"衔接，形成总分结合，总体规划与各个专业、部门等规划相衔接的规划体系。"分规划"包括名城、名寺、名堡、名村的"四大规划"，其中都涉及郭麻日村。1994年同仁县被国务院列为历史文化名城后，于2001年委托陕西省城乡规划设计研究院、长安大学城市规划设计研究院着手编制《同仁县历史文化名城保护规划》。该规划确定以自然环境、历史村镇、遗址及地下文物埋藏区、历史环境要素四大方面为保护对象。[①] 在总体规划的引领下，2013年黄南州文体广电局委托陕西省古迹遗址保护工程技术研究中心、上海巩英建筑设计有限公司编制《全国文物保护单位隆务寺保护规划》，该规划实际上是以国务院公布的第四批全国重点文物保护单位隆务寺的保护范围为主要依据，具体指处在隆务河谷以隆务寺为中心包括年都乎寺、郭麻日寺、吴屯上寺、吴屯下寺五大寺院的保护规划。2016年，同仁县文体广电局委托北京国文琰文化保护发展有限公司编制完成《保安古屯田寨堡古建筑群文物保护规划》。该规划以第七批全国重点文物保护单位保安古屯田寨堡古建筑群所指，以保安堡（包括铁城山古城）、吾屯堡、年都乎堡及郭麻日堡为主要规划对象，涉及范围包括诸堡寨及其周边与之密切相关的自然、社会环境，规划核心区域面积约274公顷。2007年5月，郭麻日村被中华人民共和国建设部、国家文物局列为第三批中国历史文化名村。这是七批中国历史文化名村名单中，青海省首个列入其中的村落（见表1-5）。[②] 2016年，包括《青海同仁郭麻日历史文化名村保护规划（2015—2030）》在内的青海5个历史名村（包括文化历史名镇，其他4个为玉树市拉则村、电达村，循化县街子镇、清水大庄）保护规划由青海省政府批准实施。如此微观的层面上，就一个村落编制规

[①] 其中涉及同仁县的"历史村镇"包括1个古镇（保安镇）、1个国家级历史文化名村（郭麻日村）、19个传统村落（郭麻日村、年都乎村、吾屯上庄村、吾屯下庄村、城内村、江什加村、牙什当村、环主村、宁他村、双朋西村、和日村、日秀麻村、江龙农业村、木合沙村、索乃亥村、尕沙日村、吉仓村、土房村、录合相村）、4个历史村落（城外村、尕队村、新城村、夏卜浪村）。其中的和日村指同仁县扎毛乡和日村。

[②] 郭麻日村也是住建部确定的第一批全国646个、青海13个传统村落之一。

划、实施保护,这在青海无论是规划史还是村落保护史上都开了先河,积累了经验。

四是制度配套,做到几个关键环节有章可循,保证工作的持续性。按照"总体规划"要求,制定《黄南州热贡文化生态保护区保护和管理条例》,包括民间文化艺术之乡管理暂行办法、历史文化名城(名镇、名村)管理办法、非物质文化遗产代表性传承人与传承单位保护办法等工作实施细则,以及有关重点项目、专项资金使用、生态补偿、重要传统节假日等方面的管理制度(办法、条例等)。先后制定出台《热贡文化生态保护实验区非遗示范户守则》(2012年6月实施)、《热贡文化生态保护区管理办法(暂行)》(2012年9月实施)、《热贡文化生态保护区非物质文化遗产专项保护资金管理办法(暂行)》(2012年11月实施)、《热贡文化生态保护区非物质文化遗产综合传习中心认定与管理办法(暂行)》(2013年6月实施)、《保护区省级以上非遗项目代表性传承人、工艺师管理办法(暂行)》(2013年6月实施)、《黄南州非物质文化遗产项目代表性传承人认定与管理暂行办法》(2014年9月实施)、《黄南州级工艺美术大师、民间工艺师评审认定细则》(2014年9月实施)、《热贡艺术堆绣鉴定标准和方法》(2015年6月实施)、《热贡艺术(唐卡绘画工)职业技能鉴定标准》(2015年6月实施)等系列规章。截至2017年,制度发布数量完成总体规划要求法规的91.67%。[1]

表1-5　　　　　　　中国及青海的历史文化名村　　　　　　(个)

发布日期	批次	发布单位	全国历史文化名村数量	历史文化名村(青海)	
				数量	名称
2003.10	一	住建部	12		
2005.09	二		24		

[1] 黄南州热贡文化生态保护实验区管理委员会:《热贡文化生态保护实验区建设自评报告》,2017年。

续表

发布日期	批次	发布单位	全国历史文化名村数量	历史文化名村（青海）数量	名称
2007.05	三	住建部	36	1	同仁县年都乡郭麻日村
2008.10	四		36		
2010.07	五		61	1	玉树县仲达乡电达村
2014.03	六		107	3	班玛县灯塔乡班前村 循化撒拉族自治县清水乡大庄村 玉树县安冲乡拉则村
2019.01	七		211		

数据来源：中国住房和城乡建设部网，2019年3月1日。

上述配套制度所涉及内容大致与随后几年热贡文化生态保护实验区建设工作的几个重点工作对应，比如示范户建设、综合传习所建设、代表性传承人扶持、荣誉资格认定、标准化建设等，保证了实验区建设的规范高效运行。

五是标准规制，推进热贡艺术主要技艺的原真性传承。制定了《热贡唐卡青海省地方标准》和《热贡唐卡鉴定评估实施细则》，以及《热贡唐卡矿物质颜料——绿松石》等六种矿物颜料企业联合标准，成立依托于热贡唐卡协会的唐卡鉴定中心。同时，引进、扶持第三方机构，在全国率先启动热贡艺术品等级评价与质量检验检测，对热贡唐卡绘画精细程度、矿物质颜料成分进行检测，并建立热贡唐卡质量检验及质量信息追溯体系，设置唐卡专属二维码，为每幅唐卡设定一个唯一的识别身份证，做到"来源可追溯，去向可查询，责任可追究"，从源头上解决了曾成为舆论热点的唐卡艺术品质量以次充好、滥用非矿物质颜料等问题。标准规制达到"双赢"效果，既保障热贡唐卡艺术传统技艺不流失，又规范热贡艺术品经营市场秩序并较平稳运行。

第一章 "金色谷地"里的角力：人文背景及现实条件

二 创新型管理体制的设置

2017年4月，中国非物质文化遗产保护中心受文化部委托组建评估专家组，对热贡文化生态保护实验区成立后的建设工作进行考察评估，评定结果为"优秀"等级。基于卓有成效的努力，黄南州被国家质检总局批准命名为全国热贡文化知名品牌创建示范区（2016—2019）。同年7月，国家级文化生态保护实验区建设工作座谈会第二次在同仁举行，黄南州作为首个交流与会单位，座谈点评认为，热贡文化生态保护实验区率先达到"遗产丰富、氛围浓厚、特色鲜明、民众受益"的初步建设目标。可以说，热贡文化生态保护实验区建设成效显著，在国家文化生态保护战略实践初始阶段发挥了示范作用。

据热贡文化生态保护实验区管理委员会的总结，之所以取得上述成效，一个十分关键的原因是架构了一个高效的管理体制。具体而言，一是领导机构规格较高。在批准设立实验区的第二年，青海省随即专门成立由省委常委、宣传部长任组长，省政府分管文化的副省长、黄南州委书记、省文化新闻出版厅厅长为副组长，省级文化、住建等各有关部门负责人为成员的青海省国家级热贡文化生态保护实验区建设工作领导小组，州政府州长担任领导小组办公室主任，研究和解决保护区建设的重大问题。2010年黄南州成立由州委书记任组长、州政府州长任副组长，各相关部门负责人为成员的黄南州热贡文化生态保护区建设领导小组。2017年2月，黄南州委办公室印发《关于调整州委有关议事协调机构领导职务的通知》，重新调整了领导小组主要负责人，领导小组在管委会下设办公室，管委会主任兼任领导小组办公室主任，并建立了黄南州非物质文化遗产保护管理工作联席会议制度。黄南州属各县也成立了相应的领导小组。

二是管理机制运行有力。得益于上述较高规格的领导机构，在人员编制控制极其严格的情况下，2010年2月，经青海省政府批准，在黄南州成立另行单独设立的副厅级建制的热贡文化生态保护实验区管理委员会（下文简称"热管委"），作为"总体规划"的主体实施单位，此为全国首个国家级文化生态保护实验区工作机构。"热管委"设副厅级主任1名，正处级副主任1名，综合办公室、保护建设科两个科室，核定并有事业编制6人、工勤编制2人；确定"热管委"主任协助常务副州长负责全州文化旅游工作，州文体广电局局长兼任副主任。其职能定位为，负责非物质文化遗产的挖掘、保护、研究、传承、宣传，保护区非物质文化遗产保护与建设各项法规规章的制定、执行，保护区"非遗"保护资金和项目的统一管理，协调、审查、督促与非物质文化遗产名录保护有关的行业发展规划、专项规划及建设性详规的编制和实施等。"热管委"设立后，群众形象地将之称为"热管会"，将其先入为主地理解为管理供取暖的部门。访谈中"热管委"干部亦如此自嘲，一方面说明文化生态保护区建设所涉面的宽泛性；另一方面，该机构在统筹协调、推动落实重点项目、参与城乡规划审查等方面发挥着的作用，受到民众认可。

同时，黄南州文化局以及尖扎县、泽库县、河南县文化局挂牌设立非物质文化遗产管理局。同仁县调剂2名事业编制，专门成立非物质文化遗产管理办公室，负责"非遗"保护工作。

三是社会力量参与规范。主要体现在通过建立社会组织和专家委员会，健全社会力量参与决策和管理的机制。早在2006年12月成立的青海热贡艺术协会，虽然登记在青海省民政厅并由省民宗委主管，但其参与主体人员供职于黄南州，比如登记法定代表人系原黄南州扶贫办主任，会长为原黄南州人大常委会副主任、隆务寺活佛，主办有内部刊物《热贡艺术》。到2012年，该协会有单位会员23家、个人会员1136人，会长（理事长）9人、常务理事21人、理事63人、秘书长3人。[①] 这是青海省人民政府网站2012年录入（也是唯一一次录入），到2019年仍保留的14个社会组织之一。整合黄南州唐卡协会等组织资源，于2016年6月成立黄南州热贡文化协会，其秘书长由"热管委"副主任担任，会长由国家级非物质文化遗产传承人或工艺美术大师担任。

---

① http://www.qh.gov.cn/mzfw/system/2012/09/17/010007588.shtml。

第一章 "金色谷地"里的角力：人文背景及现实条件

从热贡文化开发保护组织名称变化可见，在地域范围上，由同仁县扩大到青海省再聚焦到黄南州；在名称关键词上，经过由"唐卡"到"热贡艺术"再到"热贡文化"的转变，这与热贡文化资源开发与文化生态保护历程基本同频；协会名称的内涵更加丰富而宽泛。这种变化体现了作为组织者和管理者视野的拓宽、参与者范围的扩大。虽然在组织形态上，上述两个协会只是半官方的社会组织，但在调动热贡艺术从业者参与热贡文化生态保护积极性、了解广大热贡艺术从业者意愿等方面发挥了重要作用。

随着文化资源开发市场的兴盛，相关民间（办）社会组织涌现。从表1-6可见，有关"热贡"的社会组织集中登记于热贡文化生态保护区建成前后到2017年间。综合来看，在组织类型上，既有社会团体又有民办非企业单位；在组织要素上，既有占比最多的教育与培训类组织，又有从事营销和研究的组织。

表1-6　　　　相关"热贡"社会组织登记情况

组织名称	组织类型	登记管理机关	业务主管单位	成立年月	法定代表人
黄南州热贡博艺画院	民办非企业单位	黄南州民政局	黄南州文体广电局	2017.11	才旦
黄南州热贡慈善艺苑培训学校	民办非企业单位		黄南州人社局		仙巴格勒
黄南州热贡文化协会	社会团体		黄南州文化局	2016.08	娘本
黄南州热贡唐卡艺术营销商会	社会团体		—	2015.08	夏吾角
黄南州龙树热贡艺术职业培训学校	民办非企业单位		—	2015.04	曲智
青海古金唐热贡文化发展研究中心	民办非企业单位	青海省民政厅	—	2014.12	张帆
黄南州热贡曾太日加工艺美术职业技能培训学校	民办非企业单位	黄南州民政局	黄南州人社局	2014.12	曾太日加

续表

组织名称	组织类型	登记管理机关	业务主管单位	成立年月	法定代表人
同仁县热贡慈善艺苑培训基地	民办非企业单位	同仁县民政局	—	2012.03	仙巴格勒
黄南州热贡艺人艺术职业技能培训学校	民办非企业单位	黄南州民政局	—	2010.10	兰本加
黄南州布达拉热贡艺术职业培训学校	民办非企业单位		—	2009.12	增他加
黄南州热贡艺术职业培训学校	民办非企业单位		—	2008.11	娘先
黄南州热贡画院	民办非企业单位		—	2007.09	娘本
青海热贡艺术协会	社会团体	青海省民政厅	青海省民委	2006.08	卡索

资料来源：中国社会组织公共服务平台，www.chinanpo.gov.cn。在此平台"社会组织名称"栏以"热贡"搜索，所显示截至2019年2月8日地方登记的社会组织有14个，其中登记在甘肃甘南藏族自治州民政局的"甘南桑珠热贡唐卡培训中心"未列入此表。

除表1-6所列社会组织外，还成立有同仁县热贡艺术协会、尖扎县射箭协会和唐卡鉴定中心。这些组织在开展技艺培训、对外宣传、交流研讨、唐卡等级鉴定，推荐申报传承人、民间工艺师，举办博览会、"五彩神箭"等节庆品牌活动方面发挥了桥梁纽带作用。

在规范行业协会运行的同时，成立由国家级、省级代表性传承人、工艺美术大师、专家学者为成员的热贡文化生态保护实验区专家委员会，下设专家评审委员会、技能鉴定委员会、咨询专家委员会。专家委员会在理顺保护区建设工作思路、评审唐卡大赛参赛作品、鉴定艺术品、研究"非遗"理论、举办学术论坛、申报认定"非遗"项目及传承人、实施重点"非遗"项目、对外宣传推广、培训指导等方面发挥了积极作用。

这样就形成了"热管委"、热贡文化协会、专家委员会为骨架的，官方和民间力量互渗的组织管理结构，其运行则有着如前文所述相应的制度保障。这种组织制度化的探索虽然只是初步的，但也不啻为管理制度的创新，有利于最大限度发挥民间力量作用的同时，对热贡艺术相关从业者进行有效管理，也有效解决了政府管理部门人员编制及行政资金等不足问题，对深入开展热贡文化生态保护弥足珍贵。

三 唐卡开发的示范引领

如前所述，热贡艺术资源开发由来已久。但是，这种开发在地域、门类等方面很不平衡：在地域上，同仁县隆务镇吾屯村（上村、下村）参与者最众、产品市场化程度最高；在门类上，主要侧重于热贡艺术中的唐卡。据2017年统计，吾屯村有98%的农户从事热贡艺术开发，人均年收入从2012年的5000多元增加到2万元。与吾屯两个村相比，其他村就相形见绌了。比如，与其隔河相望的年都乎乡年都乎村，在同一时段，从艺户数占全村总户数的比重为70%，人均收入从3000余元增长到1.5万元。[1] 正是因为开发早、参与者众，吾屯村著名画师辈出。画师桑杰太及安多地区"热贡艺术四大天王"（尖木措、夏吾才让、久美噶达、更藏）中的前两位出生于吾屯村（久美噶达出生于年都乎村，更藏出生于尕沙日村）。于2007年遴选并公布的国家级"非遗"项目代表性传承人中，青海有88人（汇总时有8人已过世），其中，传统美术类有15人（2人过世），而"热贡艺术"项目代表性传承人7人中可据查的有2人出生于吾屯村；2011年起遴选公布的国家级项目省级代表性传承人101人（汇总时有11人已过世）中，传统美术类有17人（1人已去世），"热贡艺术"项目代表传承人7人中可据查的亦有2人出自吾屯村（见表1-7、表1-8）。

---

[1] 《黄南州热贡文化生态保护实验区管委会关于上报2017年热贡文化生态保护实验区建设工作总结的报告》，热管委〔2018〕5号，2018年1月25日。

表1-7　"非遗"代表性项目"热贡艺术"代表性传统美术类
国家级传承人名单

姓　名	民族	性别	出生年份	申报地区或单位	批次	出生地
更登达吉	藏族	男	1964	同仁县隆务镇	第一批	隆务镇吾屯村
启　加	藏族	男	1940			年都乎乡尕沙日村
西合道	藏族	男	1946		第三批	
娘　本	土族	男	1971			隆务镇吾屯上村
罗藏旦巴	藏族	男	1965			年都乎乡尕沙日村
夏吾角	土族	男	1966			隆务镇加仓玛村
桓　贡	土族	男	1969		第五批	年都乎乡年都乎村

资料来源：青海省文化和新闻出版厅非物质文化遗产处。

表1-8　国家级项目"热贡艺术"代表性传统美术类
省级传承人名单

姓　名	民族	性别	出生年份	申报地区或单位	批次	出生地
桑斗合	土族	男	1963	同仁县	第一批	隆务镇吾屯下庄村
宗者拉杰	藏族	男	1951	藏医药文化博物馆		循化县文都乡
更登达智（坛城）	藏族	男	1979	黄南州	第三批	年都乎乡年都乎村
土　旦（堆绣）	土族	男	1974			
尕藏才让（泥塑）	藏族	男	1967			年都乎乡尕沙日村
夏吾冷知（雕塑）	藏族	男	1966			
扎西尖措（唐卡）	土族	男	1967			隆务镇吾屯下庄村

资料来源：青海省文化和新闻出版厅非物质文化遗产处。

在门类上，不仅是吾屯上村、吾屯下村的热贡艺术开发集中于唐卡，而且在吾屯唐卡市场开发的带动下，热贡地区其他村也十分注重唐卡绘制。曾经一度将热贡艺术称为吾屯艺术，其实指吾屯唐卡艺术。从传承而言，桑杰太及热贡艺术"四大天王"特别是曾临摹敦煌壁画的夏吾才郎、后来成为大学教授的夏吾才让，都以绘制唐卡见长。在表1-7所列代表性传承人中，唯夏吾角、恒贡分别以泥塑、堆绣为主业和主攻方向。

此外，还可以从画院（苑）或传习中心的基本情况比较中，看到唐卡在其中所具有的位置。由表1-9可见，热贡文化生态保护实验区建设中建立的具有生产、培养功能的11个重点传习中心[①]，以唐卡技艺为主要培训传授内容的占45.5%，其他为泥（雕）塑2家及堆绣、石雕、银雕、藏戏各1家。

"非遗"传习中心，特别是"热贡""龙树""民族文化宫"几家规模最大、起步较早的画院（苑）暨综合传习中心（如图1-9、图1-10），积极开展生产性保护，探索出了一条技艺传承与农民创收、扶贫脱贫、社会救助、旅游发展、自然生态环境保护等相结合的路子。比如，2015年被青海省文化和新闻出版厅命名为"青海省第五批文化产业示范基地"的热贡民族文化宫，以唐卡设计、绘画、制作、培训、展示于一体，建成学员培训室、学画教室、展示厅、图书馆（面积700平方米）、博物馆等，长期从事热贡艺人培养、艺术品展览、文化交流等活动；在承担文化社会责任的同时，不断开拓唐卡市场，增加收入。2013—2017年，该中心共实现利润3063万元。又如最先建成有一定规模的热贡画院，从事热贡艺术的创研、培训、制作、销售、展览、收藏和进出口业务，特别是开展的生产性保护，采取"公司+农户"的模式，签约画师600余名，带动当地500户农牧民从事热贡文化资源开发。其他画院（苑）各有独到的做法，其经验也值得其他文化资源开发地区借鉴。

分析热贡文化资源开发所形成这种格局的原因或条件，大致可归为以下几点。一是由各类文化要素之间的关系决定的。就唐卡本身而

[①] 到2017年底，热贡地区共建成47个"非遗"传习中心，传习的项目涵盖热贡艺术（唐卡、堆绣、泥塑、金银雕、矿物质颜料、石雕）、同仁刻版技艺、泽库和日石刻技艺、於菟、热贡六月会、藏戏、保安社火。

◆ 找寻安身之所

表1-9　热贡文化生态保护实验区重点传习中心建设情况

名称	成立年月	所处位置	面积（平方米）占地	面积（平方米）建筑	固定资产（余万元）	负责人	现有职员 总数	现有职员 管理人员	画师人数 优秀画师	画师人数 签约画师	现有学员人数	年培养学生数（人）	2016年（万元）制唐卡	2016年（万元）销售收入
热贡画院综合传习中心	—	吾屯上庄	15000	4700	—	娘本	—	—	180	600	—	50	740	1200
热贡龙树画苑综合传习中心	2013.03	吾屯下庄	9700	4380	5600	扎西尖措	155	6	51	—	98	200	360	1700
仁俊综合传习中心	—	加仓玛村	4800	—	1000	夏吾角	—	—	5	—	60	—	—	2100
桑斗合唐卡传习中心	2014.06	吾屯下庄	1667	900	—	桑斗合	26	2	4	—	20	—	58	160
江什加同民间藏戏传习中心	2013.03	曲库乎乡江什加村	—	—	—	李先加	35	—	—	—	—	—	—	—
热贡民族文化唐卡传习中心	2013.06	—	20000	15000	—	尕藏才让	—	—	24	—	—	150	700	5887
尕藏才让泥塑传习中心	2016.06	尕沙日村	14000	4300	—	尕藏才让	—	—	—	—	—	20	1000	200
恒贡堆绣传习中心	2013.06	年都乎村	1000	—	—	恒贡	—	—	—	—	—	20	—	200
龙知布金银雕传习中心	—	吾屯上庄	4400	2000	—	龙知布	—	—	—	—	—	—	1000	100
同仁县先巴热贡石雕传习中心	2016.06	尕沙日村	1000	500	—	先巴加	—	—	—	—	—	40	5000	100
热贡艺人之家	—	吾屯下庄	—	800	—	夏吾	—	—	—	—	—	30	—	—

资料来源：青海省文化和新闻出版厅非物质文化遗产处。黄南州热贡艺术馆（热贡艺术博物馆）因不具生产、培养功能，故未列入。

第一章 "金色谷地"里的角力：人文背景及现实条件

图1-9 领衔试水者——热贡画院（大门门框）

图1-10 后起之秀——仁俊画苑（门头）

言，它是热贡彩绘艺术中作品数量多、技艺流传广，历来被当地民众所珍视的主要品类。其所绘的题材十分广泛丰富，除与壁画相同的内容外，还有天相星座、年季时轮、医药解剖等自然科学内容。[①] 因此，唐卡被旅游宣传资料称为"热贡艺术之王"[②]。唐卡是所有热贡艺术门类的基础，多数泥塑、雕刻（塑）等大师，同时也是唐卡绘制能手，而堆绣、佛像石雕等则完全以唐卡技艺作基础。而且，唐卡、泥塑、堆绣、壁画被政府认为是最易被市场认可、开发成本较低的门类。

二是基于最先涉猎的先手优势，吾屯宛如唐卡开发的辐射中心。2006年，吾屯村被文化部命名为第三批"国家文化产业示范基地"。2015年，热贡唐卡被国家质检总局批准为"中国地理标识保护产品"。这些声名，对规范唐卡产销市场，维护唐卡生产者和经营者合法权益，推动"热贡唐卡"拓展国际市场产生重大影响。正是在吾屯及其唐卡开发的带动下，唐卡技艺传习活动从同仁县隆务镇吾屯村辐射扩大到隆务河谷的其他村以至尖扎、泽库、河南三县，河南、山东、陕西、甘肃等省的青少年慕名前来拜师学艺。在唐卡开发中，吾屯村涌现出一批唐卡经纪人，他们的国家通用语流利，口才佳，熟知唐卡内容。他们到各村以较低的价格购进唐卡，再以较高的价格卖出，从中赚取差价，成为流通中坚，对不甚擅长经商的唐卡画师起到市场化示范和产销互助作用。

三是在效益引导下，隆务河谷吾屯之外的其他村落亦有很高比例的热贡艺人从事唐卡绘制。比如，在郭麻日村，虽然政府定位该村产业重点为木雕，但真正从事热贡木雕（刻）的仅有1人（桑杰，青海省一级民间工艺师）；同村另一知名木雕（刻）师已故，与桑杰同为郭麻日寺木坛城主要制作人，其长子生于1979年（CRDJ，N21），初期子承父艺学习木雕，后弃木雕学习唐卡，主

---

① 同仁县志编纂委员会编：《同仁县志》，三秦出版社2001年版，第790页。
② 白渔撰文，郑云峰摄影：《黄南秘境》，中国青年出版社2006年版，第73页。

因在喜好，次因是木雕市场狭小却更费工费时而成本高，赚不到钱。其家庭为"省级非物质文化遗产名录——热贡艺术唐卡示范户"（2016年"热管委"颁发）。

> 我的父亲是本地的知名木匠，是木雕艺人，是立郭麻日寺坛城的匠人。我是省级"非遗"传承人，属于唐卡一类的。我是"中国藏族文化艺术彩绘大观创作驻家艺人""青海唐卡艺术协会理事""黄南热贡艺术职业技能培训学校教师""同仁县热贡艺术协会民间传奇艺人"。我曾经招了本村的8个青年为徒弟，教他们画唐卡。后来，我在一起交通事故中受了伤，这对我画唐卡和教学生造成很大的影响。
> 我父母有8个子女，3男5女，我排行老三。上面两个姐姐嫁到甘肃永靖县了，姐夫都是一个村的木匠，手艺厉害，特别是大姐夫到处接建寺院的木工活，他们生活水平高。我的两个弟弟跟他们学了2年木匠，就学成了。
> （受访者：CRDJ，N21，男，40岁，同仁县年都乎乡郭麻日村民、唐卡画师。2018年12月27日访谈于受访者家中）

四 转型社会中的生计压力

吾屯村民能够在热贡文化资源开发中走在文化禀赋基本一致的"四寨子"前列，一个重要的原因是紧邻隆务城区的地缘优势在带给其便利的同时，也使他们消费升级并带来生活甚至生存压力。同样的处境由已经变为社区的隆务镇四合吉、和日镇和日村以及於菟展演主阵地年都乎乡年都乎村曾经都经历过，对于他们，现在这种压力依然存在。

社会转型给郭麻日村民带来了变革的阵痛。就郭麻日村与和日村比较，后者因为收入的多样性，特别是数额不小的政策性补贴的支撑，所遭受的变革阵痛要比前者轻微得多。据年都乎乡政府2017年统计，郭麻日村12个生产队时有耕地2150亩，主要生产小麦、洋芋、油菜，每亩年产量分别为600斤、350斤和400斤；全村共饲养有羊786只、奶牛63头。① 因同仁"县改市"及县城"城北新区"建设需要，2018年3月始组织征收耕地，当年10月，近一半耕地补偿款已发放到农户。村巷公示的资金来源表显示，2018年6月28日，两笔"附着物补偿款"拨付到村账户。2018年7月9日、11日分别到账"郭么日城北新区征地拆迁补偿费"和"郭么日城北新区征地拆迁总承包费"。郭麻日村民遂渐成城郊"失地农民"。这种情形与2009年的四合吉村民极其相似。所不同的是，郭麻日村仍在为耕地补偿款的多少、"四荒地""自留地"亩数如何核算等争执并提出诉求，而当时的四合吉及其居民则通过争取所余留的180多亩耕地纳入退耕还林（草）地补偿来表达对耕地的依惜②。相同的是，两地村（居）民中弥漫着对失地后生存问题的忧虑甚至恐慌：失去耕地后，粮食、肉食乃至取暖、薪柴等皆要从外购买，加上医疗、教育、交通等费用的支出，经济负担沉重。

  基于收入问题和来源结构判断，村民生计压力感知出于未来预期。据郭麻日村民估算，全村501户村民拥有包括"四荒地"在内的被征土地5161亩，每亩补偿14.5万元，全村可得征地补偿款7.5亿元，每户分得几万元到二三百万元不等的补偿款。得到补偿款数额高的农民家庭多数作着不理性的消费，比如购置高档汽车、翻修房屋、更新屋内陈设（见图1-11）等，鲜有投资到再生产中的，但村民普遍能意识到迟早会坐吃山空。其回应之首策是存粮，反映了"手中有粮，心里不慌"的心理。郭麻日村民中，有的家庭储备着自家耕种土地时的粮食（小麦）。笔者调研时房东家就储备着三四年的存粮（四五千斤），谈及存粮，房东夫妻表现出高瞻远瞩的自豪神情。

---

  ① 来源于年都乎乡政府办公楼大厅公示栏。
  ② 鲁顺元：《文化圈的场域与视角——1929—2009年青海藏文化变迁与互动研究》，第207页。

第一章 "金色谷地"里的角力：人文背景及现实条件

图1-11 民居内部

面对压力，多数村民并非坐以待毙而是起而行之，探寻多样的营收来源。与以往相比，失地、弃牧村（居、牧）民的收入来源更加多元化，区别在于收入有高有低。问卷调查显示（见表1-10），有49.5%的受访郭麻日村民认为，自己家庭的主要收入来源于种植业，其次为卖热贡艺术产品收入占17.6%，再次为采挖冬虫夏草收入占15.4%，复次，打工收入占7.7%；29.2%的受访和日村居民认为自己家庭的主要收入来源于牧业（占29.2%），其次为打工收入占24.7%，再次为卖热贡艺术产品收入占9%。与2010年的调查比较，8年里，村（居）民的收入明显多元化，有了房屋出租、做买卖等的经营性收入。郭麻日村与四合吉社区比较，后者"打工"和工资性收入明显高于前者；前后两个时期比较，和日村从事热贡艺术品行业和相关畜牧业的人数比重增加明显。

表 1-10　　　　　　　　村（居）民家庭主要收入来源　　　　　　　　（%）

调查年	2010 年			2018 年		
村（社区）名称	和日	四合吉	合计	郭麻日	和日	合计
种植	0	16.7	8	49.5	0	25.0
畜牧	11.5	0	6	0	29.2	14.4
采挖虫草	0	0	0	15.4	5.6	10.6
卖热贡艺术产品	0	0	0	17.6	9.0	13.3
打工	50	45.8	48	7.7	24.7	16.1
工资	3.8	20.8	12	2.2	6.7	4.4
社会保障金	0	0	0	3.3	10.1	6.7
房屋出租	0	0	0	0	3.4	1.7
开饭馆	0	0	0	1.1	0	0.6
开菜铺	0	0	0	1.1	0	0.6
做买卖	7.7	8.3	8	0	1.1	0.6
诵经	0	0	0	0	5.6	2.8
其他	26.9	8.3	18	2.2	3.4	2.8
无收入	0	0	0	0	1.1	0.6
样本合计（例）	26	24	50	91	89	180

作为紧邻州、县政府所在地的郭麻日村，其村民尚未能充分利用这个区位优势。如表 1-11 所示，自主经营从事非农产业的村民只有

表 1-11　　　　　　　郭麻日村村民从事非农产业情况

项目内容		人数	店铺数	地点
商贸	小卖部	71	11	村内外及内蒙古、那曲、果洛
	木材加工厂	4	1	同仁县
	馍馍铺	9	2	同仁县

续表

项目内容		人数	店铺数	地点
	饭店	6	2	同仁县
	面铺	6	2	同仁县
	服装店	6	1	果洛州达日县
	电子商贸	4	1	同仁县
	古玩店	3	1	玉树市
	快递公司	2	1	同仁县
	书店	7	1	同仁县
	合计	118	23	
文化产业		19	3	同仁县
运输业（"蓝驼"牌拖拉机）		49	11	同仁县
合计		186	37	

资料来源：据县乡驻郭麻日村工作队制表《郭么日村精准扶贫户产业扶持汇总表》（2017）转制，个别"地点"据访谈内容做了改动。店铺系一家一户经营。

186人、37户，仅分别占全村总人口和总户数的8.82%和5.83%。其中，只有3户固定地从事热贡文化产业，从事项目种类最多的是小规模的运输业，其次为小型商品零售。其从业种类和经营规模都十分有限。2017年，村民外出务工者有280人，人均收入3830元。[①] 虽然上述产业收入少，但也反映了村民在拓展收渠道上所作的努力。

综上可见，面对失地和限牧、禁牧处境，热贡各地群众在积极拓展就业和增收渠道，努力求生存求发展。在这种情况下，与从事过农牧业、基本生活更容易得到保障、农牧民善于满足的时代相比，在市场化、城镇化新时代，政府推进既可传承文化又可增加收入的热贡文化资源开发及文化生态保护，更容易被民众接受。正是在各种价值观大冲撞的处境中，农牧民对热贡文化生态保护实验区建设给予了更多

---

① 县、乡驻村工作队提供的数据。

的关注和认可。问卷显示（见表1-12），村民对党委政府关于热贡文化生态保护政策措施的认同度高，认为"作用很大"和"有点作用"的占63.8%，31.1%的受访村民选择了"不清楚"，其认同程度略逊于干部，但也属于高度认同。

表1-12　　　　受访者对热贡文化生态保护政策的认知　　　　　　（%）

分类	作用很大	有点作用	没有作用	不清楚	回答有效样本数（例）
村民	32.2	31.6	5.1	31.1	177
干部	50.0	34.4	3.1	12.5	64
合计	36.9	32.4	4.6	26.1	241

第二章 村落社区化的两种接续形态：历程及演变

热贡文化历史悠久，但称得上有意识或自觉的资源开发和文化保护的历史只有短短几十年。在热贡文化诸门类中，围绕着热贡艺术之彩绘艺术中唐卡艺术的保护开发是最为突出的。回溯此过程，有助于对以往不甚精当的保护开发思路作出调整。同时，从村落演变为社区以及传统村落面临的危机看，热贡文化的健康发展、传统技艺的有力传承，与村落的承载作用密切相关。村落保护的种种举措，也进一步使这种关系或作用得以凸显。

第一节 保护开发历程

回顾热贡文化资源开发及其生态保护历程，政府作为引领者的角色突出。这一过程同时伴随着艺术题材及作品使用鉴赏范围不断拓展，市场化和商品化程度的不断加深，并产生了相得益彰的良好互动反应。文化旅游业的发展是市场化的重要结果和热贡文化资源深入开发的强大推动力。热贡地区也因此成为文旅融合发展的典型之地。而以"非遗"、重点文物和传统村落为主要对象的文化生态保护行动，在"保护实验区"建成后得以加强，使资源开发的基础得到一定程度的夯实。

◈◈ 找寻安身之所

一　艺术资源开发

以唐卡为集中代表的热贡艺术资源开发可溯至新中国成立后不久，其历程大体可以分为以下三个阶段。

（一）第一阶段：政府引导

"唐卡"是藏语音译，意为"卷轴画"，是指绘制或刺绣在布、绸、纸等材料上的彩色卷轴画。从起源上来说，最早苯教徒为了适应信众逐水草而居、流动性强的生产生活方式，携带反映宗教内容的皮画进行传教布道[①]，"皮画"即为唐卡的雏形，便携、直观的"佛像"方便实用，唐卡故被称为"移动的佛龛"。传统唐卡的内容则多数是有关宗教的，日渐拓展出历史、传说故事、天文历算、藏医药学等非宗教内容。传统唐卡绘制有严格的要求、极其复杂的程序，要按照佛经仪轨和上师指点进行，比如绘前仪式、制作底布、构图起稿、勾线定型、上色染色、铺金开眼、装衬开光等有整套的工艺程序，正如藏传佛教所要求"一切工程合律藏，一切壁画合经藏，开刀雕塑合密咒"。因此，传统的唐卡只是作为宗教用品来使用，或者说，画师给寺院绘制唐卡是一种功德，其价值不能用金钱衡量；若唐卡作为物件买卖，则被认为是对佛的不敬，所以就谈不上"开发"。

热贡艺术"锁在深闺人难识"的状况一直延续到新中国成立。最先发现热贡唐卡具有开发推广价值重要性的是青海本土艺术家群体，采用"择其优者而善用之"的办法，这也可以看作热贡文化现代性开发的肇始，是完全的政府行为。新中国成立初期，青海省文联的美术家小组，前往吾屯、年都乎等村调研，发现这些村"藏传佛教艺术创作十分活跃，艺人较多"，遂将此发现汇报给青海省委宣传部并建议吸收其中的优秀艺人进入省文联工作，卡先加、豆

[①] 意娜：《直观造化之相：文化研究语境下的藏族唐卡艺术》，社会科学文献出版社2013年版，第19—21页。关于唐卡的起源，还有"印度传来说"（意大利学者杜齐）、"中原绘画影响说"（谢继胜）、"法王松赞干布鼻血绘像说"（五世达赖喇嘛阿旺·罗桑嘉措）等。

第二章　村落社区化的两种接续形态：历程及演变

拉加、罗藏等吾屯民间艺人由此成为国家公职人员。[①] 随后，于1959年省文联以这些艺人为画师班底，完成人民大会堂青海厅具有民族特色的壁画绘制与装饰工作，在国家会议殿堂呈现热贡艺术的魅力，实现了极高规格的艺术首秀。同年，聘请4位吾屯艺人对热贡艺术绘画精品进行临摹绘制，到1961年，共绘制彩画、图案百余幅，并精选其中42幅在中国美术家协会观摩品鉴，获得极高评价和强烈关注。

改革开放后，政府对热贡艺术的宣传推介恢复早、力度大、形式多，使之成为青海文化领域艺术门类的代表，示范、带动作用突出。热贡艺术开发始于1979年，14名艺人作为成员的"吴屯艺术研究组"，进行传统彩画绘制、泥塑作品制作等，使多年不从事创作的艺人的传统技艺得以初步恢复。在此基础上，于1981年在北京、上海等城市以及西宁市、黄南州等地联合举办为期近3个月的"青海省吴屯藏族民间绘画、彩塑艺术展览"。这是对挖掘抢救的热贡艺术作品的一次集中展示，得到社会各界人士的高度评价，热贡艺术被美术界知名人士誉为"青海高原的一朵鲜花""我国民族艺术宝库中的一颗明珠"[②]，多家媒体对其跟踪报道，反响热烈。在此前后，青海省委主要领导对热贡艺术开发做出"应重视其整理研究，成立专门机构，拨给专款"的批示。1982年，青海省政府批准成立筹备组，1985年正式成立热贡艺术研究所及艺术馆，时任中共中央总书记胡耀邦亲笔题写了"热贡艺术馆"馆名并接见画师予以礼遇和巨大鼓舞。1987年，收入热贡艺术唐卡作品图片20余幅的《藏传佛教艺术》（画册，刘励中拍摄编辑）出版发行，由中央电视台、青海电视台联合录制的《热贡艺术》电视宣传片在国内和美国洛杉矶播出，引起很大反响。通过搜集、研究和高密度、强有力的宣传，实现了从"吾屯艺术"到"热贡艺术"的华丽转身，"热贡""唐

---

① 唐仲山：《热贡艺术》，青海人民出版社2010年版，第18页。
② 同仁县志编纂委员会编：《同仁县志》，第789页。

卡"等逐渐成为旅游观光及艺术领域的热词,为热贡艺术现代开发和蓬勃发展营造了良好的社会环境。

20世纪末及进入21世纪,政府主导的宣传推介一直没有停止,影响较大的是"彩绘大观"的绘制和节会品牌的打造。前者指《中国藏族文化艺术彩绘大观》画卷,由唐卡工艺美术大师宗者拉杰历时27年设计策划,由青、藏、甘、川、滇五省区400余位藏、蒙、汉、土族顶尖画师耗时4年(1995—1999),采用纯天然绘画颜料精心创作完成。其长达618米,画面达1500平方米,上有唐卡700多幅,不同的堆绣图案3000多种,内容博大精深,堪称藏文化的百科全书,其画幅打破世界吉尼斯之最的纪录(1999年)。该画卷收藏于青海藏医药文化博物馆,已经成为独特一景和国内外知名的旅游品牌,对热贡文化的推介和开发起到推波助澜的作用。

后者指"唐卡艺术博览会"的精心打造。青海国际唐卡艺术与文化遗产博览会(简称"唐卡博览会")由青海省政府自2008年起到2012年连续举办了五届,其中第二届由黄南州政府参与承办。"唐卡博览会"展销产品或活动并不局限于唐卡,比如第四届共推出展览展会活动、唐卡绘画技能比赛及论坛、文艺演出、文化产业项目推介及签约、原创动漫青海行、三江源奇石展暨精品奇石展、青海藏毯设计编织(国家项目)研修班、国家级文化生态保护区建设现场交流会、"中国唐卡艺术之乡"命名活动等11项主题活动。可见,唐卡博览会更像一个青海地方文化的综合展示平台。

从2013年开始,"唐卡博览会"被归入始于2003年并连续举办的青海文化旅游节的一部分。在文化节中,有关热贡文化是重磅内容,比如2017年青海文化旅游节析出文化、旅游、体育三个"活动季",与热贡文化直接相关的活动有舞剧《唐卡》演出、工艺美术大师精品及特色文化产品展、青海省非物质文化遗产展、妙境神韵——藏传佛教唐卡艺术展以及文化生态保护实验区建设论坛。同时,在黄南州举办一系列旅游文化活动(详见表2-1)。

第二章 村落社区化的两种接续形态：历程及演变

表 2 – 1　　2017 年青海文化旅游节黄南州组织活动情况

名称	月份	地点	内容
热贡藏乡"六月会"体验游	7 月	黄南州	邀请省内外旅行社组织游客及著名摄影师、相关媒体、博客达人开展体验活动
展示推介活动	5 月至 10 月	黄南州	热贡文化旅游季新闻发布会及系列活动宣传推介会
			热贡艺术北京大型公益展及系列活动
			热贡非物质文化遗产保护成就展
			热贡唐卡精品展等活动
民俗节庆活动	5 月至 10 月	黄南州	热贡地区夏日广场文化活动
			尖扎县昂拉毛兰文化旅游节
			泽库县王家乡"阿尼玛卿"文化民俗旅游系列活动
			同仁县热贡文化旅游民间艺术系列活动
			同仁县非遗项目"热贡马术"表演
			同仁县"雅顿"藏戏艺术节
			第三届"热贡梦想之旅"重机联盟自驾热贡探秘草原篝火晚会
文化体育活动	6 月至 9 月	黄南州	"中国旅游日"尖扎县春季旅游体验活动
			泽库县第四届"藏棋"比赛
			第三届"坎布拉杯"徒步登山赛
			尖扎县红色文化旅游节活动
			同仁县民族传统体育（藏棋）比赛
			同仁县第四届"民族团结杯"农牧民篮球赛
			灵秀尖扎国际马拉松邀请赛
			同仁县民族民间赛马大会
论坛活动	6 月至 9 月	黄南州	热贡文化艺术论坛
			热贡文化旅游深度融合论坛
			"一带一路"视野下的蒙藏关系文化研讨会

资料来源：根据《青海省人民政府办公厅关于印发〈2017 青海文化旅游节活动总体方案〉的通知》（青政办〔2017〕91 号，2017 年 5 月 17 日）整理。

95

◆◆ 找寻安身之所

青海省节会活动思路的调整，体现了"大文化"理念，贴合文化发展规律。对热贡文化而言，这种调整更有利于纠正长期以来形成的文化开发过于侧重一种类型或单个地区的偏颇，有助于真正实现整体性保护、原生性保护目标。与20世纪八九十年代相比，两种宣传推介方式所产生的效果不尽相同，又同为当时文化观念的一种反映。相对而言，改革开放后着眼于唐卡艺术复兴的政府引导，所产生的效果更为直接，在整个热贡文化保护开发的纵轴上可以作为一个重要阶段来看待，具有显要地位。

（二）第二阶段：民众探索

在党委政府宣传推介声浪的带动下，热贡地区民众特别是艺人大抵于21世纪初开始突破种种局限，在继承中创新、在创新中发展，走上了一条通过一技之长谋取物质生活改善的产业发展道路。横亘在热贡文化产业化面前的局限甚至瓶颈，首当其冲的是绘画风格与题材、热贡艺术作品使用范围以及传承人选择三个方面。

独具个性的绘画风格与题材，在历史年轮中实现了守正持宗和转型发展。热贡艺术始终保持自身的特点，以与其他地区同类艺术形式保持"同"的同时具有"异"的特性，此为这一艺术形式及产品能够在市场站稳脚跟的前提。"热贡艺术传入四屯以后的时期（1630—1949），大体经历了320年的时间，这一时期是热贡艺术走向成熟并形成流派的黄金时代"[1]。改革开放后，在"热贡艺术四大天王"以及银杰加、洛桑希饶等画师的努力下，热贡艺术在题材、主题、造型等方面取得更大突破，形成与众不同的俊美秀丽、端庄安详的风格，在20世纪80年代再度崛起的热贡艺术的绘画创作呈现回归成熟期风格的特点[2]。在这种发展过程中，使热贡艺术风格更臻成熟巩固。

很大程度上得益于题材的突破，在热贡作品的使用范围上，也不

---

[1] 赵清阳：《热贡艺术历史考察纪略》（上），《西藏艺术研究》1996年第4期。
[2] 吕霞：《热贡艺术的历史渊源及发展分期》，《青海民族学院学报》2008年第1期。

第二章 村落社区化的两种接续形态：历程及演变

只局限于宗教信仰领域，更加注重艺术的灵性而拿来作为艺术品鉴赏，也可以作为商品。为了顺利实现这种转变，先行先试的吾屯村身为僧人的画师，在"供养"或生计压力下对唐卡作品的市场交换作了巧妙的"意义建构"，寺院率先成为唐卡市场化的行动者。1988年，僧人多吉开办第一个寺属画坊，并以吾屯下寺的名义出售唐卡。此后，该寺僧人基本都"依画为生"，唐卡收入成为维持寺院生存的最主要来源。[①] 这是僧人画师在本地推动唐卡从寺院走向市场的做法，具有极其重要的开创性。在这之前有过僧人画师买卖唐卡获取收益的个案，但未成气候。比如，有幼年出家为僧经历的西合道，在1963—1965年曾到拉卜楞寺及其周边画壁画和唐卡，当时一幅唐卡可以卖20—30元不等，一共挣到24元，回到吾屯后，用之偿还居家照顾母亲的姐姐在生产队的欠款。[②] 在当时的货币价格下，这样的收入是相当可观的。基于僧人在当地社区的社会地位，吾屯村僧人画师在本地的唐卡市场化尝试和行动，随后逐渐得到吾屯村及与之一衣带水的四寨子其他村村民的效仿，热贡地区特别是隆务河的几个村寨方得出现"家家有画坊，人人是画师"的繁盛景象。

正是因为历史上热贡艺术的创作和使用囿于寺院和宗教信仰领域，加之热贡地域民族文化中对女性的歧视，画师群体中以往罕见女性的身影。进入新时期，在热贡艺术市场化推动和利益驱动下，有了专门针对女性的政府政策措施引导，比如，农闲时节利用妇联专项培训经费开展女性从事热贡文化艺术培训；在几届同仁县唐卡博览会评奖中，政府还单独为女性设立一、二等奖，以鼓励更多的女性投身热贡艺术产业[③]。加之画坊（苑）有意突破传统约束、招收女性学员，居家女性开始涉足热贡艺术品的创作。这种情形至迟

[①] 李元元、李军：《市场的诞生——青海吾屯"唐卡"文化市场的个案研究》，《北方民族大学学报》（哲学社会科学版）2015年第1期。

[②] 《美善唐卡——唐卡大师西合道口述史》，吕霞整理，中央编译出版社2010年版，第43页。

[③] 彭兆荣等：《热贡唐卡考察录》，民族出版社2012年版，第226—227页。

20世纪中叶已经十分普遍。珠穆朗玛文学奖作品《雪域西藏风情录》的作者廖东凡，在1995年秋游历同仁几个村寨的札记中提到：

> 国师桑杰本是赵清阳先生的老相识，他也不在家。不过他女儿昆苔姬正在画室剪贴堆绣，我们便和她聊了起来。她说，阿爸、阿妈到西宁买缎子去了，做堆绣离不了缎子；哥哥在学校当教师。丈夫是土族，叫曹万多，上门女婿，也是画师。过去女子不准作画，现在行了。女子手巧、心细，做出活来美观、精巧。①

这段记述不仅说明当时吾屯村女性广泛地参与热贡艺术品创作，而且堆绣亦在已基本被唐卡"满屏"的吾屯盛行，还道出女性在从事极其讲究细腻和色彩辩识能力的热贡艺术品生产上的天然优势（如图2-1）。② 实际上，热贡艺术产品生产在当时已成了村民谋生的重要方式。传承人选择上性别的突破比亲属关系内的传承所产生的影响更加直接，特别是为了适应产业化需要而进行有规模、有组织的学习，使得原本为了方便接受而形成的所谓"传内不传外，传僧不传俗，传男不传女"的潜在规矩逐渐被打破。当然，从青年热贡艺术大师的养成看，师徒总有或远或近的亲属关系，比如父子、爷孙、叔侄、舅甥等；在对外宣传、申报评审中，唐卡画院及其经营者也在有意或无意地强调这种师承关系。但这种强调并没有限制知名画师突破亲属、性别限制，广纳门徒，以适应旺盛的热贡艺术产品市场需求。

---

① 廖东凡：《热贡文化寻源记》，《西藏民俗》1994年第4期。
② 对这种发现和描述所反映的女性在艺术资源开发中的优势和潜力的提炼和重视还不够。科学研究发现，基于基因（X染色体）和生物进化因素，在生理机能上，女性的视觉先天对颜色的分辨能力强，识别色彩的比差和层次超过男性，大约能识别180万种颜色（男性为130万种）。另据统计，约有12%的女性拥有四种视锥细胞，可能属于四色视者，是"超能力人群"。若能更广泛地鼓励、动员女性参与各个门类的艺术开发，注重发现身边的"色彩女超人"，有望在热贡地区涌现一批女性国际艺术大师，可改变各级传承人和大师群体中鲜见女性身影的局面，以助推热贡文化资源开发迈向新台阶。

第二章　村落社区化的两种接续形态：历程及演变

图 2-1　传承开发中的女性形象

上述宣传和突破，给热贡艺术特别是唐卡艺术带来迅速的社会反响和市场回馈，国家和省级层面的荣誉接踵而至。较早的获誉者是热贡艺术核心区域同仁县，1994 年被国家文化部批准为全国 99 座、青海省唯一的国家级历史文化名城。其后的荣誉也主要来自国家文化部，集中在 21 世纪的头十年（见表 2-2）。这种荣誉所产生的间接效益是热贡艺术乃至热贡文化知名度、美誉度的再度提升，进一步具体呈现在旅游、学术、拍卖等行业的"热贡文化热"。

在旅游方面，最为明显的变化是热贡地区迅速崛起并成为一大旅游热点，打破了青海旅游发展格局。长期以来，得益于区位、交通等条件，环西宁市旅游经济圈是来青游客的主要活动区域，其中，青海湖、塔尔寺是其首选旅游景点，由这两个景点连线作为中轴线，再往南北两侧扩延，互助土族民俗、贵德以及后来的网红景点茶卡是次一级的旅游热点。包括热贡地区在内的青海其他地区，长期由于交通不够便利而可进入性差，虽然旅游资源富集但旅游产业难有突破性发展。21世纪初所作的青海"旅游发展总体规划"提出构建"一核二极三牌四区六线九工程"的思路,即一个旅游中心(西宁市)、两个旅游增长极(格尔木、玉树结古)、三个旅游品牌(江河源为顶级品牌和形象代表,青海湖为特级品牌和形象载体,民族风情、宗教文化为重要品牌)、四个优先旅游区(河湟、青海湖、三江源、昆仑文化)以及六条旅游黄金线、九大旅游精品工程。① 其中,热贡地区没有得到突出体现,只是以"同仁古城旅游区"为题,作为"其他重点旅游区生产力布局与项目规划"作了分量很轻的推介规划。

表2-2　热贡地区文化开发领域所获主要国家、国际荣誉

对象	组织单位	名称	年份	备注
同仁县	国务院	国家历史文化名城	1994	第三批　青海唯一
唐卡等*	文化部	国家级非物质文化遗产名录	2006	全国首批
吾屯村	同上	全国文化产业示范基地		第二批
郭麻日	建设部和国家文物局	全国历史文化名村		亦为中国传统村落
隆务镇	文化部	中国民间文化艺术之乡		专指唐卡
同仁县	同上	热贡文化生态保护实验区	2008	
热贡艺术	联合国教科文组织	人类非物质文化遗产代表作名录	2009	
热贡唐卡	国家质检总局	中国地理标志保护产品	2015	同仁县辖行政区域
黄南州	国家质检总局	全国热贡文化产业知名品牌创建示范区		同仁县辖行政区域
同仁县	文化和旅游部	中国民间文化艺术之乡	2018	2018—2020年度

资料来源:根据相应组织单位网站公布信息整理。*还有热贡艺术、热贡六月会、土族於菟、藏戏,共5个。其中,藏戏为西藏自治区和青海省共同申报,"唐卡"的申报地区为"甘肃省夏河县"。

---

① 郭来喜主编:《青海省旅游业发展与布局总体规划(2001—2020年)》,青海人民出版社2003年版,第114页。

第二章　村落社区化的两种接续形态：历程及演变

尽管省级层面的布局中未能充分考虑到这一极富旅游开发潜力的区域，热贡地区仍然凭借"热贡文化热"撬动了其旅游产业的兴起和发展，成为异军突起的青海旅游产业新的增长点。在制定省级层面规划时，特别是慕名而来一睹唐卡制作过程、观看热贡"六月会"、体验古堡风韵的游者极多。这一盛况可从热贡艺术品销售窥得一斑。据统计，2006 年，同仁热贡艺术品产值达 2300 万元，与热贡文化产业直接相关的旅游业收入也超过了 2000 万元。① 有的游客返回后，在各种自媒体平台发表游记、观感文章。比如，就笔者在郭麻日调研时的房东，曾有一位女性游者专门就其家庭与古堡的联系写了一篇博文②，盛赞当地人心至善、民风淳朴，男主人多次将此文推送给笔者。类似的网络文章比比皆是，扩大宣传的效果十分突出。

旅游业发展带来巨大的经济效益，有力推动了地方经济社会发展，形成文旅相融互促的发展态势。到 2009 年，同仁热贡艺术品销售额近 3000 万元，占全县旅游总收入的一半左右。③ 保护区 3 家博物馆和 20 余家"非遗"传习中心（多与画院为一体）成为游客到黄南州时必打卡的旅游景点，每年接待游客达 400 余万人次。其中，10 余家文化企业或"非遗"传习中心与国内旅行社签订合同，成为其定点接待景点，得到每位游客 10 元的门票提成，仅此一项，每个画院（苑）每年可增加收入 10 万元。

文旅融合发展也在一定程度上推动了地区旅游发展中的季节、区域平衡。由于"非遗"项目的制作不受季节限制，加之隆务河谷冬季温度高于西宁市区约 2 度，故黄南成为青海冬季旅游的主阵地之一，为青海省突破旅游业发展瓶颈做出了贡献。即便位置偏远的和日

---

① 《黄南藏族自治州保护发展"热贡文化"——传统文化焕发新活力》，人民网，2008 年 1 月 5 日。
② 《同仁——一位唐卡艺人的守望》，http：//blog.sina.com.cn/s/blog_63fdb2fc0102w3zb.html。
③ 《市场不够规范　人才下降，热贡艺术危机如何解除》，《人民日报》2010 年 8 月 30 日第 12 版。

镇，也伴随热贡文化热迎来急剧增长的旅游客流，也带动乡镇旅游服务设施的极大改善。笔者2010年在和日调研时住宿的"华庆德宗"宾馆，是当时当地设施条件最好的，较大规模的饭馆是驼泉饭馆，内部条件极其简陋；到2018年，和日镇有一家独门独院、四层楼的集住宿、餐饮于一体的"格萨尔宾馆"，周边经营清真餐食的饭馆近十家，有包厢服务，多数可做宴席。

具有先天品质加之后来的推介宣传和突破创新，热贡文化艺术作品得到积极甚至激烈的市场回应。据新闻观察，唐卡步入市场化大致在20世纪90年代至2000年初。① 唐卡是所有热贡文化门类中在投资行业开山劈石的先遣队。大致在21世纪初，唐卡持续热销，在拍卖市场成为宠儿，尤其是一些老唐卡屡屡拍出天价。其中，最为称道的是，2002年4月29日，在香港佳士得拍卖会上一件明永乐御制的巨型作品"刺绣红夜摩唐卡"，拍出了3087.41万港元的高价，轰动一时。而在之前的1994年，同一幅唐卡由佳士得在纽约以100万美元的价格拍出。在8年时间里，唐卡在拍卖行业价格增长近30倍。在国内，2002年一次天津市的拍卖会上，一套（三幅）清代藏医药唐卡以2万元成交；10年后的2012年，一套同时期同题材的唐卡在北京以299万元的高价成交。

随着老唐卡价格的不断攀升，现当代唐卡的价格也随之看涨。不少当代唐卡大师的作品也价值数万元、十几万元甚至几十万元，一些大尺寸的精品唐卡更是价值不菲。这是在20世纪八九十年代一幅唐卡几十元的价格水平上发展而来的。这种增长也反映在收藏端，中国内地以京津地区为主的佛教艺术品收藏逐年升温，唐卡价格从2001年到2011年翻了将近10倍。有画师看来，2006—2009年，唐卡的价格翻了几十倍到上百倍。② 这种价格上涨反映的是这类艺术品消费者群体的扩大，大体形成收藏机构和个人、唐卡经营机构、宗教信徒、

---

① 《热贡唐卡步入市场化 遇文化传承困境需转型》，人民网，2015年2月9日。
② 《让特色文化资源转化为富民"金库"——青海省保护和传承藏族传统技艺纪实》，《青海日报》2012年2月6日。

普通消费者四类群体。① 可见，在寺院和信众对唐卡需求相对刚性的情况下，新的消费群体的增加无疑是这一产业发展的强大推动力量。

（三）第三阶段：合力推进

在民众热贡艺术产业化探索实践过程中，特别是"热贡文化生态保护实验区"设立后，政府着力于进一步提升宣传推介水平、解决产业化过程中的问题，在加大热贡文化生态保护的同时，助推热贡艺术产业化进程。

在宣传推介上，一是借助展会平台，进一步提高热贡艺术知名度。筹办热贡艺术西安大展、青海热贡艺术天津精品展、青海热贡艺术上海精品展、热贡艺术北京公益展等大型宣传活动，组织文化企业和优秀艺人积极参加法国巴黎奥奈世界"非遗"博览会、中国"非遗"博览会、中国文博会等活动，通过实物展示、现场专业讲解、艺人现场绘制、学术讲座等方式，全面深入地介绍热贡艺术的神奇与魅力。

二是聚集热贡文化焦点元素，加大宣传推广力度。积极挖掘热贡"非遗"资源，将"非遗"故事拍成电视纪录片、网络宣传片等，在电视、网络等媒体展示，不断引发国内外对热贡艺术的关注。比如，具有浓郁"非遗"特色的《五彩神箭》《静静的玛尼石》等电影，在国际电影节获奖；《世界石书奇观——和日石经墙》《热贡艺术》等"非遗"宣传片传至百度、优酷、迅雷、乐视等网络平台后得到极高的播放率和点击率。

三是拓展宣传渠道，开设热贡艺术窗口。在京、津、沪、鲁等省市及杭州等地开设了200多家热贡艺术窗口，比如开在素有京城"小秦淮"之称的"通惠河畔"文化创意产业园（高碑店）的北京热贡艺术馆，制作热贡艺术系列邮政明信片，在火车上张贴热贡文化宣传海报。经此方式，热贡文化的品牌效应得到进一步呈现。

四是支持传承人"走出去"，举办精品展。比如，国家级传承人、中国工艺美术大师娘本在联合国总部、英国博物馆、法国卢浮宫、国家

---

① 马雨婧、魏婷：《热贡唐卡艺术市场发展状况及对策初探》，《经济与管理战略研究》2014年第2期。

博物馆、上海博物馆举办个人作品精品展，还作为文化形象大使随党和国家领导人在蒙古国开展文化交流活动；国家级传承人夏吾角在马来西亚以及中国北京、上海、广州等地举办泥塑及唐卡艺术精品展；省级传承人扎西尖措在日本及中国北京、大同、济南等地举办热贡唐卡精品展。在展出过程中，有多幅唐卡、泥塑艺术品被各国博物馆和个人收藏，极大地开拓了热贡艺术产品高端市场，提升了产业化水平。

上述政府提升宣传推介的举措，之所以取得十分积极的社会反响，一个重要的原因是民众特别是热贡文化产业从业者的积极响应与参与。其中，有些活动中，政府只是起到组织协调作用，所需经费由产业主体自筹。可以说，这个阶段政府和民众合力推进热贡文化产业发展，后者更多扮演的是实践者、探路者的角色，实践中出现的问题反馈给社会和政府，政府从宏观层面出手解决。所出现的最为突出的问题是以次充好、贷款难两个问题。在热贡艺术开发过程中，出于成本考虑加之缺乏有效监管，在2010年前后，热贡艺术品市场出现以次充好、无序竞争等一系列问题。在传统上，热贡艺术品特别是彩绘艺术品制作一般要采用金、银、珍珠、玛瑙、绿松石、孔雀石、朱砂等天然矿物及颜料，辅以藏红花、大黄、蓝靛等天然植物颜料。唯有如此，才能保证热贡艺术品历经百千年而不褪色；同时，也使热贡艺术生产程序繁复，成本高昂。为了节约成本，个别绘画者以广告颜料代替天然颜料，也有画匠复制旧唐卡作为底稿并在上面着色绘画，然后以热贡艺术品的名义销售。虽然这种现象并不普遍，但引来广泛的社会关注，这一时期有关新闻报道极多，给热贡艺术产业发展蒙上了一层阴影。

贷款难问题大体与以次充好问题同时出现，背后反映的是这一产业的发展壮大。以热贡仁俊画院（仁俊综合传习中心）为例，如表1-9所示，该画院建于2013年，占地面积4800平方米，是当地经济效益第二好的画院（苑）。就笔者实地调查所见，该院是诸画院中生产热贡艺术产品门类最多的一家，其主业为泥塑，艺术家不但塑造传统佛像，还塑近现代人物像，其院内就陈列有物理学家爱因斯坦、黄南籍"佛门奇僧"更敦群培等的塑像成品（如图2-2），还有当地各知名画师的塑像。

第二章　村落社区化的两种接续形态：历程及演变

图 2-2　仁俊画院泥塑作品两件

世俗题材作品的多元、多产，使得画院更容易与内地艺术界交流共鸣并得认可。发展到 2012 年前后，仁俊画院年纯收入达到 40 万元，文化产业链产品延伸到各种玻璃佛像、铜像等特色民族工艺品；面对不断增多的泥塑订单，该画院亟待扩大生产规模，计划投资 1800 万元建造厂房、添置设备，但自筹并投入 700 万元后因资金短缺而被迫停工。后经黄南州发改委牵线搭桥，由担保公司担保、降低贷款额度（500 万元降至 300 万元）、付出高额费用（担保费和银行年利两项合计两年 52.1 万元）后，才渡过难关。虽中小文化企业贷款难是当时一个普遍现象，但由于资金缺乏、融资难，就可能使民间文化企业产业化、规模化探索之路受阻。显然，一项文化产业发展形不成规模，不仅会无形中增加政府管理难度，而且很难使企业发展带动一地、造福一方。

面对民众在热贡艺术产业实践中遇到的主客观难题，管理层主要用以下几个办法应对解决。一是制定唐卡标准，成立唐卡鉴定中心，组织各类热贡艺术协会对唐卡的颜料使用、画工、作品等级等进行鉴定（详见第一章）。二是多渠道解决文化企业融资难问题。根据中央宣传部、中国人民银行、财政部、文化部等 9 家单位联合发布的《关于金融支持文化产业振兴和发展繁荣的指导意见》，青海省于 2009 年制定出台《关于金融支持文化产业发展的实施意见》，支持文化产业振兴和发展繁荣。

黄南州积极协商金融部门为国家级、省级传承人及普通艺人贷款，用于基础设施建设，为生产性保护提供资金保障。于2011年末设立黄南州文化发展资金，每年支出专项资金2000万元，用于博物馆建设、唐卡大赛等"非遗"保护项目，并对符合要求的中小文化企业提供担保，为其减压。这些办法具有很强的针对性，对上述问题的解决起到立竿见影的效果，推动了热贡文化产业的持续健康发展。

　　上述关于热贡艺术开发的回顾，主要是面向其中彩绘艺术之唐卡艺术以及雕塑艺术。正如前文所述唐卡艺术在热贡艺术中的地位，隆务河谷彩绘（唐卡）、雕塑艺术开发及相关作坊、实体的发展壮大是热贡艺术开发的主线。相对而言，热贡艺术的其他门类的开发无论是在进度还是深度上，都远逊于唐卡。与唐卡相比，除雕塑外，还有堆绣被认为是与当地群众生产生活结合紧密、易走向市场的"非遗"项目，因此，也得到一定规模的产业化开发。

　　距隆务河谷地西170千米开外的和日，其石刻（雕）艺术产业化开发进行得就相对缓慢。和日石刻因石经墙而闻名，其产业化发展未能与唐卡、雕塑等的产业发展同频共振。就总体感受而言，和日村的热贡艺术产业化开发在滑坡倒退。笔者2010年10月在该乡调查时，工厂内切割石料、拉运石材的机械轰鸣，生产车间的男女工人忙着赶石刻订单，专门经营石刻的罗泽和、罗泽宏兄弟俩兴致勃勃，其制作"和砚"以与中国"四大名砚"媲美的畅想令人眼前一亮。据笔者调查，起初，和日村有能雕刻者30余名，后经就业、畜牧等领域开展的技能培训，2006年、2007年、2008年分别达到50人、100人和150人，到2009年底，能雕刻者达到263人（其中，妇女128人），能精雕者（比如雕佛像、八宝瓶等）有38人。到2009年，全村雕刻收入达102万元。[①] 然而，2018年同季，村委会的生产车间人去房空，设备闲置；泽和石雕开发公司厂房内荒草遍地，职工宿舍变成了杂物间，偌

[①] 数据提供者：SJK，N4，男，藏族，约40岁，时任中共和日乡党委书记。2010年10月17日访谈于泽库县和日乡（当时未改镇，下同）政府办公楼办公室。

大一个院子,只有两个玩耍的孩童。罗泽宏不幸罹患肝炎去世,罗泽和操持起老本行,在县城泽曲镇一家名为泽库县福利慈善医院担坐诊医生。据传,罗泽和在其弟去世后,见诸事不顺,遂卜了一卦,称其此生靠石雕不可能发家,方才重拾医务工作。这一民营企业的成长如此艰难,一个重要原因是,省州层面关于文化产业发展的政策未能及时全面惠及穷乡僻壤。

二 文化生态保护

热贡文化自形成以来,在传承、汲取中发展必然是其应有之内容,也是其具有旺盛生命力的体现。但是,到20世纪末,在市场经济的冲击下,与全中国所有地方文化、民族文化,特别是其中的非物质文化遗产所面临的困境相同,文化传承难、难传承的问题呈现得越来越突出。由于许多民俗活动停办历史已久,加之热贡文化老艺人的渐次辍艺或辞世,使热贡文化的传承问题堪忧,技艺后继乏人而濒临绝传,富含地方特色的历史信息面临消失。这在当时是一个共性问题。直面这些问题,在一些仁人志士的奔走呼吁下,国务院于2005年初发布《关于加强文化遗产保护的通知》,该通知明确要求,对文化遗产丰富且传统文化生态保持较为完整的区域,要有计划地进行动态的整体性保护。这是对过去那种不同的文化保护单位各自为政——比如文物保护单位管文物,宗教局管寺院,住建、扶贫单位管住房等——从而造成资料浪费、保护效果不佳等棘手问题开出的新药方,其核心是划定一个特定区域进行"整体性保护"。随后,热贡等若干个区域的文化生态保护实验区相继批准成立。对于优秀传统文化,不但要保护区域、民族文化,而且要有独特性思路、有创新性地加以保护,这在世界文化发展史上具有划时代意义。

中国文化部2010年下发的有关文件明确提出,申报设立国家级文化生态保护实验区需符合的几个条件:传统文化历史积淀丰厚、存续状况良好,并为社会广泛认同;"非遗"资源丰富,分布较为集中,且具有较高的历史、文化、科学价值和鲜明的地域、民族特色;

◆◆ 找寻安身之所

"非遗"所依存的自然生态环境和人文生态环境良好；当地群众的文化认同与参与保护的自觉性较高；当地人民政府重视文化生态保护区建设工作，保护措施有力。① 这显然是根据文化生态保护实验区建设的最初实践总结提炼出来的。就热贡地区，特别是隆务河谷地而言，在 2006 年前后申报设立国家级文化生态保护实验区时，当地政府不够重视，群众的文化认同和参与保护的自觉性尤显薄弱。文化认同不强，主要是由于这一特殊地域的生活居住者来源上的多元性所致，多元化在一定程度上削弱了"他者"对于以藏文化元素为主要符号表达的热贡文化的认同，也就很难产生文化自觉即"生活在一定文化中的人对其文化有'自知之明'，明白它的来历、形成过程，所具有的特色和它发展的趋向"②。而当地各民族干部，对热贡地区文化生态保护之于地域文化和民族文化传承、当地经济社会发展等所具有的价值和意义有更高层次的感悟，保护意愿强烈。政府倡导下申请设立文化生态保护实验区，则自上而下地催生了包括热贡艺人在内民众的文化自觉。

问卷显示（表 2-3），当地干部群众对热贡文化生态保护实验区建设情况十分关注，超过一半的受访者"非常了解"和"了解一点"其设立运行相关情况，"完全不了解"的受访者占 16.2%。相对而言，干部的了解程度可以用"似是而非"来形容，而村民的了解程度显得更深入；两个村的村民比较，离实验区核心区较远的和日村村民，倾向于更主动地去了解实验区建设的相关信息。正因如此，热贡文化生态保护区建设政策的推行，得到民众的积极、高度响应和认同。

热贡文化资源开发过程，也大体是其文化生态保护实践过程，可以对所开展的工作作如下分类并加以回顾总结。

---

① 文化部办公厅：《关于加强国家级文化生态保护区建设的指导意见》，文非遗发〔2010〕7 号，2010 年 2 月 10 日。
② 马戎、周星主编：《田野工作与文化自觉》（上），群言出版社 1998 年版，第 52—53 页。

表2-3　当地干部群众对"热贡文化生态保护实验区"的认知　　　　（%）

	受访者身份				合计
	村民			干部	
	合计	郭麻日	和日		
非常了解	12.9	25.8	18.9	12.7	17.4
了解一点	30.7	30.3	30.5	39.7	32.8
知道但不了解	33.7	28.1	31.1	41.3	33.6
完全不了解	22.8	15.7	19.5	6.3	16.2
样本数（计数，例）	101	89	190	63	253

（一）严格并超前完成《总体规划》

如前所述，《总体规划》是有关热贡文化生态保护制度中的核心。该规划的酝酿、制定历时多年，经反复论证讨论，充分考虑到了省情、州情、县情实际，分"总则""文化遗产概述""总体思路""分内容规划""建设实施阶段""保障措施"共6部分，较好地将国家有关文化生态保护方针政策和地方实际结合了起来。

《总体规划》按三个阶段实施，推进扎实有效。"近期"为2011—2015年，具体目标是，全面完成"非遗"普查与评定，落实保护区关于"非遗"及其生态环境保护的主要内容，进行科学有序管理，为保护区建设提供依据；将普查成果分类归档，实行数字化、网络化、规范化管理，为后续工作提供资料及理论平台。"中期"为2016—2020年，具体目标是，落实"实施细则"，健全工作机制，保证工程的全面顺利开展；成立热贡文化遗产审定机构及专家咨询制度，建立传承人培训教育机构，采用访谈、文字记录、摄影、摄像、录音等手段，对保护对象作真实记录，整理、研究、出版相关成果，建立相应博物馆，以实物、影像、微缩景观等方式集中展现热贡文化的历史现状，与省内外相关高等学府和专门性研究机构建立业务往来，研究和发掘热贡文化的深层价值。"远期"为2021—2025年，具体目标是，"非遗"项目和传承人得到有效保护，生存发展环境得到明显改善，实现热贡文化生态保护实验区文化与自然遗产的整体性保护，达到人与文化、自然和谐相处，经济、文化、社会协调可持续发展。可见，《总体规划》前两个阶段的目标更强调基础性工作，可分别称为普查挖掘整理、体制机制理顺阶段，而第三个阶段更强调效益和成果。

中央有关文化生态保护区建设的文件反复强调整体性保护，反对媚俗化开发，保护是排在开发之前的第一要义，《总体规划》也较好地体现了这个要求。在实施中，热贡文化生态保护区建设主要围绕工作基础、保护传承、生产性保护、对外宣传四个方面进行。自我评估结果称，"《总体规划》第一阶段确定的10项任务基本完成，占第一阶段建设内容的95%以上。'普查历代工艺精品的存世状况'此项工作进行了前期的搜集整理。依据《总体规划》，共争取中央专项补助资金6393万元。"① 另据热贡文化生态保护实验区管委会相关负责人在座谈会上介绍，到2018年底，实验区建设近、中、远期目标已完成，在规划期内余下的工作是再巩固、再发展、再传承。从各种材料看，热贡文化资料的搜集、整理及各类介质的存储、展示工作仍有一些欠缺。这项工作是一个复杂的基础工作，需要大量的相对专业的人力、比较充足的资金和时间。这些条件限制了基础工作的完成程度。

（二）物质文化遗产保护

首先，物质文化遗产的保护最重要的是文物认定。应当说，对文化的主动保护肇始于新中国成立，比如对国家级、省级文物的认定和保护，就是对物质文化的直接保护。这项工作开始于20世纪60年代初，第一批国家重点文物保护单位名录发布于1961年3月4日，到1996年的第4批，才有了黄南地区文物的身影，截至2019年的最后一批，黄南州共有四项全国重点文物保护单位（详见表2-4）。早于国家重点文物保护单位评定的青海省级文物保护认定始于1956年。同样地，到1986年的第四批才有黄南地区文物名列其中，到2019年

---

① 黄南州热贡文化生态保护实验区管理委员会：《热贡文化生态保护实验区建设自评报告》，2017年。

第二章　村落社区化的两种接续形态：历程及演变

表2-4　热贡地区文物保护单位名录

层　次	名　称	公布年月	批　次	类　别	时　代	地　址
全国重点	隆务寺	1996.11	四	古建筑	明代、清代	同仁县隆务镇
	保安古屯田寨堡古建筑群	2013.06	七			同仁县
	和日石经墙及和日寺	2019.10	八	石窟寺及石刻	清代	泽库县和日镇
	襄拉干户城			近现代重要史迹及代表性建筑	1948—1950年	尖扎县
青海省	拉毛遗址				马家窑类型、马厂类型	尖扎县昂拉乡拉毛村
	乔什旦遗址				卡约文化	尖扎县加让乡如是其村
	东干木遗址				唐汪式、卡约文化	同仁县麻巴乡东干木村
	勒加遗址	1986.05	四	古遗址	卡约文化	尖扎县年都乎乡曲麻村
	马克唐遗址				待定	尖扎县加让乡马克唐
	新麻遗址					同仁县保安乡新城村
	铁城山古城				马家窑类型	同仁县保安乡保安村
	烧人沟墓地			古墓葬	马家窑类型、马厂类型	同仁县保安乡保安村
	年都乎墓地				马厂类型、卡约文化	同仁县年都乎乡年都平村
	尕马堂东合墓地				齐家文化、卡约文化	尖扎县康扬乡尕马堂马群吾村
	勒合加墓地					同仁县麻巴乡群吾村
	如什其墓地					尖扎县加让乡如什其村
	石经墙	1988.09	五	石窟寺及石刻	清代、民国	泽库县和日和日村
	罗哇村场台遗址			古遗址	马家窑类型	尖扎县加让乡罗哇林场
	古日寺			古建筑	清代	尖扎县马克唐镇

111

续表

层次	名称	公布年月	批次	类别	时代	地址
青海省	瓜什则寺	1998.12	六	古建筑	清代	同仁县曲库平乡瓜什则村
	能科德千寺（德钦寺）					尖扎县昂拉乡能科乡
	襄拉千户院					尖扎县昂拉乡尖巴昂村
	襄拉·赛康（赛康寺）					尖扎县昂拉乡东加村
	南宗寺（阿琼南宗寺）					尖扎县布拉乡
	更钦·久美旺博昂欠					尖扎县昂拉乡尖巴昂村
	隆务杰多智合寺及其石窟					同仁县隆务镇老城区
	洛多杰智合寺及石窟	2004.05	七	石窟寺及石刻	宋代	尖扎县马克塘镇洛科村
	保安古城			古遗址	明代	同仁县保安镇
	郭麻日古寨	2008.04	八	古建筑	明代、清代	同仁县年都乎乡郭麻日村
	王家寺				清代	同仁县曲库平乡木合萨村
	二郎庙					同仁县隆务镇
	圆通寺					同仁县隆务镇
	西关寺					同仁县双朋西乡还主村
	古浪仓故居					尖扎县坎布拉镇直岗拉卡村
	康扬清真寺					尖扎县康扬镇沙里木村
	香扎寺					河南县优干宁镇
	拉卡寺			近现代重要史迹及代表性建筑	民国	河南县优干宁镇

112

第二章 村落社区化的两种接续形态：历程及演变

续表

层次	名称	公布年月	批次	类别	时代	地址
青海省	尕队遗址	2013.04	九	古遗址	马家窑文化、卡约文化	同仁县保安镇尕队村
	一世夏日仓故居				清代	同仁县隆务镇隆务村
	根敦群培故居			近现代重要史迹及代表性建筑		同仁县双朋西乡双朋西村村
	九天玄女庙				清代始建 1943年重建	尖扎县康扬镇
	阿哇寺				明代始建 1980年重建	尖扎县昂拉乡格尔村
	多杰宗寺				清代始建 1981年后复建	泽库县多禾茂乡加宗村
	达参寺	2019.6	十	古建筑	清代初建 1985年后复建	河南县赛尔龙乡赛尔龙村
	赛卡滩寺				清代	同仁区保安镇麻巴东干村
	铁吾古寨堡					同仁区隆务镇铁吾村
	新城古寨堡					同仁区保安镇新城村
	热贡人大修行处			其他		同仁区双朋西乡、麦秀镇牙浪乡、兰采乡、曲库乎乡

资料来源：根据国家文物局网站有关通知、百度文库《青海省级文物保护单位名录》、《青海省人民政府关于公布第九批省级文物保护单位的通知》（青政〔2013〕25号）、《青海省人民政府关于公布第十批省级文物保护单位的通知》（青政〔2019〕37号）等整理。黄南藏族自治州河南蒙古族自治县虽不在《热贡文化生态保护实验区总体规划》范围，但地方政策有意将其纳入其中并在作积极努力，故也将其文物保护单位列入此表。

113

的最后一批,黄南地区有44处文物列为省级文物保护单位,其中,《总体规划》所界定的热贡地区有41处,包括古遗址12处、古墓葬5处、古建筑14处、石窟寺及石刻2处、近现代重要史迹及代表性建筑7处、其他类1处,绝大部分分布在隆务河、黄河谷地,偏远牧业区的文物以寺院居多;文物年代以清代为多,但也有多分布在河谷属于马家窑类型、卡约文化等的古代文物,体现了文物类型的多样性。这种多样性和丰富性,在青海青南地区是首屈一指的,对于地域辽阔、多数地区以游牧生产方式为主、墓葬文化不盛行的高寒地区而言,显得弥足珍贵。保护好这一文化要素,对于区域文化及其生态的保护也就显得十分重要。

其次是法律保障和资金注入。对文物的保护,有1982年颁布,经1991年、2002年、2007年先后三次修订的《中华人民共和国文物保护法》保驾护航,主要开展遴选认定、投资修缮、挖掘整理等工作,尤其是对藏传佛教寺院建筑修缮、基础设施建设的投入甚巨。比如,仅2002—2014年,各级财政为改善隆务寺僧人的生活条件、修缮隆务寺宗教场所、保护隆务寺文物古迹先后投入资金约6000万元。[①] 在实际操作中,也将隆务河谷地几个隆务寺属寺视为国家重点文物保护单位,一并作修缮对象,除隆务寺大经堂、时轮学院、密宗学院、马头明王殿、七世灵塔殿、文殊殿、阿楞活佛囊欠外,还完成郭麻日寺、年都乎寺、吾屯上寺和下寺的殿堂以及郭麻日寺寺门、吾屯下寺大经堂的修缮。又如和日寺,仅文物保护方面,2015—2018年,政府财政投入该寺的修缮资金高达3000万元,资金主要用于大小经堂的修旧如旧,着力最多的是对历史最为久远的众俄巴集体诵经的莲花生殿的修缮。[②] 当然,财政对寺院资金投入多限于几个主要寺院,而对于那些偏远寺院,则鞭长莫及。2018年8月和12月,国家和青海省分别开始新一批文物保护单位的申报遴选工作,地方政府对此热情颇高,不遗余

---

① 《隆务寺僧人住上了公寓》,新华网,2014年3月22日。
② 受访者:JMDZ,N44,男,藏族,36岁,泽库县文体广电旅游局副局长。2018年11月19日访谈于泽库县政府办公楼办公室。

力地申报参评,这一方面是文化自觉的表现,另一方面有了文物保护单位之荣誉,当地旅游发展中也就有了更多可资开发利用的资源。

另一个可观察的文化生态保护行动是对传统村落的保护。在中文语境中,传统村落原称为"古村落",2012年起,为突出村落的文明价值及传承意义,始称其为传统村落。在2010年以后,随着其数量的迅速减少[①],村落保护始得多方重视。2012年4月,中国住建部、文化部、财政部等联合启动中国传统村落调查,9月,由学科专家联合组成的专家委员会评审"传统村落名录",然后公布第一批传统村落名录;到2019年已公布5批,有7306个村被纳入保护范围(详见表2-5)。其中,被认定的青海传统村落占1.8%,黄南州的传统村落则占青海全省的24.2%。与文物的分布特点相同,同样地,传统村落的分布地集中于同仁县(28个村)和尖扎县(3个村)。

纵向看,被认定的传统村落数量增幅大。第五批全国、青海传统村落数量超过前三批总数的一半,黄南州的数量在青海省居第二高。

黄南的传统村落分布在隆务河、黄河沿岸。或许是投入资金限制,对传统村落保护的财政投资对象主要限于隆务河谷地的几个村落,如表2-4所示同样列入国家重点文物保护单位的保安古屯田寨堡古建筑群所辖保安、年都乎、吾屯和郭麻日四个古堡。这些古堡因年久失修,出现古堡墙面残损、梁柱糟朽下沉、屋顶长草渗漏等问题,不但面临文物破坏还存在居住生活者人身财产安全隐患。为此,政府编制古建筑群维修方案,着力拾遗补缺。其中,完成对百余户人家居住的郭麻日古堡东门及50余户旧民居的维修。同时,政府投入资金,启动隆务古城一条街的保护性开发修缮工程。从表2-5还可以看到,传统村落又是不少国家级"非遗"项目的承载场所,基于村落保护的各种措施,自然也会使这些"非遗"项目的保护和开发受益。

---

① 据统计,在2000年,中国自然村总数为363万个,到2010年,仅仅10年内减少92万个,平均每天消失80—100个村落,其中包括大量传统村落。(《每天消失1.6个 抢救濒危中国传统古村落迫在眉睫》,央广网,2017年12月11日)

表2-5　　在全国、青海和黄南范围被认定的传统村落

名称	批次	公布日期	数量 全国	数量 青海	数量 黄南	黄南州传统村落 村落名称	拥有"非遗"项目
中国历史文化名村	三	2007.05	487	5	1	同仁县年都乎乡郭麻日村	热贡艺术、六月会
中国传统村落	一	2012.12.19	646	13	5	同仁县保安镇城内村	
						同仁县隆务镇吾屯下庄村	热贡艺术、六月会
						同仁县年都乎乡年都乎村	热贡艺术、六月会、於菟
						同仁县年都乎乡郭麻日村	
						同仁县曲库乎乡江什加村	
	二	2013.08.26	915	7	1	同仁县扎毛乡牙什当村	黄南藏戏
	三	2014.11.17	994	21	13	同仁县双朋西乡环主村	
						同仁县双朋西乡宁他村	
						同仁县双朋西乡双朋西村	
						同仁县扎毛乡和日村	
						同仁县黄乃亥乡日秀麻村	
						同仁县曲库乎乡江龙农业村	
						同仁县曲库乎乡木合沙村	
						同仁县曲库乎乡索乃亥村	
						同仁县年都乎乡尕沙日村	热贡艺术、六月会
						同仁县加吾乡吉仓村	
						尖扎县贾加乡贾加村	
						尖扎县昂拉乡尖巴昂村	
						尖扎县昂拉乡牙那东村	

续表

名称	批次	公布日期	数量 全国	数量 青海	数量 黄南	黄南州传统村落 村落名称	黄南州传统村落 拥有"非遗"项目
中国传统村落	四	2016.12.09	1598	38	3	同仁县隆务镇吾屯上庄村	热贡艺术、六月会
						同仁县兰采乡土房村	黄南藏戏
						同仁县年都乎乡录合相村	
	五	2019.06.06	2666	44	8	同仁县隆务镇措玉村	
						同仁县隆务镇隆务庄村	
						同仁县保安镇浪加村	
						同仁县保安镇新城村	
						同仁县保安镇银扎木村	
						同仁县扎毛乡国盖立仓村	
						同仁县黄乃亥乡奴让村	
						同仁县曲库乎乡瓜什则村	
合计			7306	128	31		

数据来源:"传统村落"来自 www.chuantongcunluo.com/index.php/Home/Gjml（中国传统村落网），"历史文化名村"详见表1-5。"拥有'非遗'项目"指该村涉及的国家级非物质文化遗产代表性项目，见《黄南州热贡文化生态保护实验区管委会关于报2017年热贡文化生态保护实验区建设工作总结的报告》"附录2"，第五批传统村落未作分类统计。

在黄南州，传统村落与文物保护单位往往是重叠的，比如，郭麻日村既是历史文化名村（从传统村落中遴选出的更具文化价值的村落），又是两个国家重点文物保护单位隆务寺的属寺郭麻日寺、保安古屯田寨堡古建筑群的组成部分郭麻日古堡所在地。不仅如此，这些古堡（寨）中有郭麻日村、年都乎村等还属青海省民族宗教事务委员会所设的中国少数民族特色村寨。国家民委组织的中国少数民族特色村寨保护试点始于2009年，当年国家民委与财政部联合下发《关于做好中国少数民族特色村寨保护和发展试点工作的指导意见》，试点工作于2011年结束，涉及28个省（市、自治区）27个民族121

个村寨，中央投入补助资金5000万元。① 试点村寨中，青海的少数民族村寨未能被纳入。正式公布的中国少数民族特色村寨中，青海被纳入的村寨前两批仅20个，黄南州有三；2019年的第三批，青海省新增22个，黄南州有三（见表2-6）。可以说，有了各种村落保护渠道及其力量的介入，隆务河谷地区文化生态保护形成"多管齐下"的态势，当然，其中各"管"的力度不尽相同。

表2-6 在全国、青海、黄南范围被认定的中国少数民族特色村寨

批次	公布日期	数量（个） 全国	青海	黄南州的中国少数民族特色村寨（个） 数量	名称
一	2014.09.23	340	9	3	同仁县保安镇卧科村
					尖扎县昂拉乡尖巴昂村
					尖扎县坎布拉镇直岗拉卡村
二	2017.07.07	717	11	无	
三	2019.12.31	595	22	3	同仁县扎毛乡扎毛村
					同仁县曲库平乡瓜什则村
					尖扎县昂拉乡德吉村

资料来源：据国家民委官网"公告公示"栏相关通知整理。

被认定为中国少数民族特色村寨的尖扎县昂拉乡尖巴昂村同时是中国传统村落，拥有省级文物保护单位囊拉千户院和更钦·久美旺博昂欠，是热贡地区极富文化特点的村落；尖扎县坎布拉镇直岗拉卡村亦有省级文物保护单位古浪仓故居。这种分布特点，使得隆务河、黄河谷地的物质文化遗产呈现南北相对连续的分布状态，这种状态有利于打破文化产业，特别是旅游业发展的非均衡状态，实现热贡文化生态保护实验区整体性保护。

---

① 《中国少数民族特色村寨保护、发展历程及成效》，载国家民委经济发展司编著《中国少数民族特色村寨保护与发展经验研究》，民族出版社2014年版，第22页。

(三) 非物质文化遗产传承保护

非物质文化遗产保护是设立文化生态保护实验区的基本出发点，因此，热贡文化生态保护实验区建立伊始，就把非物质文化遗产中热贡艺术的传承作为重中之重，首要精力放在热贡艺术传承人的评定、培养上。

其一，"非遗"传承人认定。积极申报世界、国家、省级"非遗"项目名录、传承人荣誉。"保护实验区"的世界、国家级、省级"非遗"项目分别有2项、6项和17项，国家级、省级代表性传承人分别有15名和22名。同时，设立州县级"非遗"项目和传承人，分别有州级、县级项目131项和118项，州级、县级传承人59名、119名（省级黄南项目、州级项目名录见表2-7、表2-8）。

其二，推动热贡艺术进学校、进课堂。其目的在，通过学校正规教育的形式，系统保护传承"非遗"。在黄南州同仁县两所小学、州民族高中、州职业技术学校、青海民族大学艺术系开设热贡艺术绘画课、热贡艺术中专班、热贡艺术本科班，并将"保护实验区"作为青海民族大学艺术系研究生实习基地。

其三，创建"非遗"传习中心。以文化部"非遗"保护专项资金为引导，广泛调动热贡地区代表性传承人、工艺美术大师及民间艺人的积极性，以国家级传承人娘本、夏吾角，省级传承人扎西尖措为代表的民间艺人建成的47个"非遗"传习中心、85户示范户（规模不及传习中心）蓬勃兴起，成为传播弘扬、保护传承"非遗"的重要基地。"保护实验区"管理单位帮助传习中心健全各项制度、传习流程，督促其积极开展抢救性保护，加大免费培训传承人力度，强化进入"非遗"名录项目的抢救与传承培训。在社会服务方面，有效承载了政府的部分职能，形成政府主导、社会力量参与的发展局面，以此推动实现了既有以热贡艺术博物馆为代表的国家项目综合性"非遗"展示馆，又有28个民间"非遗"传习中心的规划目标。

表2-7　　　　黄南州省级非物质文化遗产项目名录

批次	类别	项目名称	公布日期	保护单位
三	传统音乐	隆务寺佛教音乐	2009.09.16	同仁县
		同仁嘛呢调		
	传统舞蹈	苯教法舞		黄南州
		热贡"羌姆"		
	民俗	热贡"获康"祭祀活动		同仁县
		热贡年俗		黄南州
		保安社火		
四	传统音乐	南宗尼姑寺诵经乐	2013.11.25	尖扎县
	传统体育、游艺与杂技	热贡马术		同仁县
	民俗	尖扎达顿宴		尖扎县
	传统技艺	蒙古包制作技艺		河南蒙古族自治县
五	民间文学	安多藏族民间叙事诗	2018.01.13	黄南州
	传统舞蹈	龙藏神舞		泽库县
	传统技艺	昂拉果馍切（昂拉土烧大饼）		尖扎县
		五彩神箭制作技艺		
		隆务老街清真老八盘烹饪技艺		同仁县
		热贡皮革制作技艺		
		藏式点心制作技艺		泽库县

资料来源：黄南藏族自治州泽库县文体广电旅游局：《黄南藏族自治州省、州级"非遗"项目及传承人名录》2018年11月。

其四，开展"非遗"名录项目核心技艺抢救性保护。对热贡艺术唐卡"白描"、矿物质颜料研发保护、黄南藏戏传统剧目的恢复等"非遗"项目核心技艺进行抢救性保护。采取的方法是，组织专业人员，运用录音、录像及文字记录等方式，将"非遗"名录中各项目的技艺展示过程等进行记录，并分类整理建档，进行数字化保护的同时开展资料的编辑和出版。同时，抢救征集唐卡《四部医典》等珍贵

表 2-8　　**黄南州州级非物质文化遗产项目名录**

批次	类别	项目名称	公布日期	保护单位
一	民族语言	热贡土族（吴屯）语言	2008.04.17	黄南州文体广电局
	民间文学	黄南歌谣		黄南州群艺馆
		安多叙述诗		
		黄南民间故事		
		黄南民间谚语		
	民间曲艺	黄乃亥"嘛呢"调		黄南州民族歌舞剧团
		"扎年"弹唱		
		尖扎民歌		
		藏族民间"协巴"（祝词）		
		哲嘎（白尕）		
		拉伊		
		则柔		
		骨笛（鹰骨、羊骨）吹奏		黄南州文体广电局
	民俗	热贡罗赛（年俗）		黄南州群艺馆
		保安社火		黄南州文体广电局
		保安下庄村"皇祭"		
		热贡藏土族"背经转田"习俗		
		民间"拉卜则"祭		
		热贡六月会		同仁县文体广电局
		热贡"宁玛派"法会		黄南州群艺馆
	民间舞蹈	土族"於菟"		同仁县文体广电局
		寺院宗教法舞——"羌姆"		黄南州群艺馆
	传统戏剧	黄南藏戏		黄南州文体广电局
	民间美术	热贡艺术		同仁县文体广电局
		热贡唐卡艺术		黄南州文体广电局
	传统手工技艺	泽库和日石经雕刻技艺		泽库县文体广电旅游局
		"坛城"制作技艺		黄南州热贡艺术馆
		热贡堆绣技艺		
		热贡银饰制作技艺		
		热贡藏式建筑技艺		黄南州文体广电局
		保安剪纸技艺		
		热贡藏族编织技艺		
		藏族木制品加工技艺		
		热贡石材加工技艺		
		藏土族墙体夯造技艺		
		宗教"法鼓"制作技艺		

121

续表

批次	类别	项目名称	公布日期	保护单位
一	传统手工技艺	藏族造纸技艺	2008.04.17	黄南州文体广电局
		唐卡颜料加工技艺		布达拉文化艺术有限公司
		热贡唐卡用金技艺		黄南州热贡艺术馆
		藏族皮革加工技艺		黄南州文体广电局
		传统藏药加工技艺		黄南州群艺馆
		藏袍裁剪缝制技艺		
		佛塔建造技艺		黄南州文体广电局
		水磨面粉加工技艺		
	人生礼俗	藏族八十寿筵礼俗		黄南州群艺馆
		藏族幼童剃头仪式		
		汉族婚俗		
		土族婚俗		
		藏族婚俗		
		回族婚俗		
		藏族殡葬习俗（天葬、火葬、水葬）		
		藏土族念"活经"习俗		
	消费习俗	尖扎昂拉土烧大饼		尖扎县文体广电旅游局
		热贡土族服饰		黄南州群艺馆
		热贡藏族服饰		
		保安传统婚宴"八碗八锅子"		黄南州文体广电局
	传统体育与竞技	牙浪乡"骑马点火枪"比赛		
		尖扎传统射箭		尖扎县文体广电旅游局
		河南县那达慕赛马		河南县文体广电旅游局
		藏族赛牦牛		泽库县文体广电旅游局
		藏式举重比赛（抱沙袋）		河南县文体广电旅游局
		蒙古族"拉八牛"比赛		
		热贡僧侣棋艺		黄南州文体广电局
	民间知识	藏医诊断方法		黄南州群艺馆
		藏族民间秘方		
		藏医药浴		
		藏族物候气象预（推）测法		
		藏族风水推测法		
		黄南民间占卜术		

第二章 村落社区化的两种接续形态：历程及演变

续表

批次	类别	项目名称	公布日期	保护单位
二	传统技艺	热贡瓜什则藏式点心	2013.04.23	同仁县文体广电局
		热贡胡麻草编制技艺		
		昂拉果馍切		尖扎县文体广电旅游局
		五彩神箭木箭制作技艺		
		河南县"苏和泽"		河南县文体广电旅游局
		河南蒙旗牛羊毛手工编		
		河南县蒙古包制作技艺		
	传统美术	仁青尖措格萨尔绘画艺术		尖扎县文体广电旅游局
		热贡艺术（铜雕）		同仁县文体广电局
	传统音乐	南宗尼姑诵经乐		尖扎县文体广电旅游局
		安多则柔		
		安多酒曲		黄南州民族歌舞剧团
	传统体育	热贡骑马点火枪活动		同仁县文体广电旅游局
	民俗	尖扎达顿宴		尖扎县文体广电旅游局
三	传统技艺	热贡牛角雕刻技艺	2017.07.17	同仁县
		隆务老八盘		
		热贡皮革制作技艺		
		热贡土烧馍制作技艺		
		藏纸手工制作技艺		
		热贡藏式木桶手工制作技艺		
		热贡传统藏靴手工制作技艺		
		尖扎藏式木雕技艺		尖扎县
		泽库牛羊毛手工编绳技艺		泽库县
		泽库黑帐篷制作技艺		
		马鞭制作技艺		
		毛毡制作技艺		
		藏式点心制作技艺		泽库县、同仁县
		打酥油制作技艺		泽库县
		牛马鞍制作技艺		泽库县、河南县
		蒙式鹿皮袄制作技艺		河南县
		蒙古族"偶兰"制作技艺		
		蒙古族擀毡技艺		
		藏香制作技艺		同仁县、尖扎县

123

续表

批次	类别	项目名称	公布日期	保护单位
三	传统音乐	拉伊	2017.07.17	四县
		泽库民歌		泽库县
		蒙古族民间长调		河南县
		知母宵央乐		泽库县
	民俗	朵玛祭		同仁县
		拉卜则祭		
		藏族民间"铛"疗法		
		关帝信俗		
		二郎神信俗		
		保安花儿		
		保安对联习俗		
		隆务庙会		
		泽库藏餐		泽库县
		蒙古族蕨麻宴席		河南县
		蒙古族祭敖包仪式		
		蒙古族幼童剃头仪式		
		蒙古族婚俗		
	民间文学	达斯拉玛尕布传说		泽库县
		热贡谚语		同仁县
		河南蒙旗仙女湖传说		河南县
	传统医药	藏医正骨疗法		同仁县
		五种特色藏医药制剂法		
	传统体游杂	西卜沙赛马节		泽库县
		多禾茂希娘传统赛马会		
		草原赛牦牛		
		太凯游戏		河南县
	传统舞蹈	龙藏神舞		泽库县
		扎毛龙鼓舞		同仁县

资料来源：黄南藏族自治州泽库县文体广电旅游局：《黄南藏族自治州省、州级"非遗"项目及传承人名录》2018年11月。"传统体游杂"指传统体育、游艺与杂技，下同。

实物和资料，用于研究和展览，完整地传承"非遗"，以热贡艺术、黄南藏戏等国家级名录项目为主的"非遗"项目得到有效保护。

其五，举办"非遗"名录项目展演活动。通过举办热贡唐卡博览会、四届唐卡制作大赛、两届黄南藏戏会演（热贡"雅顿"藏戏艺术节）、"非遗"保护传承成果展以及热贡艺术（唐卡）精品展等活动，引导热贡六月会、於菟、热贡"羌姆"、热贡"获康"祭祀、保安社火等民俗活动，将"非遗"名录项目形象生动地展示给民众，一来强化传承的完整与系统性，二来使更多的人参与"非遗"保护传承，扩大保护传承的群众基础。当地民众参与民俗活动的热情普遍提高，区域乃至中华文化认知、文化自觉不断增强。

表2-9　　黄南州州级非物质文化遗产代表性传承人名录

传承人姓名	性别	民族	出生年月或年龄	项目名称	项目类别	申报地区或单位	传承人家庭住址
2004年4月公布							
更登东智	男	藏	1963.11	热贡佛教音乐	传统音乐	同仁县文体广电局	隆务寺
娘吉加	男	藏	1968.08	热贡"获康"祭祀	传统舞蹈	同仁县文体广电局	保安镇下庄村
南拉太	男	藏	46	藏戏（黄南藏戏）	传统戏剧	黄南州民族歌舞剧团	尖扎县昂拉乡
关却乎	男	蒙	1967			河南县文体广电旅游局	优干宁镇友谊巷8号
万玛昂青	男	藏	1949.03	格萨尔说唱	传统戏剧	泽库县文体广电旅游局	和日乡
李先才让	男	藏	46	江什加民间藏戏		同仁县文体广电局	曲库乡江什加村

续表

传承人姓名	性别	民族	出生年月或年龄	项目名称	项目类别	申报地区或单位	传承人家庭住址
完德措	女	藏	43	黄南拉伊	曲艺	州群艺馆	同仁县加吾乡
增太才让	男	藏	47	黄南民歌			同仁县牙浪乡
措合多	男	藏	1948.11	泽库希酿马术	传统体游杂	泽库县文体广电旅游局	多禾茂乡
久美切旦	男	藏	1971.04	藏文书法			和日乡
洛藏尼玛	男	藏	50	藏族面具艺术		尖扎县文体广电旅游局	马克唐镇黄河路
安拉扎西	男	土	1972.05	坛城		同仁县文体广电局	年都乎乡郭麻日村
更登达智	男	土	1979.03		传统美术	同仁县文体广电局	
土旦	男	土	1974.08	热贡艺术（堆绣）		同仁县文体广电局	年都乎乡年都乎村
多杰卓么	男	土	1978.08	热贡艺术（唐卡）		同仁县文体广电局	隆务镇吾屯上庄村
斗尕	男	土	1942.12			同仁县文体广电局	吾屯上庄村
王绍良	男	藏	1959.05	王氏家传凿剪纸		黄南州中学	同仁县保安镇城外村
才旦加	男	藏	1971.07	和日石刻技艺	传统技艺	泽库县文体广电旅游局	和日乡和日村
关切多杰	男	藏	1983.08				

第二章 村落社区化的两种接续形态：历程及演变

续表

传承人姓名	性别	民族	出生年月或年龄	项目名称	项目类别	申报地区或单位	传承人家庭住址
肉增多杰	男	藏	1988.07	和日石刻技艺	传统技艺	泽库县文体广电旅游局	和日乡
多夫顿	男	藏	1955.01	和日石刻技艺	传统技艺	泽库县文体广电旅游局	和日乡
朋措乎拉夫旦	男	藏	1964.10	和日石刻技艺	传统技艺	泽库县文体广电旅游局	和日乡和日寺
达派	男	藏	1972.05	和日石刻技艺	传统技艺	泽库县文体广电旅游局	和日乡
夏吾李加	男	藏	1971.04	同仁刻板印刷技艺	传统技艺	同仁县文体广电局	年都乎乡卓隆村
夏吾他	男	藏	1962.03	同仁刻板印刷技艺	传统技艺	同仁县文体广电局	年都乎乡卓隆村
噢松多杰	男	藏	49	尖扎传统牛角弓制作技艺	传统技艺	尖扎县文体广电旅游局	尖扎县政府文教楼
久血加	男	蒙	1978.01	蒙式羊皮长袄制作技艺	传统技艺	河南县文体广电旅游局	赛尔龙乡
才让当周	男	土	35	热贡六月会	民俗	同仁县文体广电局	年都乎乡尕沙日村
仁青先	男	土	36	热贡六月会	民俗	同仁县文体广电局	年都乎乡年都乎村
先巴扎西	男	藏	1962.07	热贡六月会	民俗	同仁县文体广电局	隆务镇苏合日村
珠合周	男	藏	1959.11	羊肩胛骨占卜术	民俗	泽库县文体广电旅游局	西卜沙乡红旗村

127

续表

传承人姓名	性别	民族	出生年月或年龄	项目名称	项目类别	申报地区或单位	传承人家庭住址
2004年6月公布							
开智桑毛	女	藏	40	南宗尼姑寺诵经乐	传统音乐	尖扎县文体广电旅游局	坎布拉镇南宗尼姑寺
俄塞桑毛	女	藏	40				
曲　智	男	土	1974.10	热贡艺术	传统美术	同仁县文体广电局	隆务镇吾屯下庄村
扎西尖措	男	土	1967.04				
俄玛才旦	男	土	1964.07				隆务镇吾屯庄村
夏吾冷知	男	藏	1966.04				曲库乡江龙村
青　培	男	土	1973.10				年都乎乡年都乎村
银交加	男	土	1981.03				隆务镇吾屯上庄村
罗藏当周	男	土	1974.07				年都乎乡尕沙日村
尕藏尼玛	男	土	1985.05				隆务镇吾屯上庄村
周先才让	男	藏	1971.12				年都乎乡曲麻村
索　南	男	土	1971.08				隆务镇吾屯下庄村
斗　拉	男	土	1986				年都乎乡郭麻日村
扎　西	男	土	1967.12				年都乎乡年都乎村

第二章　村落社区化的两种接续形态：历程及演变

续表

传承人姓名	性别	民族	出生年月或年龄	项目名称	项目类别	申报地区或单位	传承人家庭住址
更登	男	土	1976.10	热贡艺术	传统美术	同仁县文体广电局	隆务镇吾屯下庄村
扎西郎灯	男	土	1970.08				年都乎乡年都乎村
尕藏才让	男	土	1984.11				隆务镇吾屯下庄村
尕藏才让	男	藏	1967.05	热贡艺术（泥塑）			年都乎乡尕萨热德和村
三智加	男	藏	67	尖扎达顿宴	传统技艺	尖扎县文体广电旅游局	措周乡俄什加村
才项南杰	男	藏	49				
德吉措	女	蒙	1965.08	乐乐玛蒙藏特色手工艺品		河南县文体广电旅游局	河南县乐乐玛蒙藏特色手工艺制品有限公司
张海山	男	汉	55	保安社火	民俗	同仁县文体广电局	保安镇城外村
韩发科	男	汉	51				保安镇城内村
卡先加	男	藏	49	藏药"佐太"加工技艺	传统医药	黄南州藏医院	
桑杰	男	藏	39	藏医外治涂擦疗法			黄南州藏医院
恰斗多杰	男	藏	35	藏药重金属炮制加工技艺			
宽他才让	男	藏	49	热贡马术	传统体育杂	同仁县文体广电局	牙浪乡多宁村

129

续表

传承人姓名	性别	民族	出生年月或年龄	项目名称	项目类别	申报地区或单位	传承人家庭住址
李本加	男	藏	70	热贡马术	传统体游杂	同仁县文体广电局	牙浪乡多宁村

资料来源：黄南藏族自治州泽库县文体广电旅游局：《黄南藏族自治州省、州级"非遗"项目及传承人名录》2018年11月。

"非遗"项目及其传承人的认定及培养，使得文化生态保护抓住了人这个文化的关键载体，促成项目和传承人从国家级到县级的金字塔结构，初步实现保护覆盖到热贡文化的各个方面、民众文化生活的各个领域。认定及培养进一步提高了传承人的社会声望和社会地位，被认定项目在有的地区成为旅游业发展可资利用的资源。从2008年开始，中央财政给国家级"非遗传承人"每年每人开展传习活动补助0.8万元，2011年提高到1万元，2017年进一步提高到2万元；省级代表性传承人每人每年有5000元传习补助。国家级、省级代表性传承人的资助津贴均能按时发放，2018年起州级财政始落实助州级传承人3000元补助。虽然传习补助资金不算高，但对干部群众思想引领作用明显。

第二节 村落演变

调查所及2个村落形态的演变具有各自的特点。这种变化由来已久，可从史料和历史记忆中明确辨识。时下，面对城镇扩张和生计选择，保有相对完整村落形态的郭麻日村面临着更为严峻的生存压力，这种压力自然反映到村民对传统村落价值的态度上。海拔相对较高的和日村，其村落形态的变化由于村寺关系调整和自然生态保护两个原因，由村落到社区的过渡显得自然一些。随之，居住在不同环境的村民、僧人等对居住环境以及传统建筑和空间的态度也在发生着大同小异的变化。

第二章 村落社区化的两种接续形态：历程及演变

一 村落生存的压力

与和日村相比，尽管郭麻日村紧邻州府所在地，与主流文化更为接近且多元文化色彩更加深厚，但是，在生计抉择乃至村落发展上并没有像和日村那样从容，置身其中，给人一种"山雨欲来风满楼，黑云压村村欲摧"的感受。"历史文化名村"郭麻日村的地理空间主体物是郭麻日古堡，而这个古堡的前身是"郭麻日遗迹"。从迁移的过程看，其所面临的生态压力或危机并不是第一次。郭麻日古堡被称为"中国两千年屯垦戍边史活化石"，是同仁地区包括诸屯堡田寨中年代最早、国内保留最为完整的古堡之一。据有关文献记载，古城堡初建于17世纪，原址在现郭麻日古堡东北四五千米处，年都乎乡当地俗称其为"郭麻日苗圃地"，村民还称之为"新农村"。保留有考古遗址几处，出土的瓦罐、陶器等初步鉴定属于马家窑类型、卡约文化。

自北向南出隆务峡便进入地势平坦的隆务河谷地，这一地区四面环山，又处在农牧交界地带，军事地位突出，正如藏于年都乎寺的《大明王廷仪碑》所记"夫保安者为三秦之咽喉，挟九边之鼎峙"，成为兵家必争之地。《同仁县志》记，郭麻日古堡原址便是一座镇守边关的军营城，明万历二十八年（1600）前称为李屯，分上下二李寨，上寨为郭麻日，下寨为尕沙日。因为上李寨门由红铜包裹，藏语称之为郭麻日，意为"红色之门"。向前追溯，明洪武、永乐年间，中央王朝推行军屯。历史文献记载，明洪武三年（1370），明军攻克河州，邓愈率军攻至黄河以西，河州以西（包括隆务地区）诸部悉数受降，是年冬，设河州卫；五年（1372）设河州府，"卫以戍兵，府以治民"。清典籍记载，"明初立河州卫，分兵屯田。永乐四年，都指挥使刘钊奏调中左千户一所，贵德居住守备，仍隶河州卫，保安其所属也。贵德其〔共〕十屯而保安有其四"[①]。说明当时以保安统

[①]（清）龚景瀚编：《循化厅志》，李本源校，崔永红校注，青海人民出版社2016年版，第142页。

称"四屯",其址即在今同仁县城北至保安一带。这应当是郭麻日原址古堡初建由来。正是有了军屯以后,才有了《循化厅志》关于其原初屯民"皆自内地拨往"的记载。在建屯后的600多年时间里,特别是有明一代,明军与北方蒙古部落在这一地区兵戎相见,累次形成拉锯战,其中,蒙古旗部长期占据该地,后兵退于今黄南州河南县境。清代,保安四屯成为中央王朝在隆务河流域控制蒙藏各部的一个重要军事据点。正如有旅游宣传材料所描述,在建屯以后的历史时期,保安四屯乃"刁斗与法鼓同响,堡垒与经堂相邻,兵营与村落并立,煨桑与狼烟交织的特殊区域"①。

战事的阴霾逐渐散去,屯堡的"屯垦戍边建堡御敌"的功能自然也随之丧失。对于原址和现址两个古堡,村中最年长者称:

> 我是村里年龄最大的人,1926年生……人们都说郭麻日是藏语"红门"的读音,这个红门说的是原来的古堡,而不是现在的古堡。听说,以前的古堡有一位吉朗土司,但我没有什么印象。我是在现在这个古堡里出生并长大的。从我记事时起,旧古堡一直是这个样子。
>
> (受访者:SJJ,N31,男,土族,1926年生人,同仁县年都乎乡郭麻日村民,村中最年长者。2018年10月9日访谈于受访者在古堡的家中)

上述访谈个案说明:首先,在20世纪30年代初,新旧古堡的分布空间格局便是现在这般模样。其次,从村落名称来历看,从最初的"上李屯"到"郭麻日"的称谓改变,说明村落整体文化属性发生从汉文化到藏文化的转变。再次,旧古堡才有红门,说明古堡盛名时即称"郭麻日"。如此看来,旧古堡的建堡历史比新古堡要久远。

---

① 白渔撰文,郑云峰摄影:《黄南秘境》,中国青年出版社2006年版,第55页。

第二章　村落社区化的两种接续形态：历程及演变

隆务河谷分三个文化地理空间。《安多政教史》称，隆务河上、中、下游各有三条河，这九条支流汇合成"苟曲"（藏语对隆务河的古称），流经热贡川，至古戎口（今古朗）注入黄河。隆务河流域自南至北，分为上中下三区，即隆务大寺以上隆务河两岸的村庄、四寨子以上、邦尕塘滩（spang dkarl thang）以下三个区域，其中枢之地是位于惹卜查三沟的上沟的热贡赛摩疆地方，建有隆务寺德钦曲科林（大乐法轮寺，今隆务寺前身）。①

隆务河三个文化区各有文化主干并在其间历经长期的互动共融。隆务寺建寺年代要比四寨子形成时间久远，早在元大德五年（1301），这里已建有藏传佛教萨迦派小寺，至1426年前后，当地名僧三木旦仁钦与其胞弟罗哲森格，维修并扩建了该寺。明万历年间（1573—1620），格鲁派在青海地区很有影响，隆务寺遂改宗格鲁派。这正是四寨子建成时期。显然，军事防御性的堡寨与深耕于民众的寺院并立而分庭抗礼，中央王朝封以国师称号，并赐御题匾额以管理寺院，客观上增强堡寨的影响并加剧河谷汉藏文化为主干的文化深度交融。同时，隆务寺的香火地或村庄不十分确定，有的称包括"四寨子"，多数未将其列入其中。② 由此看来，历史上，随着明清两朝及民国时期，在隆务河谷这个狭小的区域，掌控"热贡上区"的藏传佛教势力，与"热贡下区"的屯田势力在争夺属地、控制区上互有拉锯，对四寨子文化结构产生重要影响。

村民对本村历史有独到的解释：

> 郭麻日的意思是"红门"，"郭"藏语意为"红"，"麻日"是"门"的意思。土族语不这样叫，而是把红门叫"当夫朗"，"当"是"红"的意思，"夫朗"是"颜色"的意思。郭麻日村

---

① （清）智观巴·贡却乎丹巴饶吉：《安多政教史》，吴均、毛继祖、马世林译，青海人民出版社2017年版，第488、536页。

② 参见索南旺杰《囊索制度与部落社会关系初探——以热贡十二部落社会历史为例》，《西南民族大学学报》（人文社会科学版）2017年第5期。

民身份证上写的是土族，其实是藏族。最早是留驻的吐蕃军队，与当地的吐谷浑女人结婚，就成了郭麻日人的祖先。最初，经常打仗，百姓实在受不了这种苦难，就从原来的旧古堡搬到了现在的古堡。只有我们村和尕沙日村在每年六月会时表演的军舞，就反映的这个过程。整个舞蹈中，第一排的地位最高，整齐划一，廿四日那天表演结束时，就把表演时挥舞的棍棒折断，意思是要把枪支毁掉，不再打仗了，从此过稳定、和平的定居生活。另外，寺院经堂屋檐上挂的黑帐篷所用的黑织布也是这个意思，也就是不再行军打仗，过居无定所的日子，换句话说，就是放弃游牧生活、过定居生活的含义。这是郭麻日村民是藏族的又一个证据。

（受访者：同仁县年都乎乡郭麻日村党支部书记 DGR，N26；村委会主任 EXDZ，N28）

类似军舞的民俗活动是军事功能的村落演变为生产性质的村落这一过程的生动写照。军舞在当地称为"玛合则"，是热贡六月会期间的一项重要活动，主要在郭麻日、尕沙日这两个原本合称为"李屯"的村庄开展。在郭麻日古堡的表演，则为这座古老的城堡增添灵动的色彩，正如於菟之于年都乎村和年都乎古堡一样。如果说后者更多反映的是如学者解释的"楚风"和中原文明，那么，军舞则完全反映的是游牧文明与农耕文明的碰撞和交融，可能是村民移居新古堡后的艺术创作成果。由此可见，古堡的新旧过渡，是与生计方式的转变紧密联系在一起的。迁居新古堡的村民也开始在东西长260米、南北宽180米的地理空间，创造着新的生活，旧古堡则迅速败落而雨蚀风化为残垣。

尽管古堡经历新旧更替，但是，新古堡仍然保留着浓厚的军事防御功能，这种功能可以从其建筑结构和特点得以窥见。新古堡城墙采用西北农家最为常用的夯土板筑之法建成，墙体一般高11米、根基厚4米，顶部宽约0.5米。古堡开东、西、南三门，其中东门为正门，内部除相互贯通的 1.5—2 米深巷外，基本没有多余的空间，每家每户为土木或砖木二层"廊房式"建筑，占地面积少却极为紧凑。这种军事功能的残留，反映着新古堡的设计、建造者的防御心理。

要说生存压力，村民及村落自旧古堡到新古堡的迁居或转移中必定已经存在过，迄当下显得十分急促。新古堡或郭麻日村落面临的新生存压力最先直接来自同仁县隆务镇迎宾大道的修建。该道路是隆务镇的北出河西通道，扩建于 2016 年，次年完成通车。该项目总投资 7000 万元，线路全长 4.8 千米，规划道路宽度 30 米。[①] 建成后的迎宾大道被称为一期，其北端尽头处与郭麻日村口牌坊处相接。道路占用耕地及"四旁地"216 亩，这些土地多属于郭麻日村（如图 2-3）。因为占用耕地不算多，村民对此并没有很强烈的感知。在郭麻日去往县城三四千米处迎宾大道西侧有一处拉什则，听村民讲，这处拉什则原在公路正中位置，迁到现在的山梁，政府给了七八万元补偿款。这是村民对公路建设的最深印象。2018 年，同仁县十六届人大三次会议《政府工作报告》和县委十四届三次全体会议提出，全力推进同仁撤县设市工作，全力实施北城区综合管廊、迎宾大道二期、隆务河西路、郭麻日西路、军民道路建设及污水处理厂二期、供水、供电、供暖等管网工程建设。其中迎宾大道二期接一期工程北端，延伸至牙同（化隆县牙什尕—同仁县城）高速公路入口，征用耕地涉及郭麻日、向阳和尕沙日等村。郭麻日西路则穿村而过。就村民的访谈看，道路的扩建所带来的出行便利、交通流增加等冲淡了其所造成的实实在在的压力。

道路修建仅仅是同仁县城北新区（亦称为北部新城）发展规划的一部分。同仁县城作为州府所在地，制定一个高标准的城市发展规划，对其发展至关重要。2014 年，同仁县委托专业规划机构编制了《同仁县城市总体规划（2014—2030）》，该规划以"保护历史文化、营造高

[①] 《"迎宾大道"将为同仁县再添亮色》，《青海日报》2016 年 4 月 8 日第 2 版。

原特色、优化产业结构、创建宜居城市"为编制理念,划分"一河两岸、一带、五区"的规划布局,提出"南延、北扩、中优、东西治理"城市用地发展方向定位:南延即拓展、保护南部城区用地;北扩即城市用地向北部适当扩展;中优即优化中心区用地结构,充分挖掘土地使用潜力、改造完善中心城区,增强新城区的服务功能,同时完善古城的用地功能和旅游服务设施;东西治理即把东西山地质灾害和生态环境的治理视为城市发展的重要保证。城市规划区范围是:北至隆务峡(以同仁行政区划界限为界),南至扎毛水库(包括整个库区范围),东、西主要以河谷两侧山脊为界(包括隆务镇、保安镇和年都乎乡部分区域,以及曲库乎温泉区域),总面积约213平方千米。

图 2-3 郭麻日村的空间位置

同仁县城市发展规划的制定出台,与全省撤县建市的城镇化发展政策方向一致。青海"十三五"发展规划首次提出撤县建市目标,将共和、同仁、贵德、海晏、玛沁、门源、民和、互助八个县列为撤县设市重点县。进入2017年,这一目标的落实进程明显加快。当年1

第二章 村落社区化的两种接续形态：历程及演变

月召开的青海省第十二届人民代表大会第六次会议指出：要加快推进以人为核心的青海新型城镇化，加快共和、同仁、贵德、海晏、玛沁等县撤县建市和湟中县撤县建区步伐，推动门源、民和、互助等三个民族自治县向城区体制转变。3月，根据省政府重点工作安排，委托中国行政区域与区域发展研究院开展青海撤县设市第三方评估调研，调研范围为青海省"十三五"规划纲要提出的八个重点县。12月，青海8县撤县设市论证评估报告评审论证会在北京召开，会议建议：按照评估报告中提出的撤县设市时间表和路线图，抓紧时间完成相关资料和文件的报送，同时，积极争取民政部民族自治县撤县设市试点，加快民族自治县撤县设市步伐。

同仁县城镇化基础薄弱，撤县设市条件不足。青海省拟加快撤县建市的五个县，除贵德县以外都是州府所在地，人口聚集程度、经济发展水平较高，而且是该区域的重要支柱，撤县设市有利于增强其辐射力和带动力，促进青海少数民族地区城镇化发展。即便如此，根据国家调整后的撤县设市标准[①]，青海拟设市的五个县无论是在人口还是GDP、财政收入等方面的条件还不够充分，同时还存在造成"假城市化"、耕地和草场被占用、权力寻租以及城市污染处理等众多风险。比如，同仁县在推进撤县设市过程中，就存在如下现实问题：

> 一是州县相关部门对同仁县撤县设市工作思想认识参差不齐，致使上下工作衔接不够，合力不足，工作推进缓慢。二是按照撤县设市标准各项统计指标经相关部门搜集整理后，需得到省州相关部门的认可，但在实际工作中，省级部门衔接工作难度大。目前，涉及统计部门拟设市区域年末常住人口规模、城镇化率，拟设市城区常住人口规模达不到国家民政部硬性指标要求。三是撤县设市材料文字工作量大，要求高，标准严，专业性较

[①] 《国务院批转民政部关于调整设市标准报告的通知》，国发〔1993〕38号，1993年5月17日。

强,各部门没有定专人负责该项工作,人员调配随意性大,组建脱产脱岗撤县设市工作专班迟迟未果,导致工作质量及进度不尽如人意。四是州县层面撤县设市工作是一项崭新的工作,实际操作中边学、边问、边干,摸着石头过河,因政府办公室业务繁杂、工作量大,一定程度上影响了工作进度。五是建议各级领导、各部门切实对"撤县建市"工作引起高度重视,全面安排部署,形成全县上下齐心协力、齐抓共管的良好氛围。①

尽管面临种种困难,黄南州和同仁县始终把撤县建设市作为城镇建设的中心任务,而"北扩"则是在最短时间内满足撤县建市条件的关键一步。

基于隆务河谷北部地势平坦、面积较大的地理特征,"北扩"是隆务城镇发展的需要和低代价、高收益之选择。而城北新区(北部新城)的建设是其"北扩"思路的具体化。政府公文认为,规划建设同仁县城北区是州县党委政府把握同仁城市发展定位、优化县域规划、增强城市承载力、提升城市现代化水平的一项重大战略举措。为了实施高质量的"北扩",同仁县于2017年,以撤县设市为目标,投资500万元完成《同仁县老城区风貌改造规划》和《同仁县北城区城市设计研究》。城北区规划建设范围为同仁县城北部西至西侧山脉,东至隆务河,规划总面积约6.38平方千米,包括年都乎村、郭麻日村在内的曲麻沟以北区域。总体思路是,主要依托自然山水,以同仁民族和地域文化为特色,以行政办公、商业商贸、文化体育、高档居住为核心,着力打造带动城市快速发展的综合性城市副中心。同仁"十三五"规划将城北新城划分为隆务河东岸的霍尔加、加查玛片区和隆务河西岸牙浪沟以北片区,功能定位为以居住行政办公为主的城市向北部拓展的城市新区。②

---

① 《同仁县撤县设市基础工作开展情况汇报材料》,http://www.hntr.gov.cn,2017年9月14日。
② 《同仁县"十三五"经济社会发展规划(初稿)》,http://www.hntr.gov.cn,2015年8月6日。

第二章 村落社区化的两种接续形态：历程及演变

城市建设用地向北扩展必然会占用隆务河谷 17 世纪以来即已成熟的耕地。因此，通过前期农村集体产权制度改革、耕地确权等方式，核定总征地面积 5161 亩，核算征地补偿款 7.65 亿元（每亩约合 14.82 万元）①，建设用地审批费 2.65 亿元，共计 10.3 亿元。之后，于 2018 年 9 月开工 8 个项目：建设迎宾大道二期、隆务河西路、郭麻日西路、军民路道路建设工程四条道路；迎宾大道延伸段、隆务河西路、军民路、郭麻日西路四条地下管廊，总投资 4.25 亿元。② 无论是从区域划定还是征用耕地、先期开工项目看，郭麻日村是城北新区建设区域的核心区域。如前所述，郭麻日村耕地及荒地数与城北新区所征地亩数相同，补偿款数额相近。而前文提及包括在城北新区规范建设范围、处于同仁县城区与郭麻日村之间的年都乎村，已先于郭麻日村完成了征地的任务，到 2015 年，全村人均耕地只有 0.3 亩③，仅仅是郭麻日村被征耕地人均数的一成左右。

村级组织核算、发放征地补偿的程序较透明，村民对此十分关注，多清楚全村的情况。以下受访者于 20 世纪 80 年代在黄南州泽库县经营日常生活用品商店，对征地款及其分配也了然于心。

> 我家里有 9.2 亩地，征地款是按照 9.6 亩地给的，每亩 14.5 万元，一共得了 139.2 万元。按照《中华人民共和国农村土地承包经营权证》和同仁县农牧局发的《青海省农村土地承包合同书》，我家的地亩数是 8.6 亩。原来传言要照这个亩数补钱，每

---

① 这一标准明显高于"青海省征地统一年产值标准"，这一标准核定处于黄河谷地的隆务镇（加毛、四合吉、隆务、吴屯上庄、吴屯下庄、向朝阳、加仓玛、措玉村）、年都乎乡（年都乎、郭麻日、尕沙日、曲么村）、曲库乎乡（江什加、江龙村）的被征水浇地、旱地、牧草地统一年产值标准分别为 1915 元、1252 元和 215 元，补偿标准分别为 20 倍（人均 0.3 亩以下的 30 倍）即 38300 元（57450 元）、20 倍即 25040 元、11 倍即 2365 元。见《青海省人民政府关于公布调整更新后的青海省征地统一年产值标准和征地区片综合地价的通知》，《青海政报》2015 年第 13 期。
② 《同仁县举行城北区综合管廊和市政道路建设项目开工动员》，http://www.hntr.gov.cn/html/1527/383541.html，2018 年 9 月 30 日。
③ 张婷婷：《青海古村堡年都乎村保护现状调研》，《新西部》2015 年第 6 期。

139

亩地有30多万元。我原来打算这些钱发下来后由14人分，涉及自家和弟弟家。现在每家给掉了6万元，其余的我留着，看他们以后的表现再给。我是一家之主，有8个子女，最大的40岁了，其中，6个姑娘、2个男孩，有1男1女在寺院当阿卡或角毛。

我知道全村有5600亩地，征地补偿款有7.5亿元，其中，2500亩是耕地。分地以前，每户多数有一辆拖拉机、一台脱谷机，还有犁地机、种地机等农作机械。现在这些几乎全部报废了，好点的就贱卖了，比如，拖拉机买进来的价格是9000元，卖出去最多得2000元。

（受访者：JBDZ，N33，男，藏族，1949年生，同仁县年都乎乡郭麻日村民。2018年11月1日访谈于受访者家中）

成为城市用地后，村落将何去何从，其固有的文化社会功能是否可存续或得到新生？这是村落研究的中心问题。从中观层面上比较，耕地被征用后，村民成为居民，村落也就变成了"城中村"，村落也必然会逐步失去它原本的属性。中国内地城市，特别是问题比较突出的北京、天津、重庆、上海、武汉、广州、深圳等的城中村的产生、存续状况看，它就是城镇化浪潮催生的"早产儿"、诸多城市亚文化的聚集地。就如学术界定义的"城中村"：狭义上指在城镇化过程中，由于村落（主要是城市周边村落）全部或大部分耕地被征用，农民市民化后仍在原址居住而演变成的居民区；广义上指在现代城市快速发展中，严重滞后于主体城区发展步伐、基本不在城市管理视野、生产生活水平十分低下的居民区。甚至有研究直接称之为"类贫民窟"[①]。因此，如果郭麻日变为同仁县城的"城中村"，若不能对这一区域的城镇化进行有效控制，就很难保证其摆脱这些"现代性的后果"。

从热贡地区此前的城镇化过程看，并不能让人对村落的发展乃至

---

① 蓝宇蕴：《我国"类贫民窟"的形成逻辑——关于城中村流动人口聚居区的研究》，《吉林大学社会科学学报》2007年第5期。

第二章　村落社区化的两种接续形态：历程及演变

存续保持足够的信心。之所以发出这样的担忧，是因为原来是村落的四合吉、年都乎村先后淹没在城镇化的洪流中。在此过程中，早于21世纪初成为"城中村"的四合吉社区，已经很难保全其村落文化个性。比如，作为热贡六月会的开场或序幕，其间在四合吉呈现的神舞（当地亦称"拉什则"），已经不像原来那样能顺利地组织了。还有已然完全丢弃的文化民俗活动，不禁令人扼腕叹息。正如"热管委"管理者所言："'非遗'有可能在几千年以后消失，比如尖扎的皮影戏、吾屯的於菟已经没有了。再不以更为有力的措施予以保护，就会消失掉。"① 在城市扩张所涉及的各种利益纠葛和诉求下，村落在其中似乎处在"覆巢之下，安有完卵"之处境。

如果村落的文化个性逐渐丧失后，抑或村落变为城中村而具有了"都市内村庄"文化属性，就自然会被排除在村落保护的视野里。从《同仁县城市总体规划》看便是如此，规划建立"中心城区、重点镇、一般镇、乡（集镇）、中心村、基层村"六级城镇等级结构体系，从而形成"一核、一带、两线"的城乡空间布局结构（如图2-4所示），"村"作为二级城镇化规划建设单位。其中，与郭麻日相邻的年都乎村与隆务镇区被列为中心城区（同仁县城），处于隆务峡南口的保安镇列为重点镇，处在东西"两带"的多哇、瓜什则、兰采列为一般镇，加吾、曲库乎、黄乃亥、双朋西、扎毛乡为"乡或集镇"，列为中心村的有牙浪村、全都村、郭麻日村等19个村，并与其他54个村列为基层村。最为直观的是，无论是在哪个城镇建设规划级别里，都见不到曾经在文化特色上显赫一时的四合吉村的身影。另外，表2-10与表2-5比较可见，一方面，一些富含文化特色的传统村落没有列入规划建设内容，这些村落有兰采乡的土房村、曲库乎乡的江什加村、木合沙村、扎毛乡的和日村、牙什当村、双朋西乡的双主村；另一方面，个别传统村落（如年都乎镇录合相村）被列为

---

① 受访者：ZXX，N13，男，汉族，50余岁，热贡文化生态保护实验区管理委员会副主任。2018年10月15日座谈于黄南州委办公室会议室。

逐步搬迁村庄。这种规划安排或许自有其助益于城镇化发展的合理性，但是，无论属于哪一种情形，都不利于传统村落的保护。

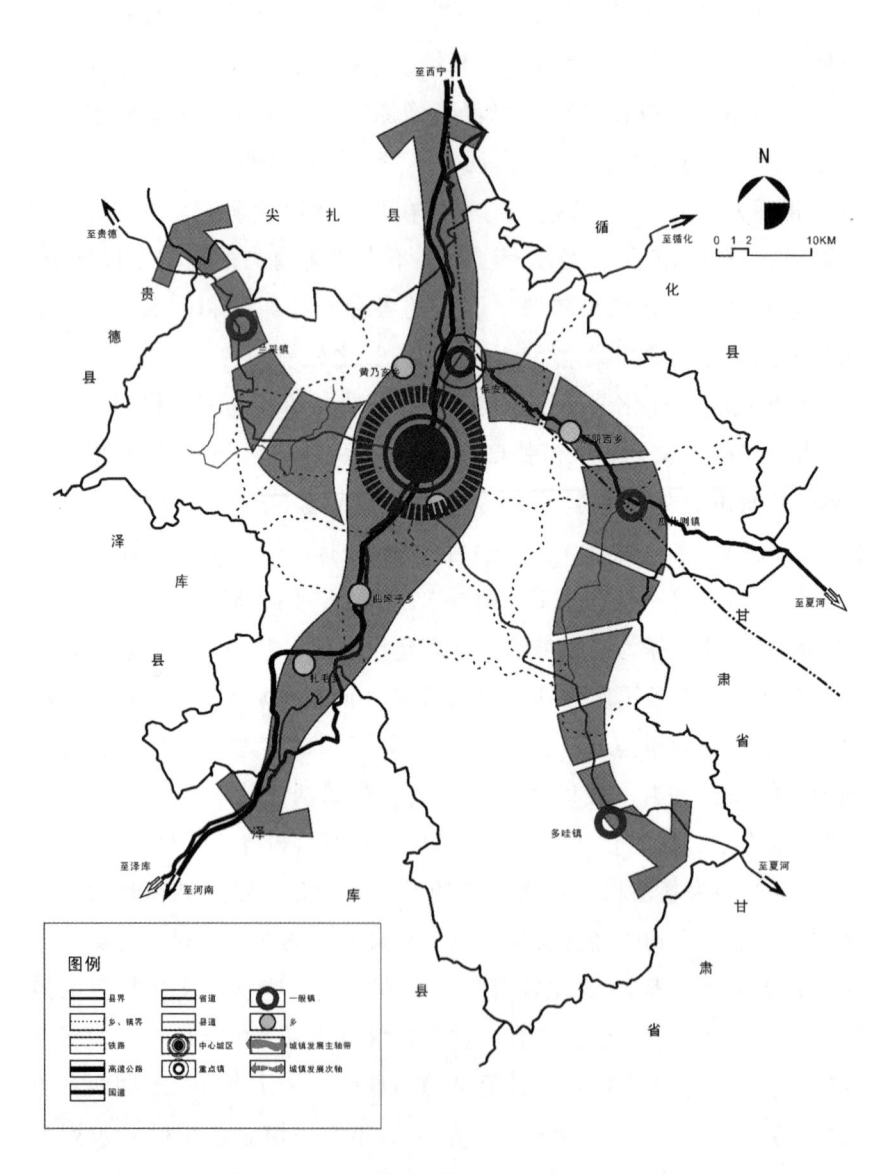

图 2-4 同仁县域城镇等级与空间结构规划

资料来源：同仁县政府：《青海省同仁县城市总体规划（2014—2030）》，陕西中晟规划设计研究院有限公司编制，2014 年 12 月。

表 2–10　《青海省同仁县城市总体规划（2014—2030）》对
"基层"村落去向的规划

所属城镇	整理类型	村落名
隆务镇	撤销城中村	加毛村　加查玛村　**隆务村**
	传统村落整治保留村庄	**吾屯上庄村　吾屯下庄村**
	一般整治保留村庄	南朝阳村　**措玉村**　乙里村　娘洛村　阿宁村
保安镇	传统村落整治保留村庄	**城内村**　城外村　尕队村　**新城村　银扎木村 浪加村**　东干木村　下庄村
	一般整治保留村庄	卧科村　赛加村　双处村　群吾村
年都乎镇	传统村落整治保留村庄	年都乎村　郭麻日村　尕沙日村
	一般保留整治村	曲玛村
	逐步搬迁村庄	**录合相村**
多哇镇	一般整治保留村庄	直跃村　其日那村　卡什加村　尖德村　东维村
兰采镇	一般整治保留村庄	兰采村
瓜什则镇	一般整治保留村庄	郭进村　阿旦村　尕什加村　西合来村　力吉村
加吾乡	传统村落整治保留村庄	**俄毛村**　江日村　协智村　**吉仓村**
曲库乎乡	传统村落整治保留村庄	多哇村　**索乃亥村**　古德村　**江龙村**　江龙牧业村
扎毛乡	传统村落整治保留村庄	**扎毛村**　立仓村
黄乃亥乡	传统村落整治保留村庄	**日秀麻村**　群吾村
	一般整治保留村庄	**奴让村**　羊智村
双朋西乡	传统村落整治保留村庄	双朋西村
	一般整治保留村庄	**宁他村**　协智村

资料来源：同仁县政府：《青海省同仁县城市总体规划（2014—2030）》，陕西中晟规划设计研究院有限公司编制，2014年12月。注：字体加粗的为传统村落。

综上可见，村落所面临的生存压力主要来自迅速发展的城镇化，特别是伴随着城镇化而来的城镇建筑向其周边扩张。对于郭麻日而言，耕地已经被征用（其中留有500亩耕地，供村民从事第三产业开发用地），虽笔者调查时为冬季但在多处耕地上可见轰鸣的建筑机械，

143

沦为城中村似乎已经不可避免。

从郭麻日村民微观感知的层面上看,有一定比例的村民对村落环境和发展的评价并不十分乐观。问卷分别从当时的居住环境、城乡生活环境差异的感知以及对村落建筑设施去留问题的态度3个方面,了解村民对城乡的选择意向。结果显示,如表2-11、表2-12、表2-13所示,有7.8%的郭麻日村民愿意生活在城镇,有60.2%的认为居住生活在村里要好于城市,63.1%的村民总体上认为应该对村落建筑进行有效保护;但是,也有4.8%的郭麻日村民觉得居住在目前的村落"不舒服"或"很不舒服",有32.1%的村民认为生活在城里好或"城乡皆可",19.4%的村民认为应该对村落建筑推倒重来或进行彻底翻修。与和日村比较,郭麻日村民对时下居住环境的负向评价明显要多。基于郭麻日村紧邻县城、与完全居住生活在城镇楼宇者交流互动频繁的实际,这种评价要比和日村民更加真切。

图 2-5　隆务镇主城区

图2-6 年都乎村远眺

居住在村落、社区的村民各自更倾向于认可时下的居住环境。同样由表2-11、表2-12、表2-13分析，在村移民点居住受访者中，分别有76.9%和23.1%的人对目前的居住环境"感觉很舒服"和"感觉还可以"，无作负向感觉表示者。前者高于农牧民受访者持同一态度者18.6个百分点。其对城乡生活环境差异的评价和对现居住村落去留的态度佐证了这一倾向的真实性。这些受访者都是村中老者，其以拜谒寺院的便利性为首要评价条件，由此看出对于笃信宗教者而言，这一条件在其迁移动因中起着决定性作用。

相对来说，居住在社区、整体年岁稍轻的受访者，则明显排斥城镇生活而更认可当时的社区居住环境。比如，居住在和日村移民点的受访者中，分别有61.5%和76.9%的认为"生活在村里好"、居住"感觉很舒服"，比例远高于农牧民群体中作如此评价的样本。

僧俗群众对村落价值的态度有明显区别。就和日寺的僧人而言，没有对居住环境做出负面评价；认为"生活在村里好"的受

145

访者占比达33.3%，低于农牧民群体24.3个百分点，也不明显排斥城市生活。他们对村落去留的态度表现出一致性，没有人认为应该完全保留或修复后保护时下的村落，有66.7%的受访者认为应该拆除后重新规划修建，高于持拆除后规划重建或新建态度的农牧民样本34.4个百分点，反映出这一群体对传统文化价值的理解表达。

表2-11　　　　对所居住村落或社区环境的满意程度　　　　（%）

		感觉很舒服	感觉还可以	感觉不舒服	感觉很不舒服	不清楚	回答有效样本（例）
郭麻日村民	古堡内外	58.3	20.8	4.2	8.3	8.3	24
	完小家长	38.8	50.0	1.3	1.3	8.8	80
	合计	43.3	43.3	1.9	2.9	8.7	104
和日村民	村移民点	76.9	23.1	0	0	0	39
	寺周边	100.0	0	0	0	0	10
	和日寺	44.4	55.6	0	0	0	9
	完小家长	76.7	20.0	0	3.3	0	30
	合计	76.1	22.7	0	1.1	0	88
总体	农牧民	58.3	33.9	1.0	2.1	4.7	192
	干部	30.2	0	68.3	1.6	0	63
	合计	51.4	42.4	1.2	1.6	3.5	255

表2-12　　　　　　对城乡生活环境差异的感知　　　　　　（%）

		生活在城里好	城乡皆好	生活在村里好	很难说	回答有效样本数（例）
郭麻日村民	古堡内外	4.2	12.5	75.0	8.3	24
	完小（家长）	8.9	27.8	55.7	7.6	79
	合计	7.8	24.3	60.2	7.8	103

第二章 村落社区化的两种接续形态：历程及演变

续表

		生活在城里好	城乡皆好	生活在村里好	很难说	回答有效样本数（例）
和日村民	村移民点	2.6	35.9	61.5	0	39
	寺周边	0	22.2	77.8	0	9
	和日寺	0	22.2	33.3	44.4	9
	完小（家长）	25.8	25.8	45.2	3.2	31
	合计	10.2	29.5	54.5	5.7	88
总体	农牧民	8.9	26.7	57.6	6.8	191
	干部	24.2	51.6	14.5	9.7	62
	合计	12.6	32.8	47.0	7.5	253

表2-13　　　　对村落建筑去留问题的态度　　　　（%）

		不理会，保持原貌	修复并基本上保留原貌	拆除后重新规划修建	拆除后修建新时代的建筑	无所谓	合计
郭麻日村民	古堡内外	34.8	34.8	4.3	21.7	4.3	23
	完小（家长）	23.8	37.5	1.3	16.3	21.3	80
	合计	26.2	36.9	1.9	17.5	17.5	103
和日村民	村移民点	15.4	30.8	7.7	43.6	2.6	39
	寺周边	20.0	60.0	10.0	10.0	0	10
	和日寺	0	0	66.7	0	33.3	9
	完小（家长）	6.5	48.4	12.9	32.3	0	31
	合计	11.1	37.1	15.7	31.5	4.5	89
总体	农牧民	19.3	37.0	8.3	24.0	11.5	192
	干部	1.6	58.7	15.9	20.6	3.2	63
	合计	14.9	42.4	10.2	23.1	9.4	255

村民不甚统一的态度和认识反映出村落保护发展的重大障碍。村民是村落文化的承载者，在村落存亡攸关的关键时期，村民对村落价

147

值的态度至关重要。而且，在文化生态保护中，政策一直强调"见人见物见生活"，其中的"人"并不是表演着的人而是实实在在生活于其中的人。然而，仍有一定的村民倾向于生活居住在城镇，期待着村落向城市发展。持这种态度和认识的村民占比虽然并不是很高，但必然会影响到村落舆论，动摇村民保护村落文化的信心。

对于居住在乡集镇又自成社区的和日村民来说，显然已经基本适应了居住在社区的生活。受访者更加安逸于时下的居住地，感觉很舒服者占比高达76.1%；更倾向于认为"生活在农村好"者占比高于郭麻日村民5.7个百分点；对原住地建筑持"拆除"态度者占比高出27.8个百分点。与郭麻日村比较，和日村民这种适应结果除了乡集镇与州府所在地在城镇层级上存在的社会特征差别，还得益于整体的大致同一时间段的搬迁，以及相对一致的居住地规划和入住安排。这样一来，既不易产生村落文化同化于城镇文化的忧虑，又能在一个相对完整的文化社会空间里，自如地传承文化、重构社会，何乐而不为。

随着郭麻日村居住人口的增长，人口不断溢出古堡，村落共同体渐被拆解。到2018年底，镇政府统计全村有501户2050人。另外，据村扶贫工作队统计，全村有634户2107人，详见表2-14。这种户数人口规模，是在原先从旧古堡迁居新古堡户数基础上增长而来的。最初古堡内居住户数有多少，文献和村民口述都无从明确。据郭麻日村委会的数据，新古堡内所有房屋或能容纳的户数为170户，由此可以大致判断当时居住户数与此数不相上下。按每户4口人计算，最初居住或可承载人口近700人。因古堡内房屋格局较小、院落不大，很少有一个院落内常住几户的情况，即便是兄弟分户也是如此，几世同堂的扩大家庭则很难在古堡内由一个院落容纳。除空间原因外，这也是当地习俗使然。以下是一例典型个案。

> 我高中毕业后在家务农，家里有4口人，人均耕地不到1亩。我原来和父母一起住在古堡里，后来娶了媳妇并另立新家后从古堡里搬出来的。之后，我住在古堡里的父母享受异地搬迁项

目，后来他们也从古堡迁了出来，现在住在移民区。当时父母与政府签订了合同，大体上说不能再搬回古堡。具体古堡里的房子怎么处理，不是太清楚。

（受访者：WDCR，N30，男，近30岁，同仁县年都乎乡郭麻日村民。2018年10月30日访谈于郭麻日村巷某小卖部）

20世纪60年代初，村里减损人口不在少数，到1963年，全村人口是628人。[①] 之前的20世纪四五十年代，古堡内人口维持在700人左右。这样说来，截至调查时的50多年时间里，郭麻日村人口增长了3倍多。

由于古堡内不断分户并从中迁出及先后实施多个搬迁项目，原来划定相对集中的自然村地域形态已然不完整，各自然村人数规模呈较大差别（如表2-14所示）。这样，12个自然村（队）的村民就分化成三个地域群体。一是居住在古堡里的村民。政府关于古堡和村落保护开发不言自明的思路是，让大部分村民迁出古堡，然后对古堡内房屋、巷道、围墙等建筑物按照旅游发展需要再布局、再开发。在这一思路指导下，现今古堡中实际居住有21户人家。一般情况下，家庭分户后需要赡养的老人和一组子女核心家庭共同生活居住于古堡。

表2-14　郭麻日村的户数、总人口数及青壮年劳动力人口数　　（人）

村社（队）	总户数（户）	总人口（人）
1队	58	187
2队	49	182
3队	59	218
4队	79	254

[①] 受访者：DBJG，N38，男，土族，76岁，居住在古堡的郭麻日村籍退休村干部。2018年11月7日访谈于受访者家中。下同。

续表

村社（队）	总户数（户）	总人口（人）
5队	25	80
6队	66	213
7队	30	110
8队	20	74
9—12队	248	789
全村	634	2107

数据来源：由县、乡驻郭麻日村工作队提供。

二是居住在"新农村"的村民。村民所称"新农村"或"移民区"在古堡所在村落以北三四千米处，被青海203省道劈成东西两半，"新农村"广场建在路西侧（上半坡），规划整齐却显荒芜。"新农村"建设属异地搬迁项目，一户一院，共有500多院，也就是说，新居住区是按原郭麻日村实有户数修建。但是，村民翻修了房屋（多数在2018年）的只有170余户，从古堡及其周边分户并住进该地的只有32户。以下是对定居于"新农村"住户的访谈。

> 我家有5口人，我、妻子以及长子、次子和3岁的女儿。长子今年15岁，在县城读初三；次子13岁，为郭麻日寺学僧。我家搬进来已经有8年。这是国家投入的项目，主要给建了院墙和四间房屋，但房子质量不太好，基本没法住，所以就把原来的房子拆了，重新盖了7间房。当时，盖新房买木头、雇木匠等花了25万元，其中10万元是借的，利息支出了1000元。原来有5亩耕地，征地时补了72.5万元。征地补偿款中一部分用于还借款，剩余的钱怎么用，我还在考虑。
>
> （受访者：SNDJ，N41，男，土族，1980年生人，同仁县年都乎乡郭麻日村民。2018年11月8日访谈于受访者家中）

第二章　村落社区化的两种接续形态：历程及演变

三是居住在古堡周边的村民。虽然在新址通过政府异地搬迁项目建了院落，但村民仍然不愿意搬迁，多数仍然返回古堡及其周围居住。干部称，年都乎乡政府下发通知要求搬迁，但作用甚微。① 大体算来，居住在古堡周边的有500多户，是该村农户的绝大部分。

一言以蔽之，从纵向考察紧邻县城的传统村落，面对着城镇化、村民对村落价值感知多元化，以及随着人口增长而来的村落社会被拆解等因素的叠加影响，处在极度强劲的被破坏甚至存亡的压力之中。如果传统村落的价值能够在与市镇化意义的比较中凸显，而且这种价值的损耗是不可逆的，那么就需要找到一条市镇化与传统村落保护共存甚而扬弃现行市镇化道路的路子来。

二　移民社区的形成

和日移民社区（群众习惯上称为和日村，也有称为和日新村的）具有鲜明的狭义社区属性：地处城镇，生计方式以第三产业为主，内部关系上具有共同体特征。在管理上，虽然没有像规模较大的城镇那样成立专门的社区委员会，而是仍然以行政村的组织形式架构的村"两委"及其相关组织单元来管理，但是，村级组织已不像行政村那样与镇政府的关系相对疏远而是有经常性、频繁的互动。

在社区成员身份归属和认同上，已有不少村民认为自己是"镇上的人"，身份证上"户别"一栏已有改为"居民"或"非农"的。比如，笔者从镇政府保管的"结婚登记审查处理表""申请结婚登记申明书"汇总，全村2018年登记11对结婚登记者中，有6人为"居民"、3人为"非农"。在生计方式上，2018年底统计，全村261户967人，拥有草场62226亩（分到户的，未分冬夏草场），其中黑土滩、可利用草场面积分别为14142亩和34612亩；全村有牛户261户（共1404头）、有羊户2户（55只）。得益于石刻（雕）产业发展，

---

① 受访者：SNZX，N19，男，30余岁，同仁县年都乎乡政府乡长；SNJC，N20，男，30余岁，同仁县年都乎乡人大主席、郭麻日村包村乡领导。2018年10月26日访谈于年都乎乡政府办公楼办公室。

151

村民不太注重畜牧业收益,主要以石材加工、服务业和政策性资金补助为生。问卷调查和村委会年度统计都能充分说明变化后的生计结构,详见表2-15。

表2-15　　　和日村2016年度牧户家庭总收入及支出情况　　　(万元)

村社	上年度牧户家庭总收入							上年度牧户家庭总支出			
	畜牧业	工资性	第三产业	虫草采集	国家公益性补贴	其他	合计	畜牧业生产	生活消费	家庭纯收入	合计
一社	33.7	13	96.4	0.5	0	8	227.1	0.81	0.2	226.3	0.81
二社	90.3	20	103.9	0.5	0	7.5	243.5	6	0.2	236.5	7.07
三社	45.8	22.7	103.9	0.5	0	7.5	147.2	0.74	0.14	146.5	0.75
全村合计	172	53	129.2	1.5	19	19	617.9	8.11	0.54	609.9	8.65

资料来源:《泽库县和日镇和日村创建全省民族团结进步示范村资料汇编》(业务卷),2014年。表中合计数与分项数之和有出入。

和日社区由和日村演化而来,而之前先有了和日寺后有和日村,也就是说,这个"共同体"经过了由寺至村再到"社区"的变化过程,这个脉络是十分清晰的。和日寺早年为帐房寺①,成土房寺后经二次易址。第一次是从原址宁秀卧杰额顿浪山迁至现寺院驻地后山(智合加)石经墙一侧。据《泽库县志》等文献记述,主持始建土房寺者为该寺第一世德尔敦(意为掘藏师)活佛德钦卓多,约于清道光十一年(1831)在和日部落头人昂钦的支持下修建;第三世德尔敦·晋美桑俄合丹增(亦名晋美桑杰丹增,1893年生、卒年不详)时期,由于饮水困难、频遭劫掠等原因被迫首度迁址。第二次是从智合加山梁迁址到与之紧邻、海拔相对较低的山谷(智合加沟),即现

---

① 指寺院无建筑房屋,僧人在帐篷里居住、进行佛事活动。

第二章 村落社区化的两种接续形态：历程及演变

址。在笔者调查时，石经墙靠寺院一侧的山梁，留存有约20米见方的三面墙院一处，其东西两侧墙面保存完整，另外两侧墙面已毁。据村民称，此为原寺院经堂旧貌。

村民对寺院再次搬迁有明确的时间记忆。据村中年长者回忆，第二次搬迁时间大约在"马步芳军阀统治青海时期"：

> 我1958年开始当大队会计，后任副村长，1974年任村书记，1990年卸任。担任书记时，村里没有现在这样的活动室。马步芳时期寺院已经从山上搬到山沟里了。那时候，村里有80户，来自各个部落，主要是宁秀、和日、王家、夏德日①四个乡的部落，还有同德的两个部落。各个部落的人二三十个、七八十个不等。因此，人们开玩笑地说，和日村有十八个部落，这样说，有小看的意思——部落杂，干什么都形不成气候。寺院最早的是代东（又称"德尔敦"——引者注）活佛，后来的洛嘉仓活佛是他的徒弟。大约是在100年前，是代东活佛把这些部落中最穷的人家集中起来并安置居住在寺院周围的。
>
> 寺院原来全部是宁玛派的僧人，可以娶妻生子。基本上每个户主是寺院可娶妻的阿卡，从事雕刻。1983年，村庄全部搬到山上面，寺院全部成为无妻阿卡的寺院。这些僧人来自和日、宁秀乡和牧场，本村的在寺僧人（不能娶妻）很少，掐指算一算有16个。现在，我们村里的居家宁玛派僧人有40人，叫"本本子"或"俄华""俄巴"。
>
> （受访者：泽库县和日镇和日村原村书记、俄巴GQSZ, N54）

这位受访者生于20世纪30年代末，是村中最为年长者，又曾任村干部，以俄巴（居家的宁玛派居士）自居，其追忆可信度颇高。

---

① 2001年改设并称泽曲镇（系泽库县政府驻地，原驻地称为索乃亥），该镇还包括原设恰科日乡现称为恰科日社区的7个村。

◆ 找寻安身之所

村民（信众）随寺而迁并围寺而成村落。从上述个案判断，寺院第二次迁址的同时，也将寺院周围香火地的"塔哇"（相当于乞讨者）集中在一起，以解决其生活无着的问题。另有村民明确地说，这个时间是在100多年前的1918年。① 最初的塔哇们以雕刻为生。到新中国成立后，寺院附近的牧户和人数已有所增长。据泽库县委统战部1955年统计，当时和日寺有佛堂2座34间、僧舍312间、佛塔2座，住寺僧人120余人，包括寺院塔哇在内共有104户340人（其中男150人，女190人），牲畜有马112匹、牛786头、羊2073只。可见，昔日的塔哇聚落已经演变为初具规模的村落，成为村民的塔哇从事着雕刻、畜牧等多种营生。

原和日乡显然也应和日寺而得名。1954年各地实行"区"级建制时，和日所在地称为泽库县第一区，1958年前才改称和日区，始有乡级建制雏形；1962年改社为乡，1984年确定称为和日乡，直至2014年撤乡设和日镇。其中，大致是在初设乡级行政建制时，将和日寺周边村民所在区域设为和日村，这是村寺分离的发端。

导致村寺直接分离的根本原因是为了还寺院一方净土而主动进行迁居、剥离，时间大概是在20世纪80年代。和日寺为藏传佛教宁玛派寺院，起初教规自然较松弛，当初在活佛主持下聚集部落塔哇于寺院周边后，每个有男孩家庭至少有一位成员成为寺院僧侣，而且寺院僧人娶妻生子不受限制。久而久之，村寺一体给寺院管理和教法传承带来严重障碍。

> 当时，娶妻僧人与没有娶妻的僧人混住于一座寺院，寺院里乱七八糟的东西多，对寺院非常不好。主要是寺院风气不好，有的没有娶妻的僧人，到寺院外面乱搞男女关系，寺院没办法限制这种现象。所以，寺院根本谈不上戒律，就在1983年，村民及

---

① 受访者：HBZ，N49，男，藏族，71岁，和日村委原会计。2018年11月13日访谈于和日镇某餐馆。

第二章　村落社区化的两种接续形态：历程及演变

有家室的僧人全部搬到寺院后面的山上，寺院里留下的全部是无妻阿卡，即便是有家室的宁玛派僧人也要求被搬走。现在，村里居家的宁玛派的僧人（俄巴）40人。

（受访者：和日村原书记、俄巴GQSZ，N54）

寺院后山即图2-7所示和日关巴地方，地势比和日石经墙所在地稍低，相互毗邻的院落院墙低矮，与青海农业区的庄廓院有天壤之别，类似于青海农牧混合区的"冬窝子"，只是院墙比之稍高、房屋建筑质量稍优而已（富裕人家的新式院落除外）。对于GQSZ（N54）所言明确的搬迁时间节点，得到其他受访村民的证实。

我1973年出生，身份证上写的是1971年，当时岁数报大了。在我记事的9岁的时候，我们家还在寺院，后来在德尔敦、洛嘉仓活佛主持寺院事务时，我们从沟里搬到了后面的山上。村民当时还刻大藏经，寺院可能给了搬迁的费用。当时搬到山上的只是有一半，另一半搬到了和日乡政府所地。对于从寺院所在周围搬离的时间，我记得比较清楚，就是在我十二三岁的时候，因为搬迁后的三五年，也就是我17岁的时候，我父亲去世了。

（受访者：GRDJ，N48，男，藏族，1971年生人，和日镇和日村党支部书记。2018年11月13日访谈于和日村党员活动中心办公室）

发生在20世纪80年代初期的和日村第一次外迁，还了寺院一份清静，是寺院的一次自发革命，保证了寺院的生存和可持续发展。其背后的关系逻辑是，村寺一体的特殊格局一经改变，不良风气的蔓延得以遏制，寺院戒律的整肃便是自然和较轻易之事。

村民搬迁完成后，寺院有了相对独立的发展空间，顺着山根一字排开的建筑才有了落成的便利。笔者调查时，寺院除了有年代最为久远的建筑——莲花生殿以外，从智合加沟外到沟内还有旧佛塔塔址、

◈◈ 找寻安身之所

如意塔、观音殿、佛塔殿—大经堂、僧舍、晒佛台等。这些建筑由环寺小路围成一个整体，形成独具特色的建筑格局和寺院自然生态。对此，《全国文物保护单位和日石经墙及和日寺保护规划》（出处见图2-8）描述：

> 和日寺整体布局坐北朝南，石经墙和和日寺上下呼应，建在寺院北侧山坡上。寺院建筑有经堂、佛殿、活佛府邸和僧舍等，主要佛殿建筑分布在和日寺建筑群中部，以大经堂为中心向东、西、北三面展开，东有莲花生殿、北有舍利塔殿、西有小经堂等，形成布局紧凑而舒展开阔的建筑格局。嘛呢廊沿南侧转经路而建，沿转经路向东为晒佛台。
>
> 寺内建筑多带有围墙合成院落，但建筑之间又联系紧密。佛事活动与法会根据规模与开展内容的不同，分别在大经堂、小经堂、莲花生殿内举行。

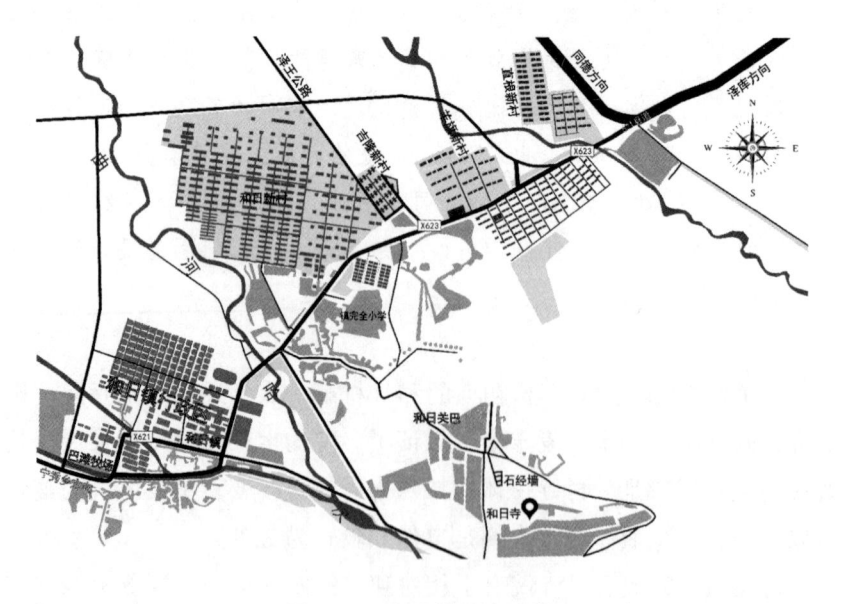

图2-7 和日镇及和日村

寺院还保持着相对完整的僧人群体结构和知识结构。如表2-15所示，2016—2018年，和日寺宗教教职人员人数略有增加，各年龄段中以18—59岁的为多，特别是18—39岁的人数占比在五成以上。当然，18岁以下人数偏少，僧人对此表露出一丝隐忧。从其文化结构判断，该寺多数教职人员接受过现代国民教育，甚至还有1名大专毕业生曾削发为僧，在寺苦研佛经。

村落迁至寺院西北部与之紧邻的山（图2-8中所示"尼青宽卓央宗山"）上后，与寺院若即若离。在此过程中最为关键的变化是，有家室的僧人被解除了僧籍，成为俗人。村民——特别是由僧转俗人的村民——为了拥有更加方便的宗教活动场所，也为了积蓄"功德"，便在村落靠近寺院一侧建起了土质佛塔、嘛呢康、奔康等宗教信仰设施，这些设施更多具有民间信仰场所的特点。从此以后，寺院成为纯粹的宗教场所，而和日村始成和日乡有效管辖的一个行政村。

村寺的分离，使得寺院香火地及僧源地无形中扩大了，僧源自然变得相对丰富。寺院不再与村落保持浑然天成的联系，而是如其最初形成的那样，以分布在和日、宁秀等乡的整个和日部落作为香火来源地。这在僧人来源地分布上得到呈现，比如2018年，全寺62名教职人员（其中，活佛7人、僧人55人）中，和日村籍的仅16人，而本地居家的宁玛派专职诵经人员（俄巴）确有40人之多。就寺院香火地所涉及各乡镇比，虽然和日村籍僧人数量占比超过了平均值，但显然要比村寺一体时大为减少了。

寺院基于历史发展过程，形成自己独特的信仰特点。比如，名为宁玛派寺院，但僧人不能婚娶；在信仰对象上，主要供奉宁玛派始祖莲花生（当地称为"罗红"，ao rgyan pad ma'byung gnas），但在寺院经堂也悬挂有格鲁派创始人宗喀巴唐卡画像（无塑像）；念诵经文种类上，莲花生、宗喀巴所著经书都在其列；寺院不跳"姜姆"而跳专门的"姜"。可见，两种教派交融共享，边界模糊，是该寺显著特点。

村寺空间关系由混杂到分离变化过程中，1958年实行的"宗教改革"起到推波助澜之作用。以下访谈内容从一个侧面反映了这一过程。

> 解放前我的父亲是和日寺的阿卡,属于寺院属民;解放后,寺院与村落分离,和日寺变成了和日村。和日村民最开始都是僧人,宗教改革后,僧人纷纷还俗,僧人成了俗人,并形成和日村。后来,活佛为防止村民影响僧人修行,把村与寺分开了。在民间世俗观念里,进村、进寺都叫进寺。和日寺属于宁玛派寺院,原来的僧人头上缠发,称为"本本子",可以娶妻生子。寺院有50个"本本子"僧人,称为俄巴,属于旧派(宁玛派),是密宗信奉者。另外,还有50人是穿袈裟僧人。世俗居士为本村人,出家僧人中有外地僧人。居士不能杀生,不能抽烟、喝酒,不能沾其他女人,十戒里要做到九戒;出家僧人则要做到251戒。
>
> (受访人:DZJ,N1,男,藏族,1965年生人,原泽库县和日乡和日村支部书记。2010年10月16日访谈于和日村党员活动室)

表2-16　　　　和日寺宗教教职人员基本结构　　　　　　(人)

统计年(月)	人数			年龄结构					文化结构	
	总数	活佛	僧人	12—17岁	18—39岁	40—59岁	60—79岁	>80岁	小学	大专
2016年	54	7	47							
2017年3月	60	6	54	1	24	28	4	7	59	1
2018年4月	62	7	55	2	23	20	3	2	61	1

数据来源:泽库县民族宗教事务局。表中2018年僧人各年龄段人数相加数与总数不等。

如果说20世纪80年代中期村寺一体解体后,迁移的村民住所仍然基本保持了原初村落的形态,那么,以迁居和日乡政府驻地的村民陆续向同一地点的自发搬迁则促使原有村落形态瓦解。和日处在三江

第二章 村落社区化的两种接续形态：历程及演变

源生态保护和建设总体规划的核心区，包含在生态移民工程实施范畴。另外，施行这项工程前后的牧民异地搬迁和游牧民定居项目也落地和日村。前文所述村寺一体解体后迁居乡政府驻地的村民即为异地搬迁户和游牧民定居户，已经完全成为和日镇"居民"。青海三江源区的生态移民工程实施于2005年，和日村亦然。笔者2010年调查时，生态移民之热度尚未退减，村民仍在为后移民时代的生计忧虑。实施生态移民时，全村有201户756人，其中的176户搬迁至乡政府驻地，其中，100户为生态移民户，76户为游牧民定居项目户。具体操作办法如下：

> 2005年全村实施生态移民时，给我们村的只有180户名额，不能全村搬迁。刚开始群众有异议，不愿意搬迁，后来听说有补助，都想要搬迁，无奈之下村"两委"就用抓阄的办法。当时家庭经济条件特别好的不愿意搬；条件不好的，入住新房却拿不出自筹部分。实际上，已经搬迁的户是中等收入的户。剩下留在原地的20多户，也是抓阄没有抓上的。
>
> 生态移民户每年领取饲草料补助3000元，相当于1头中等牦牛的价格；还领取烤火费每户每年800元。另外，60岁以上老人、15岁以下小孩每人每年领2300元生活补贴。移民里，60岁以上的只有二三人。移民里的76户是2009年搬迁的，当时人均有五六头牛，国家要求牧民削减一半的牛羊。全村当时有1523头牛羊（其中，羊有304只），这个数不算多，因为60%的牧民不愿也不养牛羊，他们把自家的冬季草场承包给别人，收取每亩7—8元的租金。全村的草场有62300亩，其中黑土滩受灾面积达2万亩。
>
> （受访者：原泽库县和日乡和日村支部书记 DZJ，N1）

村民相继从智合山搬到镇政府周围，大体上形成了三个定居点：一是人数最多的村民迁居党员活动室周围。在该地占地面积最广，形成

159

四横八纵呈左下角不规则的正方形居住区（见图2-7），巷道以既有当地文化特色又有现代生活特色的名称命名，有石刻路、甘珠路、藏戏路、民主路、迎宾路、致富路、天水路、幸福路、环科路，宛然一个城镇社区。居住地原址为和日村以及和日镇的其他村共有的耕地，地势平坦。最初，以每户一套（院落）的规模规划设计，但实际入住的只有170户。二是从泽库县城方向自东北向西至南村口右行、前往同德县的泽同公路（省道）南侧，安置了33户贫困户。这个居住点与和日镇直根村的移民点相邻，与其他村的农牧民混居，属于精准扶贫类异地搬迁项目户。三是先前于20世纪80年代中期开始陆续自发迁居乡政府所在地的村民，大致有60户。上述大部分村民特别是第三部分村民在和日镇街区有自己出资修建的铺面房，出租给商户，从中收取不菲的租金。这是村民在生计抉择上更有长远打算的理性行为。

村民迁出后，原村落并没有完全成为"空心村"，而是由多为年老的虔诚信仰者入住，成了村民宗教朝拜驿站。据笔者目测，其中遭废弃的院落不多，多数院落有人居住。居住者除本村出于朝拜寺院便利考虑而不愿迁居的老人（或及其子女）外，还有本镇其他乡的拜佛老者，后者多租用已迁居城镇的和日村民的原住房，每个土房及院落每年租金七八千元到一万元不等。据不完全统计，在智合加山梁及山根（寺院外）保存的房屋及院落有30多户，其中砖瓦房有12户。对农牧民住房情况，具体统计见表2-17。

在村级事务管理方面，并没有因为传统村落解体、村民分散居住而做出调整，仍然以三个队来管理。笔者2018年调研时观察到，村党支部和村委会及村干部在村民中具有较高权威，这种权威并没有因为传统村落的解体、村民收入来源多样化而被削弱。其中，主要的原因是，村民迁居城镇后，诸多社会保障、生计转变方面政策性补助、发展项目等的资金、信息、政策解读都要通过村"两委"下达给村民。笔者切身感受到，与2010年比较，村民的生存忧虑感已经大为减弱，这得益于收入来源的多元化和政策性收入的大幅度提高。村干部认为：

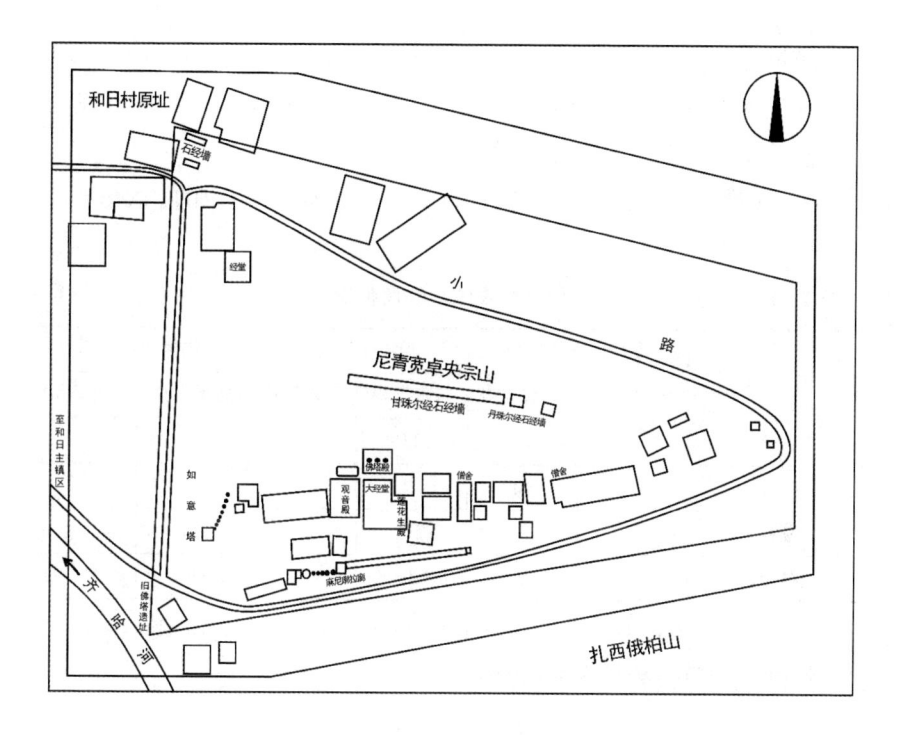

图 2-8　和日寺位置及建筑物布局示意

底图来源：泽库县文体广电旅游局、和日寺管理委员会：《全国文物保护单位和日石经墙及和日寺保护规划》，2018年。图中"小路"（寺院环路）外围线依次为规划保护范围线和建设控制地带线，僧舍（东）与小路之间建筑的标示文字不清。

现在的村民特别是贫困户收入来源多，收入"法码"（来源多样），有三江源补助、草补、公益岗位工资等，还有畜牧业收入；不养牛羊的，还可以出租草场，租金根据草山上牧草的质量、草场面积大小而定。国家对生态移民户的补助，每年全村有140万元。每亩草场的草补有十多元。大部分家庭在镇上有铺面房，都是自己修的，收取租金。村民下山后，主要从事打工和雕刻。村民家里有翻斗车、装载机的多，其中，四轮翻斗车有20多辆，主要是给工地拉沙子。全村每家每户雕刻石头，家庭分工明确，一般是男的开车、做买卖，女的在家搞石刻。村民中，会雕牛、雕花瓶等的有二十七八人，会雕佛像的有十七八人。也有村民在3—4月份去果洛州挖虫草的。这样下来，一户一年有收入达到四五万元的不在少数。村里有105户贫困户，其中的22户明年可以脱贫，其余的今年就脱贫。

（受访者：泽库县和日镇和日村党支部书记GRDJ，N48）

表2-17　　　　　　　和日村农牧户住房情况　　　　　　　（户）

村　社	牧户自建住房户		游牧民定居户		三江源移民住房户	
	砖木结构	土木结构	砖木结构	土木结构	砖木结构	土木结构
一社		17	87		38	
二社		10	87		36	
三社		2	56		26	
全村合计		27	230		100	

资料来源：《泽库县和日镇和日村创建全省民族团结进步示范村资料汇编》（业务卷），2014年。表中合计数与分项数之和有出入。

上述访谈所言和日村农牧户收入来源的多样化，得到统计数据证实。该统计报表得出全村及各社人均收入皆为6340.53元，虽有凑数据之嫌，但从中可看到该村收入结构的基本面。由表2-17可见，全村牧户畜牧业、工资性、第三产业、虫草采集收入以及国家公益补助分别占总收入的14.4%、5.7%、42.5%、0.2%、8.4%，还有占8.4%的其他收入。这一结构大致与表1-10所反映的和日村牧民收入问卷结果是吻合的。收入结构的多元性，显然对保持村落结构稳定性很有助益，从中也反映出偏远牧区民众面对环境变化积极应对和不屈的探索精神。

第三章　保护与开发的互促：景象及问题

　　保护与开发是一体两面，并不能确指孰先孰后。在民间，保护的观念根植于民众的思想深处，一个突出的表现是，其组织的文化生产活动并不完全以利益或效益为导向。比如，有的传承人一直反对将其作品作为商品销售，有的积极投身于慈善事业并不以营利为首要目标。而在政府层面，早期的保护举措有的并非主观自觉，后来有针对性的保护行动多来源于开发过程中的基层反映和发展困惑，很大程度上是一种现实省思和应对策略。因此，官方的文化保护行动更多地包含着不时的现实焦虑和突出的问题意识。这种焦虑和意识，与民众试图改变生活境遇和提高生活水平的强烈愿望不谋而合，产生出整合力量，从而推动了文化资源保护开发的进程。

　　从热贡文化资源开发和生态保护以及村落演变的过程，能够看到其中民众的创造、管理层的探索，也能隐约发现存在的风险和隐患。深入爬梳风风雨雨几十年甚至上百年保护开发所产生的成果，可以发现哪些是经验、哪些是教训，从而更好地对如火如荼的开发和保护实践做出符合文化社会演进规律和民众需要的正确引导，使"金色谷地"永放耀眼的光芒。热贡文化资源开发和生态保护总体保持良好的发展势头，但也存在发展不均衡不充分、文化生态保护目标不明确、保护思路还待调整等突出问题，需要在深入推进保护开发实践中及时地加以破解和矫正。

第一节　保护开发景象

在热贡地区的传统村落和移民社区两个自然和文化空间内，以政府为推动主导，开展了卓有成效的保护和开发，有力带动了群众对组织化保护开发的广泛参与。

一　传统村落的文化开发及生态保护

（一）文化资源开发

对于以隆务河谷古屯堡寨为代表的传统村落的文化开发状况，前文已有所述及，特别是对唐卡艺术的开发历程和现状有详尽的梳理分析。从唐卡艺术开发的历程可以看到，其发展中的政府宣传、民众探索、全力推进三项内容基本上是各个阶段工作中最为突出、富有成效的，但并不是说多方力量各自为政而是形成官方和民间的推进合力。也就是说，在政府着力推进的同时，民间（主要是民营企业）亦在保护开发的征程中进行着富有创造性的探索。因此，说到热贡村落文化开发现状，就有必要从官方和民间两个层面做出梳理。

政府层面对热贡文化开发的决策主要是围绕着生产性保护展开的，换言之，开发或生产是为了更好地进行保护。在这方面所呈现的大致效果是，基地（场馆）建设尤为突出，项目认定、标准制定、品牌创建初见成效。正如前文所述，政府的资金、人力投入集中在同仁县甚至隆务河谷的几个村寨，因此，大致可以说，从官方层面对热贡文化开发的投入主要面向传统村落这个空间。

首先，开发基地（场馆）建设初具规模。被批准为国家级生产性保护基地和省级热贡艺术传承基地的有三个，分别是国家级生产性保护基地热贡画院、省级热贡艺术传承基地龙树画院和仁俊传习院。三者都是在传承人原有的生产基础上挂牌成立，各保护基地已发展为实体企业。截至2018年，三个基地的社会性投入资金额累计达到1.2亿元。政府则在资金撬动、贷款担保、发展基金保障等方面给予必要的、力所能及的支持，在宣传推广方面也有一定的资金投入。这种引导性的支持对于具有坚实的发展基础、良好的发展环境、可预见的发展未来的文化企业来说，不仅起到一定的辅助作用，而且是十分重要的。

在经营主体的积极探索下，加之政府生产性保护的倡导和引领，极大地促进了"非遗"企业的经济效益产出。比如，国家级"非遗"项目代表性传承人娘本所经营的热贡画院，被文化部批准设立为国家级生产性保护基地，授徒70名，年收入达到3500万元；国家级"非遗"项目代表性传承人夏吾角所经营的仁俊泥塑传习院、省级"非遗"项目代表性传承人扎西尖措经营的龙树画苑双双被青海省文化和新闻出版厅（后改为省文化和旅游厅）批准设立为省级热贡艺术传承基地，截至2018年两家授徒总数达110名，年收入分别达到2600万元和1200万元。另外，夏吾李加、才旦加等省级代表性传承人采取家庭作坊式的经营方式从事生产性保护，授徒艺人人数多达300余名，传承人家庭年收入平均可达20万元以上。

博物场馆建设成为财政投入的重要领域，其特色功能逐步呈现。除上述几大画院外，始建于1979年，财政投资1.2亿元、重建于2009年的黄南州热贡艺术馆（热贡艺术博物馆）馆藏考古发掘品、历史传世品、近现代各民族的生产生活用品、服装服饰、宗教用品、民族文化文献、工艺美术品等当地文物1万余件，被誉为"热贡艺术基因库"，已成为集中展示和宣传热贡文化的重要窗口。虽然热贡艺术博物馆运行成本高昂、州级财政不堪重负，但政府每年仍拨出款项予以支持运转并免费开放。其功能除了研究、传承热贡文化，还承担着为初来乍到的旅游者集中介绍丰富、多元的热贡文化的作用，实际上成为黄南热贡文化游的起始站。很多游客正是通过参观热贡博物馆后才有了购买各种热贡艺术品的决定。这对热贡艺术开发企业而言，无形中省去了很大一部分宣传成本，进而从容地广纳游客。此外，还分别投资1.1亿元和0.27亿元新建河南县博物馆、尖扎县博物馆，同仁县热贡文化园区内亦投入资金1.5亿元用于博物馆、创作展示展览馆建设。这些博物馆静候花开，建成并投入使用同样可以发挥与热贡博物馆一样的功能。

其次,生产性保护项目传承成为热贡艺术开发的重要支撑。生产性保护是指在具有生产性质的实践过程中,以保持非物质文化遗产的真实性、整体性和传承性为核心,以有效传承非物质文化遗产技艺为前提,借助生产、流通、销售等手段,将非物质文化遗产及其资源转化为文化产品的保护方式。① 热贡文化生态保护区的生产性项目以热贡唐卡、堆绣为主要艺术类型,兼及和日石雕(刻)技艺、同仁刻板印刷技艺、尖扎五彩神箭,以及金、银、铜、木的雕琢等,主要集中在隆务河流域的村落。到 2018 年,从事生产性项目的代表性传承人有 20 人,其中国家级 8 人、省级 12 人。生产性项目传承人均在授徒传艺,采用传统的生产方式加工制作"非遗"产品,使得传统生产技艺得到保护与认可,并得以持续弘扬与传承。

生产性保护项目的实施,使"坚持传统工艺流程的整体性和核心技艺的真实性"保护要求得到一定的落实。比如,有才华的年轻画师绘制的一些精品唐卡,一般要经过唐卡画师的精心指点,这一方面帮助提高年轻画师的技艺,另一方面,可使唐卡售价倍增。此外,正是有了生产性保护项目的依托,金、银、珍珠、玛瑙等加工而成天然颜料在绘制中的使用得以保证,而且,售价甚高的唐卡基本上经过了唐卡协会艺术鉴定委员会的鉴定。除唐卡外,堆绣、木雕等技艺精巧、卖得好价钱的艺术作品,无一不严格恪守传统的工艺制作流程。为了保证产品质量,黄南州还出台资金、基金等扶持政策,及时地对热贡艺术开发及产业化做出正确的引导。事实证明,只要引导得力,完全可以消解恪守技艺传统与文化资源开发、市场拓展之间潜在的矛盾。

正是在生产性保护的引领下,热贡艺术乃至热贡文化被越来越多的人认可,知名度不断提高。特别是热贡地区青年一代,给予热贡艺术更多的关注。问卷显示,热贡地区的"80 后""90 后"两代人,

---

① 中华人民共和国文化部:《关于加强非物质文化遗产生产性保护的指导意见》,文非遗发〔2012〕4 号,2012 年 2 月 2 日。

第三章 保护与开发的互促：景象及问题

对热贡文化中的传统手工艺十分地感兴趣。如表3-1所示，有36.8%的25—34岁受访者、38.5%的24岁以下的受访者，对自然村落文化中的传统手工艺最感兴趣，比例皆高于回答有效样本占比的平均值；而且，这两个年龄段的受访者十分认可党委政府保护热贡文化的政策措施及其对热贡文化所起到的作用，分别有40%和46.2%的受访者认为"作用很大"（见表3-2）。

表3-1　不同年龄段受访者最感兴趣的村落文化内容　　　　　　　（%）

年龄段	传统手工艺	传统文化遗迹	传统习俗	饮食文化	居住文化	村落起源和发展	寺庙文化	不清楚	回答有效样本合计（例）
24岁以下	38.5	15.4	30.8	0	0	0	0	15.4	13
25—34岁	36.8	28.9	14.5	3.9	2.6	1.3	5.3	6.6	76
35—44岁	30.4	17.4	14.1	3.3	4.3	8.7	15.2	6.5	92
45—59岁	37.5	12.5	16.7	6.3	0	6.3	10.4	10.4	48
60岁以上	50.0	0	37.5	0	0	0	12.5	0	8
合　计	35.0	19.4	16.5	3.8	2.5	5.1	10.1	7.6	237

表3-2　不同年龄段受访者就政策措施对热贡文化传承作用总体评价

（%）

年龄段	作用很大	有点作用	没有作用	不清楚	回答有效样本合计（例）
24岁以下	46.2	7.7	7.7	38.5	13
25—34岁	40.0	36.3	2.5	21.3	80
35—44岁	32.0	29.9	7.2	30.9	97
45—59岁	47.6	33.3	2.4	16.7	42
60岁以上	0	71.4	0	28.6	7
合　计	37.2	32.6	4.6	25.5	239

◈ 找寻安身之所

年轻一代对热贡艺术技艺"感兴趣"并认可党委政府的诸多政策措施的意义深远。一方面，青少年群体成为热贡文化资源开发的积极参与者和产业化的积极实践者。隆务河谷几大热贡文化画院（苑）或经营公司的创业者和生产性传承人队伍中，既有西合道、启加、桑杰等健在的老一辈热贡艺术家，也有夏吾角、娘本、更登达吉、桓贡、罗藏旦巴、尕藏才让、桑斗合、土旦、扎西尖措等20世纪六七十年代出生者作为中坚力量。更加值得称道的是，在热贡艺术开发市场中活跃着的更多是技艺精湛且满怀抱负、有经营头脑的青年艺术家。有代表性的青年人才辈出，比如，热贡民族文化宫的创始者和艺术导师银交加（法名嘎藏加措）和兰卡都为1980年前后生人，胜境热贡艺术苑主持者尖措和夏吾尖措更是"85后"。他们都以各自的经营方式，培养造就热贡文化人才，带动热贡文化产业发展，积极贡献于热贡艺术的保护、传承和发展事业。而在各个画院（传习所）聚集的学人则多数是"90后"，其中，有中学辍学的学生，也有大中专学校的优秀毕业生；有来自同仁地区的藏族青年，也有远道慕名而来的全日制汉族学生；有个别家境殷实的，也有出身贫寒的。以下是一位毕业于热贡民族文化宫的唐卡画师的自述，表达了异地求学并学成的女性年轻画师的心路。

  我叫SJJ，1998年出生于甘肃夏河。我从九岁开始便踏上了求学之旅，完成了小学和初中的所有课程。就快上高中的我，由于懒惰和贪玩放弃了学业。随着时间的推移，我慢慢体会到了父母的良苦用心，于是，我来到了历史悠久的文化之乡——金色热贡。

  重新踏入校园的我，虽然在学习上遇到了很多的艰辛和挫折，但在老师的教诲下进步神速。在画唐卡上，我从初步的底稿到最后的勾金和勾线，画技日益成熟，为此，我感到骄傲和荣幸。我衷心感谢我的恩师嘎藏师父和班主任谢热老师这些年对我的呵护和教诲。我在2018年正式从热贡民族文化宫唐卡学校毕业，我将把学校给予我的宝贵精神财富继续发扬下去，立志成为一个有益于国家和人民的人。①

很多画院毕业生补充进入热贡画师群体，画师队伍得以不断发展壮大，带动农民增收、产业增效。比如，扎西尖措、曲智兄弟二人创建的龙树画院，截至2018年初已累计培养画师320多名。特别要提及的是，同仁县吾屯村"非遗"传承人尕藏，以热贡神笔唐卡艺术公司为依托，每年组织120多名当地艺人"走出去"，到四川、甘肃、山西等地从事唐卡、彩绘、泥塑等产业，成为远近闻名的致富带头人。他所带出去的艺人每人每年平均收入在5万元以上，在带动当地民众增收的同时，在实践中培养造就了有一技之长、能专门从事文化产业的农民工520多人。②

参与热贡艺术创作的人数不断增多，整体带动文化产业的快速发展。据"热管委"统计，从2011年到2015年再到2017年，保护区文化从业人员从1.31万人增加到2.9万人再增至4.12万人，文化产业销售收入从2.4亿元增长到5.37亿元再增至7.8亿元，年收入超过1000万元的"非遗"龙头企业达到5家，年收入达到100万元的中小文化企业超过100家，超前完成"总体规划"所设定的文化产业发展目标。而就画院（苑）文化产值而言，更是难以估价，一个画院几个亿的不在少数。比如，龙树画院收集的矿物颜料就值五六百万元，而且随着资源量减少而不断升值。生产性保护已成为热贡艺术繁荣发展的强劲驱动力，推动形成传承保护与经济发展互动双赢的新格局。

另一方面，青年一代带着其特有的时尚理念，积极探索创新性的传承发展。除第一章所述传承人在技法上的自我探索创新外，更有画师在市场的洗礼中积极拓新技法、推陈出新作品。比如，热贡地区的画师在省外开的200多家画院，一般由当地企业出资建设和开设，不

---

① 《艺术的天堂——热贡民族文化宫第二届毕业班论文》，青（黄）文（2018）准字第（18）号，第44页。
② 《热贡：在这片艺术浸染的土地上》，《青海日报》2017年3月24日。

少画师以当地社会生活为题材创作唐卡作品。又如，省级热贡艺术（泥塑）传承人夏吾冷知，把泥塑生产厂开在了四川绵阳，在创作传统泥塑作品的同时，为当地生产工艺品。有一位年轻艺人在福建设立窗口点，用绘制唐卡的技法、颜料绘制多在中国东南沿海及港澳地区信奉的妈祖，作品颇受欢迎。还有画师同样用唐卡技法描绘汉传佛教内容，甚至画世俗生活内容的唐卡，如娘本绘制并捐赠给国务院办公厅的《文成公主进藏》《开国大典》、赠予澳门特别行政区的《回归十周年》，以及其他画师的"民族大团结"唐卡、"天路"唐卡等这些创新之举，不断丰富着唐卡绘画题材，拓展着唐卡产品市场。

再次，品牌建设成效初显。一是着力推进标准化建设。在颁布地方标准、成立鉴定中心的基础上开展鉴定检测，特别是在全国率先启用热贡艺术品等级评价与质量检验检测工作和热贡唐卡质量追溯体系、唐卡二维码身份识别信息设置，持续推进质量检测体系建设，为从源头上保证唐卡传统技艺不流失而保驾护航，推动唐卡艺术健康可持续开发。

二是着力推进热贡艺术品生产的品牌化。2012年12月，热贡唐卡被国家质检总局批准为"中国地理标志保护产品"。先后注册"热贡""安多唐卡""尕藏牌唐卡""仁俊泥塑""奥松弓箭"等一系列商标及"非遗"产品设计专利，以法律手段促进"非遗"保护，进一步提升了"非遗"项目的知名度和美誉度。在此基础上，从2013年开始，开展全国热贡文化产业知名品牌示范区（青海省另有"青海湖旅游""柴达木枸杞""城南藏毯"）创建，强化热贡艺术品牌意识、质量意识，打造龙头品牌。2016年6月，由国家质检总局、中国质量认证中心和青海省质量技术监督局组织成立的专家组以及观察员，对黄南州"品牌示范区"创建进行验收，是年底黄南州热贡地区被国家质检总局命名为"全国热贡文化产业知名品牌创建示范区"。这一总体性品牌的着力打造，使唐卡市场形成言必热贡的局面，对热贡文化开发龙头企业进一步拓展国内外市场起到更为直接的推动作用。

（二）文化生态保护

1."总体规划"完成进度

"总体规划"较好地体现了"保护"原则，可谓有关保护的规划。国家在黄南州建立以热贡命名的文化生态保护实验区的初衷及"总体规划"的核心原则，无疑是通过文化生态的保护实现对文化及文化多样性的保护。因此，无论是从国家层面出台的政策，比如《国务院关于加强文化遗产保护的通知》（2005）、《国家"十一五"时期文化发展规划纲要》（2007）、《文化部关于加强国家级文化生态保护区建设的指导意见》（2010）、《文化部关于加强国家级文化生态保护区总体规划编制工作的通知》（2011）等，还是制定通过的《中华人民共和国非物质遗产法》（2011）、《国家级文化生态保护区管理办法》（2018）等法律法规，都反复强调、体现保护的重要性，即便是提及"开发"，最终也要落脚到"开发性保护"上。在其指导下，"总体规划"中有关文化资源开发的内容涉及较少，甚而在"重点区域整体性保护规划"之下"经济社会协调发展规划"中明确提出禁止发展、限制发展、鼓励发展的产业类别，提出实行严格的产业准入。[1]

"总体规划"实施进度，就热贡而言，就是指村落文化保护的进展状况。由于多种原因，"总体规划"的实施范围主要集中在同仁县的几个主要村落。以中央和地方财政投入资金分配使用情况为例，2017年使用中央财政投入经费310万元，其中，新建13个传习中心，每个传习中心予以10万元运营补助；向黄南州文体广电局、四县文体广电旅游局拨付"非遗"宣传经费180万元。地方财政投入经费465万元，其中，安排50万元用于黄南州热贡文化产品营销协会、同仁县龙树画院开展专项培训，60万元用于全国热贡文化产业知名品牌创建示范区工作、开展唐卡质量检验检测及质量信息追溯体系建

---

[1] 黄南藏族自治州人民政府：《热贡文化生态保护区总体规划》（成果稿），2011年8月，第63页。

设，120万余用于"非遗"文化企业的产业发展，180万元用于"热贡艺术全国公益巡展"北京站活动，50万元用于搭建热贡唐卡网，5万元用于"非遗"保护宣传工作。对于同仁县的资金倾斜安排，可谓近水楼台先得月，也与该地发展基础比较好、投入资金易较快产生效益有关。

就建设内容或保护方式而言，根据"总体规划"安排，所开展的工作大致可总结为静、动两方面，"静"是指收集、保存，"动"是指生产性保护、节会保护、传习保护3个方面。

在"静"的方面，一是开展"非遗"普查，初步摸清保护区"非遗"资源家底。安排"非遗"专项资金，组织四县文化部门开展"寻根行动——非物质文化遗产资源再调查"活动，对黄南州"非遗"资源进行普查，进一步发现掌握"非遗"的种类、数量、保护状况。截至2017年底，各县通过深入农村牧区社区，采访老牧民、老农民、老艺人、老教师、老干部等，共搜集到"非遗"线索500余条，登记387项，整理归类"非遗"项目265项，涵盖民间文学、传统美术、传统音乐、传统戏剧、传统技艺、生产商贸习俗、消费习俗、人生礼俗、岁时节令、民间信仰、民间知识、传统体育、游艺与竞技共13大类。进一步挖掘黄南州"非遗"项目，公布县级"非遗"项目和代表性传承人，完善"非遗"四级名录体系及传承人信息。整理汇编普查结果，建立普查目录清单、登记表、录音录像等资料。经过普查，热贡文化生态保护实验区内，登记入册的"非遗"有十大类181项，这为深入挖掘和保护珍贵的文化资源奠定了基础。

二是开展抢救性保护。购置抢救性记录设备，投资建立数据库中心，配备"非遗"非线型编辑储存系统，规范数字化及纸质档案。拍摄国家级、省级"非遗"项目宣传片，作品如《热贡艺术》《热贡六月会》《土族於菟》《和日石经墙"天下第一石书"》《热贡刻板印刷》《热贡唐卡绘制流程》《保安社火》《南宗尼姑寺诵经乐（心乐）》《五彩神箭》等。对所有实验区70岁以上的13名传承人、老艺人所掌握的传统技艺及技巧，进行摄影摄像及文字记录抢救性保护，成果如"贡保才旦石刻技艺摄像实录"、《美善唐卡——唐卡大师西合道口述史》、《热贡艺术及传承人·唐卡：斗尕唐卡口述史》等。投资 300 万元实施的热贡唐卡白描技艺、彩绘技艺抢救性记录保护项目，共绘制唐卡白描图 100 幅、彩绘图 42 幅，拍摄绘画资料照片 300 余张。青海省"非遗"保护中心开展全省国家级"非遗"项目代表性传承人抢救记录项目，其中包括热贡文化生态保护实验区上述 13 名国家级代表性传承人。

在"动"的方面，较为突出的是促成民间传统节会与旅游的初步融合。黄南州把"六月会"、宗教法会等民间传统节会纳入旅游项目中，同时通过节会场所的投入建设、节会传承人的扶持等举措，不断促进文化与旅游的融合发展。在同仁县旅游宣传资料中，标明着各民俗活动的时间、地点和主要内容（见图 3-1、图 3-2）。

图 3-1　365 天游同仁（热贡）宣传册内页

173

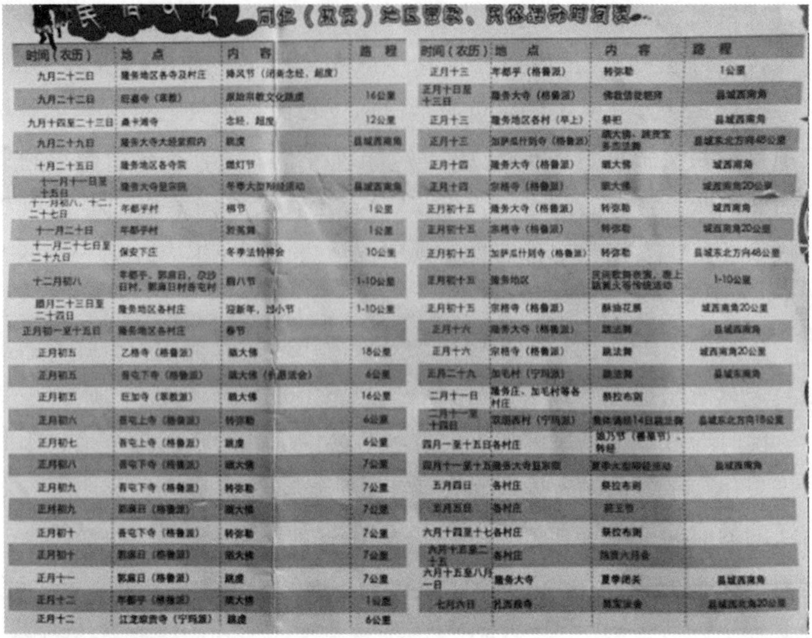

图3-2　同仁（热贡）地区宗教、民俗活动时间宣传册

表3-3　　　　　　　同仁（热贡）地区宗教、民俗活动一览

日期	地点	内容	距离或方位
正月初一至十五日	隆务各村庄	春节	
正月初五	乙格寺（格鲁派）	晒大佛	18千米
	吾屯下寺（格鲁派）	晒大佛（祈愿法会）	6千米
	旺加寺（苯教派）	晒大佛	16千米
正月初六	吾屯上寺（格鲁派）	转弥勒	6千米
正月初七	吾屯上寺（格鲁派）	跳虎	6千米
正月初八	吾屯下寺（格鲁派）	晒大佛	7千米
正月初九	吾屯下寺（格鲁派）	转弥勒	7千米
	郭麻日寺（格鲁派）	晒大佛	7千米

174

续表

日期	地点	内容	距离或方位
正月初十	吾屯下寺（格鲁派）	转弥勒	7千米
	郭麻日寺（格鲁派）	晒大佛	7千米
正月初十至十三日	隆务大寺（格鲁派）	佛教信徒朝拜	县城西南角
正月十一	郭麻日寺（格鲁派）	跳虔	7千米
正月十二	年都乎寺（格鲁派）	晒大佛	1千米
	江龙琼贡寺（宁玛派）	跳虔	6千米
正月十三早上	隆务地区各村	祭祀	县城西南角
正月十三	年都乎寺（格鲁派）	转弥勒	1千米
	加萨瓜什则寺（格鲁派）	晒大佛、跳贡宝多杰法舞	县城东北方48千米
正月十四	隆务寺（格鲁派）	晒大佛	县城西南角
	宗格寺（格鲁派）	晒大佛	县城西南角20千米
正月十五	隆务大寺（格鲁派）	转弥勒	县城西南角
	宗格寺	晒大佛	县城西南角20千米
	加萨瓜什则寺（格鲁派）	转弥勒	县城东北方48千米
	隆务地区	民间歌舞表演，晚上跳篝火等传统活动	1—10千米
	宗格寺（格鲁派）	酥油花展	县城西南角20千米
正月十六	隆务大寺（格鲁派）	跳法舞	县城西南角
	宗格寺（格鲁派）	跳法舞	县城西南角20千米
正月二十九	加毛寺（宁玛派）	跳法舞	县城东南角
二月十一日	隆务庄、加毛村等各村庄	祭拉布则	

续表

日期	地点	内容	距离或方位
二月十一至十四日	双朋西寺（宁玛派）	集体诵经，十四日跳法舞	县城东北方18千米
四月初一至十五日	各村庄	娘乃节（善果节）、转经	
五月初四	各村庄	祭拉布则	
五月初五	各村庄	药王节	
六月初十至二十五日	各村庄	热贡六月会	
六月十四日至十七日	各村庄	祭拉布则	
六月十五至八月一日	隆务大寺	夏季闭关	县城西南角
七月初六	扎西曲寺	展宝法会	县城西北方20千米
九月十四至二十三日	桑卡滩寺	念经、超度	12千米
九月二十二日	隆务地区各寺及村庄	降风节（闭斋念经、超度）	
	旺嘉寺（苯教）	念经、超度	16千米
九月二十九日	隆务大寺经堂院内	跳虔	县城西南角
十月二十五日	隆务地区各寺院	燃灯节	
十一月初八、二十、二十七日	年都乎村	榔节	1千米
十一月十一日至十五日	隆务大寺显宗院	冬季大型辩经活动	县城西南角
十一月二十日	年都乎村	於菟舞	1千米
十一月二十七日至二十九日	保安下庄	冬季法铃神会	10千米
十二月初八	年都乎、郭麻日、尕沙日、吾屯村	腊八节	1—10千米
十二月二十三日至二十四日	隆务地区各村庄	迎新年、过小节	1—10千米

资料来源：据图3-2转制。对个别措辞作了规范化改动。"距离"指表中"地点"与游客接待中心的距离。

第三章 保护与开发的互促：景象及问题

同仁地区节会集中在年关和农历六月。在这两时段，节会活动十分密集，特别是在每年腊月和正月，寺院宗教活动甚多，其中的跳欠（亦作"虔"）和晒佛活动最为知名，是当地民众春节习俗的一个重要组成部分。从中还可以看到，把当地看来最稀松平常、实际上包含极其丰富的文化内涵的过小节、春节、转弥勒等节庆纳入其中，既能一定程度上突破青海旅游的季节瓶颈，又能使游客真实体验、感知当地民众朴素的生活方式。

表3-3、图3-1只提及而未详分被列入国家级非物质文化遗产名录（第一批）的"热贡六月会"，另有旅游宣传册用中英两种文字详列隆务河谷各村庄举行"六月会"的时间周期及舞蹈种类（见表3-4），可使游客对这一热贡地区独有的大型祭祀表演活动一目了然，以做出合理的观看体验安排。

对于"热贡六月会"，中国非物质文化遗产名录"简介"作如下解读：

> 热贡六月会是藏族、土族群众中盛行的大型祭祀表演活动，流传于青海省黄南藏族自治州同仁县，每年农历六月十七日至六月二十五日举行，举办活动的村庄有五十多个。
>
> 热贡六月会是青海同仁县藏族村庄特有的传统文化节，已流传1400多年，其祭神方式在全藏区是独有的。热贡六月会的渊源有两种相关的传说。其一称唐蕃和解时，为了庆祝和平的到来，守卫当地的吐蕃将军于当年的六月十六至二十五日向当地的诸守护神叩拜，并隆重祭祀，由此发展成热贡六月会。其二称元末明初时，元朝一支蒙汉混编的军队在隆务河谷接受了明朝的招安并在当地解甲务农。
>
> 为了庆祝和平安宁，他们举行了隆重的祭典活动，祈求消灾去难人寿粮丰，热贡六月会即从此发展而来。六月会有固定的时间，它是每年农历六月十七日到二十五日。正式参加者是所有的男子和年轻未婚的少女，其他人只是观赏者。六月会的节目形式

多种多样，气氛热烈而庄重。具体日程少则包括煨桑、请神、龙鼓、舞蹈、祭祀等，多则还有上口钎、开山、小品和山歌等。

六月会从头到尾贯穿歌舞表演，主要分为"拉什则"（神舞）、"勒什则"（龙舞）和"莫合则"（军舞）三大类，在不同村庄呈现出多样性。热贡六月会具有很强的传统文化特点，它集仪式、庆典、歌舞、民间小戏表演于一体，具有艺术学、宗教学、人类学、民俗学、文化学等方面的研究价值。[①]

借助唐卡声名鹊起、民间节庆活动如火如荼，黄南热贡地区在文旅融合上走出坚实的一步。如果说泽库和日寺的法会、和日村的藏戏表演是一泓甘泉，精致而细润，那么，隆务河谷地几个村庄在如此集中的一个时间段互有交替亦有先后的活态文化呈现，则更像一片滔天骇浪，庞然而狂烈，会给观者巨大的震撼。这是黄南州在文化与旅游结合上迈出的一小步，2017年的自评估报告称，"热贡六月会由12个村庄恢复发展到50个村庄，充满节日气氛、规模宏大的民俗活动每年吸引300余万名游客前来观看，带动了旅游业的发展"，"参与传承演出的群众由8年前的1000余人次增加到现在的上万人次"[②]。

对青海民族地区旅游业来说，文旅融合发展的努力是在时间和空间上加以扩张其资源开发深度广度的尝试［正如表3-4所罗列节会、图3-1所示"365天游同仁（热贡）"一样］，村民也成为不同文化主体进行理解沟通的"文化摆渡人"。而对文化生态乃至文化保护而言，文化躬行者可以逐渐弱化游客的凝视，从活动中感受他们的先辈对人与人、人与物、人与社会关系的理解和心性，也使历史渐渐在头脑中被现代社会、现实社会冲刷和稀释，年轻一代从活动的参与中习得文化，传承父辈、祖辈的文化遗产。

---

① 中国非物质文化遗产网，http：/6/www.ihchina.cn/5/11108.html。
② 黄南州热贡文化生态保护实验区管理委员会：《热贡文化生态保护实验区建设自评报告》，2017年。

表3-4　　　　　　　　同仁民间舞蹈节会旅游导引

地点	月	日	主要活动日	舞类
隆务寺及下属寺	一	五—十六	十五	法舞
四合吉	六	十六—十九	十八	神舞
江什加			十九	神舞
麻巴哈拉巴		十八—二十三	二十一	军舞
郭么日		十九—二十四	二十三	军舞
浪加		二十一—二十四	二十二	龙舞
尕沙日			二十四	军舞
铁吾		二十一—二十五	二十一	龙舞
加仓玛			二十一	龙舞
吾屯			二十四	龙舞
麻巴日杂		二十一—二十四	二十三	军舞
霍日加		二十一—二十五	二十五	龙舞
苏和日		二十一—二十六	二十六	神舞
麻巴银扎木		二十二—二十五	二十四	神舞
麻巴东干本			二十五	神舞
保安双处村		二十三—二十五	二十五	神舞
旺嘉寺跳羌	九	二十一—二十二	二十二	法舞
年都乎"於菟"	十二	二十	二十	於菟

资料来源：据《同仁宣传画册》中的《同仁（热贡）地区民俗活动时间表》转录。从录入内容看，称之为"同仁地区部分村庄和寺院的传统舞蹈活动"更为确切。次序按举办月及首末日作了调整。

2. 核心门类项目、传承人和传习所

申请项目的归类体现了整体性。热贡艺术、黄南藏戏是联合国教育、科学及文化组织认定的人类非物质文化遗产代表项目，其中前者包括绘画（唐卡、壁画）、堆绣、雕塑（木雕、泥雕、石雕）、建筑、彩绘图案等艺术门类。在当地管理者看来，这样打包申请有点"吃亏"，言下之意是本来每个门类都有资格单独申请作人类非物质文化遗产。

179

"非遗"项目及其传承人集中在同仁地区,特别是几个传统村落。国家级"非遗"代表性项目除前述两项人类"非遗"外,还有"土族於菟"、泽库和日寺石刻技艺、同仁刻板印刷技艺和热贡六月会。(表3-5)这6项中,除泽库和日寺石刻技艺外,其他皆分布在同仁地区,在建设热贡文化生态保护实验区过程中,仍从狭义上也就是从"金色谷地"的角度上来理解"热贡"的。因此,国家级和省级传承人选择上,主要限于同仁县的几个村落,换言之,各级代表性传承人绝大部分生活在项目所在地的村落。据统计,黄南州22个传统村落中有16个村落覆盖"四级"(即国家、省级、州级、县级)"非遗"名录项目,大部分集中在热贡文化生态保护实验区的重点区域同仁县。从表3-5、表3-6、表3-7以及前文所列传承人名录可见,生活在城镇社区的传承人只有州级单位的2人(其中1人去世)、河南县优干宁镇的1人、"四合吉社区"的1人,也有3人生活在寺院(隆务寺和南宗尼姑寺)。据"热管委"2017年初统计,各级传承人中女性仅占1.9%;传承人平均年龄47.39岁,最小年龄29岁,最大年龄77岁;受教育水平在初中及以上的达到68.2%。大多数传承人技艺传承达三代以上。

以村落为孕育、存续之所的"非遗"项目及其传承人,以多样化的方式传承"非遗"文化。截至2018年,热贡文化生态保护实验区有各级"非遗"项目274项,其中,人类非物质文化遗产代表作名录2项、国家级6项、省级17项、州级131项、县级118项;各级代表性传承人215人,其中,国家级15名、省级22名、州级59名、县级119名,实现了"非遗"项目及其传承人在村落的广覆盖。这些传承人,一方面通过传统方式自觉、自发收徒并传承技艺。除了授徒,部分传承人还给徒弟以外的人传艺,并到学校、博物馆等作展示和讲座,或通过常规教学的方式传艺给学生。据"热管委"2017年初统计,全州35名国家级、省级代表性传承人每年累计收徒传艺人数达600余人。

另一方面,通过建立"非遗"传习所或传习中心的方式,开展组织化、规模化的技艺传承。按照每个项目不超过2个的原则，截至2018年，共设立以表1-9所列几大画院（苑）及黄南州藏戏团为重点的各类"非遗"传习中心47个，每年培训文化从业人员2000余人次。对于传习中心的运作，主要利用文化部"非遗"保护专项资金予以支持。同时，建立规模不及传习中心的示范户85家。其中，有89.3%的传习中心设在核心区域同仁县。

多样化的传习中心逐渐成为新的传承业态。传习中心的建立采取了三种模式，一是自建传习中心，比如更登唐卡传习中心模式；二是合作共建模式，亦即政府与企业合作建成传习中心，如龙树画院唐卡传习中心、布达拉金银雕传习中心等；三是联建模式，即将"非遗"传承与旅游相结合进行建设，比如热贡画院唐卡传习中心、仁俊泥塑传习中心等。传习场所根据重点区域的划分及"非遗"项目覆盖的比率进行设立和建设，但仍有不平衡之处，比如，6个国家级代表性项目均已建立传习中心，省级项目仅建立传习中心1个，州级项目尚未建传习中心。

表3-5 黄南州国家级"非遗"项目及其国家级、省级传承人

类别	项目名称与批次	申报地区或单位	传承人姓名及批次	民族	性别	出生年	住址	级别
传统舞蹈	土族於菟（Ⅲ）	同仁县文化旅游局	阿吾（二）	土	男	1950	年都乎村	国家级
传统技艺	同仁刻板印刷技艺（Ⅷ）	同仁县文化旅游局	夏吾他（五）	藏	男	1962	卓隆村	国家级
			夏吾李加（三）	藏	男	1971	卓隆村	省级
民俗	热贡六月会（Ⅹ）	同仁县文化旅游局	当曾本（四）	藏	男	1970	四合吉村	国家级
			夏吾才让（四）	藏	男	1978	浪加村	国家级
			兰本加（一）	藏	男	1964	尕队村	省级
			先巴扎西（三）	藏	男	1962	苏合日村	省级

注释：当曾本、夏吾才让亦分别为第二、三批国家级"非遗"项目"热贡六月会"省级传承人。除表列3项外，还有"热贡艺术"（见表1-7、表1-8）、"和日寺石刻技艺"（见表3-13）和"黄南藏戏"（见表3-6）为国家级"非遗"项目。

表 3-6　　世界"非遗"项目"黄南藏戏"传承人名录

类别	批次	申报地区或单位	传承人姓名及批次	民族	性别	出生年	住址	级别
传统戏剧	二	青海省藏剧团	仁青加	藏	男	1966	歌舞团	国家级
	四	青海省藏剧团	李先加（去世）	藏	男	1940		国家级
	三	河南县文体广电旅游局	关却乎	蒙古	男	1967	优干宁镇	省级

此外，热贡艺术进学校、进课堂的要求得到较好的落实，以更加组织化的学校教育方式保护传承"非遗"。在黄南州职业技术学校设立三年制传统工艺美术中专专业，每年招收 2 个班 120 名左右学生，印发唐卡、堆绣、藏医药等"非遗"教材；毕业生与文化企业签订就业合同，就业率达 90% 以上。在同仁县民族中学、逸夫中学、隆务学区、年都乎学区开设唐卡绘画课，由 8 名专职教师和特聘热贡艺人授课，每年安排约 40 小时的美术（唐卡绘画）课时。省内，青海民族大学艺术系较早开设热贡艺术绘画课，招收热贡艺术本科班，并将热贡文化生态保护实验区作为研究生实习基地。

表 3-7　　黄南州省级"非遗"项目及其传承人

类别	项目名称与批次	申报地区或单位	传承人姓名及批次	民族	性别	出生年	地址
民间文学	安多藏族民间叙事诗（五）	黄南州群艺馆					
传统音乐	隆务寺佛教音乐（三）	同仁县文化馆	更登东智（三）	藏	男	1963	隆务寺
	同仁县嘛呢调（三）		李毛加（二）	藏	女	1957	尕队村
	南宗尼姑寺诵经乐（四）	尖扎县文体广电旅游局	本吉措（三）	藏	女	1976	南宗寺
			项知卓么（三）	藏	女	1976	

续表

类别	项目名称与批次	申报地区或单位	传承人姓名及批次	民族	性别	出生年	地址
传统舞蹈	苯教法舞（三）	同仁县文化馆					
	热贡"羌姆"（三）	黄南藏族自治州					
	龙藏神舞（五）	黄南州泽库县文化馆					
传统体游杂	热贡马术（四）	同仁县文体广电局	李本加（三）	藏	男	1964	多宁村
传统技艺	昂拉果馍切（土烧大饼）	尖扎县文体广电旅游局					
	五彩神箭制作技艺（五）	尖扎县文体广电旅游局					
	隆务老街清真老八盘烹饪技艺（五）	同仁县文体广电旅游局					
	热贡皮革制作技艺（五）	同仁县文体广电旅游局					
	藏式点心制作技艺（五）	黄南州泽库县文化馆*					
民俗	热贡"获康"祭祀活动（三）	同仁县文化馆	娘吉合加（三）	藏	男	1968	保安下庄村
	热贡年俗（三）	黄南藏族自治州					
	保安社火（三）	黄南藏族自治州	韩发科（三）	土	男	1965	保安城内村
	尖扎达顿宴（四）	尖扎县文体广电旅游局	三知加（三）	藏	男	1948	俄什加村

注释：* 系与青海海南藏族自治州贵南县共同申请管理。"传统美术"类黄南州无省级项目。"传承人"诸项为空白，说明尚未确定该项目传承人。

3. 其他"非遗"项目的保护传承

作为黄南州的两个人类非物质文化遗产之一，藏戏的保护力度仅次于热贡艺术。在世界"非遗"名录中，"藏戏"作为一类被公布；

183

◆◆ 找寻安身之所

在国家"非遗"名录中，黄南藏戏则与西藏拉萨（觉木隆）、日喀则（迥巴、南木林湘巴、仁布江嘎尔）、山南（雅隆扎西雪巴、琼结卡卓扎西宾顿）三个地区的藏戏统一公布。其中，对"藏戏·黄南藏戏"作如下解读：

> 黄南藏戏是青海黄南地区藏族戏曲剧种，在19—20世纪中期，流布区域曾经覆盖了黄南藏族自治州以及相邻的循化撒拉族自治县、化隆回族自治县的部分地区，目前主要流行于黄南地区。
> 黄南藏戏属于安多语系藏戏的一个重要支系，它的发展经历了17世纪中期到18世纪中期的说唱阶段；1740—1794年夏日仓三世时期三人表演的形成阶段；1854—1946年吉先甲时期的成熟阶段；1910—1973年多吉甲时期的兴盛发展阶段；1980年以来的提高革新阶段。
> 黄南藏戏有如下特点：1. 具有广泛的群众性和民间传承性。民间和寺院藏戏队，始终与社会民众保持着密切联系。2. 音乐方面保留了宗教音乐的成分，也吸收了当地民歌、舞蹈音乐等素材。3. 演出剧目除八大传统藏戏外，还有《格萨尔王传》《国王官却帮》等其他藏区没有的剧目。4. 保留了《公保多吉听法》这出古老而珍贵的原始戏剧形态的仪式剧。5. 即兴表演独具特色。这些即兴表演，既表现了编剧、演员高超的艺术水平，又对抨击时弊、净化社会环境起到了很好的作用。6. 历代黄南藏戏艺人在长期的艺术实践中，总结出各种行当及成套的表演程式，手式指法、身段步法和人物造型，吸收黄南寺院壁画人物形态，融入寺院宗教舞蹈、民间舞蹈及藏族生活素材动作等，形成本剧种独有的艺术风格。
> 20世纪80年代以后，青海藏剧团在黄南成立，创作演出了《意乐仙女》《藏王的使者》《金色的黎明》等优秀剧目，在国内外产生了很大影响。近几年来，受现代文化的冲击，黄南藏戏也

面临失传危机，剧团减少，艺人老化，演出范围缩小，抢救势在必行。①

独具特点的黄南藏戏组织化运作历时久、在省域地位高。西藏是藏戏的发源地。被列入国家级"非遗"代表性项目的藏戏中，西藏以外的藏戏先有黄南藏戏入选，也足以说明其富有特点和突出的传承价值。青海各州的歌舞团皆以地方命名。黄南州民族歌舞团的前身为黄南藏族自治州文工队，1965 年成立；在此基础上，1999 年正式挂牌成立青海藏剧团。从这种命名的先知先觉说，办公地点在黄南州却冠以"青海"，可谓实至名归。剧团成立以来，不断继承和挖掘、整理民间优秀文化遗产，开创了具有浓郁地方民族特色的演出形式，已成为以藏剧演出为主兼演歌舞的艺术表演团体。藏剧团可演 5 个剧目，虽然在当地演出时民众参与热情极高，比如在举办雅顿艺术节时，藏戏演出场场爆满，但市场运作极难，只为传承、保护单位而经费由政府支持，无经济收入。

藏戏演出团体运行仍以政府支持为主。藏剧团州内下辖 18 个藏戏团，每年在服装、道具、编创等方面得到一定的财政经费支持。作为民间藏剧团的和日藏剧团亦在支持之列。为了对外联络等方便，鼓励全部 22 家藏戏演出组织注册成立艺术社团。② 在建的热贡文化生态园中，拟建"中国藏戏大剧院"，笔者调研当时，正在项目申报落实阶段。藏剧团剧目的排练、演出，都是在政府有关项目的支持下进行的，比如 2017 年排练并在全国巡回演出的经典剧目《松赞干布》、2019 年 3 月在青海开排的传统藏戏《意卓拉姆》，分别是中国国家艺术基金 2018 年度传播交流推广资助项目、舞台艺术创作资助项目。

对于藏戏有广泛的群众基础却难以市场化的问题，干部和群众之间存在认识差距。基层有关干部认为，藏戏编排、演出只能是公益型

---

① 中国非物质文化遗产网，http：//www.ihchina.cn/5/10841.html。
② 受访者：NLT，N14，男，藏族，40 余岁，青海省藏剧团副团长。2018 年 10 月 15 日座谈于黄南藏族自治州委办公室会议室。

事业，若强行推向市场则肯定会扼杀之。在民众看来，现在预判将来是否自己掏腰包看藏戏，还为时尚早。但肯定的是，藏戏不可能一味地等待政府的救济，不可能一直这样依偎在地方政府特别是财政拮据的地方政府的襁褓中，迟早要经受市场的历练和考验。当然，其中必须面对新媒体的挑战而后获得新生，就像中国话剧在影视市场化的夹缝中绝处逢生一样。

群众对藏戏商业化、市场的态度，并不像某些管理者所预测的那样悲观且不同地区有很大的差异。问卷显示（见表3-8），有66.9%的受访者认为会花钱看藏戏演出；就2个村比较而言，每年能如期观赏到藏戏的和日村民更倾向于花钱看藏戏，而不易接触到藏戏的郭麻日村民和州县党政教干部中愿意花钱看藏戏者占比低于总体比率。同时，后两类受访者中，分别有25%和23.5%的受访者选择"不好说"，反映了其消费态度。但与泽库县比较而言，泽库县党政干部中认为会花钱看藏戏者占比高达80%，这一比例在四类群体中属最高，高于州县乡党政干部24.1个百分点。就持反对意见者而言，和日村村民占比略高，立场鲜明。因此可以说，藏戏市场化是有一定的群众基础的。从中反映出，藏戏演出频次、干部群众参与频次与受众接受认可度之间存在正相关性，这为财政资金如何发挥促进传承的杠杆作用具有参考意义。

表3-8　　　　　　　对"花钱看藏戏"的看法　　　　　　（%）

受访者分类	会	不会	不好说	回答有效样本合计（例）
郭麻日村民	63.5	11.5	25.0	96
和日村民	70.6	21.2	8.2	85
州县乡党政教	55.9	20.6	23.5	34
泽库党政教	80.0	10.0	10.0	30
合计	66.9	15.9	17.1	245

4. 村落保护

村落保护受制于"名"与"实"。从国家、省级层面出台的有关"非遗"、文化生态实验区等政策，都不同程度地提到村落保护之于文化生态的重要性。比如，后文将述及从2005年国家有关文件提出的"动态的整体性保护"，到2010年明确将"村落"作为整体性保护的重点区域，以及2018年强调在保护"非遗"时"也保护孕育发展非物质文化遗产的人文环境和自然环境"的原则。在实践层面，"热管委"组织的自评估报告对村落保护情况作了简要的回顾梳理。但是，对村落有针对性的保护仍然局限在如前文所述由文化部门实施的"传统村落"、由住房和城乡建设部门实施的"历史文化名村"和由民族宗教系统实施的"中国少数民族特色村寨"三个方面，而且力度不一，效果有别。

相对而言，传统村落建设有项目、有一定的资金支持，在干部群众中有较大影响。截至笔者实地调查时，黄南州已申报传统村落81个（见表2-5），有22个村被列入国家级传统村落保护目录，每个村首次补助250万—300万元，总投资达6600万元。截至2018年，同仁县保安镇城内村、扎毛乡和日村、尖扎县尖巴昂村、牙那东村等14个村实施了保护工程，其中，吾屯下庄村和扎毛乡牙什当村的保护工程于2017年8月通过验收，其余村已完成工程量的70%；同仁县曲库乎乡木合沙村、双朋西乡环主村、隆务镇吾屯上庄村等8个村落保护事宜，已完成与乡镇党委政府和村"两委"的对接，并完成编制方案、设计、预算、招标等前期准备工作。

对郭麻日村的保护资金投入较大，保护成效明显。该村是历史文化名村，也是首批中国传统村落，属于黄南州范围被认定的中国传统村落中享誉、规格最高的。也是从被认定为历史文化名村的2007年起，郭麻日村陆续有村落保护、文物、旅游、异地搬迁等方面的项目和资金投入。比如，2008年，修建郭麻日寺广场和热贡文化广场；2009年，总投资909万元，实施郭麻日易地搬迁工程，原计划将郭麻日堡寨内140户搬迁到村北的"新农村"进行安置，次年项目竣工；2010年启动郭麻日古堡修缮工程，项目总投资83万元，重点对古堡内3户民居和东、南城门进行修缮；同年，投资25万元，修建郭麻日村口（公路边）至郭麻日寺旅游道路。进入古堡，给人最为直观的、明显的变化是巷道经过重新铺设，生活废水和雨水排泄有了专门的地下管道，变得十分干净整洁，这与年都乎村古堡形成鲜明对照。

除传统村落的项目投入外，面向村落保护的还有"中国少数民族特色村寨"方面的建设投入。2009年，国家民委、财政部联合开展少数民族特色村寨保护发展试点。2012年，国家民委制定印发《少数民族特色村寨保护与发展规划纲要（2011—2015年）》，相当于中国少数民族特色村寨的"十二五"规划纲要，给少数民族特色村寨以明确的概念界定，即指少数民族人口相对聚居且比例较高，生产生活功能较为完备，少数民族文化特征及其聚落特征明显的自然村或行政村。该规划纲要提出少数民族特色村寨保护与发展的五大目标，即改善村寨生产生活条件、大力发展特色产业、重点推进民居保护与建设、加强民族文化保护与传承、深入开展民族团结创建活动。[1] 国家民委的资金有限，少数民族特色村寨项目资金投入不多，尽管如此，在中国中东部和西南地区不少获此荣誉的村寨借壳生蛋成为文化与旅游高度融合进而获得丰厚经济回报的典范。比如，湖南省吉首市德夯苗寨、贵州郎德上寨、云南省云龙县诺邓村、鹤庆县新华村等，受惠于"中国少数民族特色村寨"荣誉，通过中央和地方财政和政策的支持，这些村实现了文化保护与经济发展的双赢。[2]

民族村寨及项目分布广泛亦相对集中。从表3-9的整理可以看到，项目涉及黄南州4县的11个乡（镇），共有26个行政村惠及

---

[1] 《国家民委关于印发少数民族特色村寨保护与发展规划纲要（2011—2015年）的通知》，2012年12月5日。

[2] 其发展经验介绍见：国家民委经济发展司编著《中国少数民族特色村寨保护与发展经验研究》，民族出版社2014年版，第138、270、338、328页。

第三章 保护与开发的互促：景象及问题

"中国少数民族特色村寨"项目。它们是同仁县保安镇的卧科村，年都乎乡的郭麻日村，扎毛乡的扎毛村、牙什当村、和日村、苏乎村，隆务镇的铁吾村、吾屯下庄村，曲库乎乡的西卜沙村；尖扎县坎布拉镇的直岗拉卡村、尖藏村，昂拉乡的尖巴昂村；泽库县麦秀镇的赛龙村、和日镇和日村、宁秀乡红城村；河南县宁木特镇浪琴村。其中，卧科村、直岗拉卡村、尖巴昂村为国家民委认定的"中国少数民族特色村寨"。就项目在各县分布而言，同仁县最多，达16个；尖扎县也有5个，泽库、河南县分别有4个和1个。在所涉及的11个乡（镇）中，在同仁县扎毛乡分布项目最多，达到7个；同仁县隆务镇和尖扎县坎布拉镇次之，各有2个。其中，保安镇的卧科村、年都乎乡郭麻日村、扎毛乡的扎毛村各有3个项目，属各村中最多。

表3-9　黄南州"少数民族特色村寨"保护项目涉及县、乡（镇）及数量

县名	乡（镇）		村落	
	名称	村落数（个）	名称	项目数（项）
同仁	保安镇	1	卧科村	3
	年都乎乡	1	郭麻日村	3
	扎毛乡	4	扎毛村	3
			牙什当村	1
			和日村	2
			苏乎村	1
	隆务镇	2	铁吾村	1
			吾屯下村	1
	曲库乎乡	1	西卜沙村	1
全县合计		9		16

续表

县名	乡（镇）		村落	
	名称	村落数（个）	名称	项目数（项）
尖扎	坎布拉镇	2	直岗拉卜村	2
			尖藏村	2
	昂拉乡	1	巴昂村	1
全县合计		3		5
河南	宁木特镇	1	浪琴村	1
全县合计		1		1
泽库	麦秀镇	1	赛龙村	1
	和日镇	1	和日村	2
	宁秀乡	1	红城村	1
全县合计		3		4
全州合计		16		26

资料来源：根据黄南州文体广电旅游局提供的《黄南州传统村落保护情况一览表》（2018年）和"（三）传统村落保护情况"（材料页，2018年）综合整理。

民族村寨项目在黄南州的落地与实施中挑战与机遇并存。该州少数民族特色村寨保护与发展工作，2013—2017年连续5年由州县民族宗教部门实施并完成少数民族特色村寨项目，共投资2049万元（详见表3-10）。比较而言，少数民族特色村寨单个项目的支持至多则100余万元，至少仅25万元（项目追加不计），显然比"传统村落"项目资金支持力度小得多。资金投入额度过小，项目操作起来就有诸多困难，特别是在黄南地区交通运距长，建筑材料及人力等成本高的情况下，过少的资金难以支撑起一个项目来。虽然中国少数民族特色村寨在青海的落实还有待进一步加强，但在黄南州的个别地区，特色村寨建设还是有一定起色。比如，项目惠及较多的同仁县扎毛乡，以扎毛村为中心的几个藏族聚居村寨，与"高原美丽乡村"、农村奖励性住房和困难群众危房改造等相整合，按照同仁县"十三五"规划纲要"一心、两带、三区、四园"的产业布局，打造扎毛乡村旅游度假区，找到了一条适合一个偏远藏乡发展致富的特色旅游扶贫路子。2016年，扎毛乡扎毛村成为全国79个"美丽宜居村庄示范"村之一。

表3-10　　　黄南州少数民族特色村寨保护项目汇总　　　（万元）

年份	地区（县）	项目名称	建设内容	资金额度	资金合计
2013	同仁	保安镇卧科村民居改造	改造特色居民区30户	30	180
	尖扎	坎布拉镇直岗拉卡村幼儿园建设	修建房屋10间，每间200平方米；围墙1600米	40	
		坎布拉镇直岗拉卡村民居改造	改造特色民居30商用	60	
		昂拉乡尖巴昂村民居改造	改造特色民居25户	50	
2014	同仁	保安保安镇卧科村特色村寨建设	活动中心广场硬化、绿化、亮化、配备器材	70	170
	河南	宁木特镇浪琴村特色民居建设	平整房屋地基、平房民居，内部粉刷等	100	
2015	同仁	年都乎乡郭麻日村特色村寨建设	修建文化广场一处并配套相应设施	100	140
		扎毛乡扎毛村特色村寨建设项目	恢复原生态农耕场景	40	
2016	同仁	年都乎乡年都乎村特色村寨建设	人居环境改善，配备400户太阳能热水器	100	468
2016	同仁	扎毛乡扎毛村特色村寨建设	建280平方米藏戏台，3千米木栈道，6个木亭	100	368
		扎毛乡牙什当村特色村寨建设	民族文化特色基础设施建设和保护	80	
		扎毛乡和日村文化广场建设	修建文化广场一处，配套相关设施	25	
		扎毛乡苏乎村文化广场建设	修建文化广场一处，配套相关设施	25	
		隆务镇铁吾村特色村寨建设	民族文化特色基础设施建设和保护	60	
		年都乎乡郭麻日防洪坝追加	追加防洪坝15米	8	
		曲库乎乡西卜沙村特色村寨建设	民族文化特色基础设施建设和保护	70	

续表

年份	地区（县）	项目名称	建设内容	资金额度	资金合计
2016	泽库	麦秀镇寨龙村文化广场建设	修建文化广场一处及相关配套设施	30	120
		和日镇和日村少数民族特色村寨保护	基础设施建设	60	
		宁秀乡红城村文化广场建设	修建文化广场一处及相关配套设施	30	
	尖扎	尖藏村少数民族特色村寨保护	尖藏村少数民族特色村寨建设	100	100
2017	尖扎	尖藏村少数民族特色村寨保护	受益户55户252人（其中建档立卡户23户100人）	103	103
	同仁	保安卧科村特色村寨建设	民族文化特色基础设施建设和保护	100	340
		隆务镇吾屯下庄村特色村寨建设	民族文化特色基础设施建设和保护	100	
2017	同仁	扎毛乡和日村配套太阳能路灯建设	配备太阳能路灯80站盏	40	
		扎毛乡扎毛村特色村寨建设	民族文化特色基础设施建设和保护	100	
	泽库	和日镇和日村特色村寨建设		60	60
总合计					2049

资料来源：黄南州民族宗教事务委员会，2018年10月。原表中，2017年同仁县投入资金合计为300万元，本表据分项目投资额更改其为340万元。

二 移民社区的文化开发及生态保护

（一）文化资源开发

作为和日移民社区开发热贡文化资源主攻方向的石材雕刻，其"雕"与"刻"有别。"雕"为用精雕、浮雕、凸雕等手法，将石材雕出佛像、风情、人物等造型，作品立体性更强，有工艺品鉴赏、宗教供品等用途，而"刻"仅仅是在石材上刻出立体性远逊于石雕的文字（主要是藏传佛教经文）；前者技术含量高、费功费时，全村能雕者屈指可数，而后者一学便可知会，技术含量不高，从 10 多岁孩童到 70 岁老者皆可胜任。

经过长期的探索发展，和日移民社区雕刻文化资源开发群体大致分化为三类。一类是企业。这类企业指运行比较规范，有独立法人，内部具有刚性约束契约的经营实体。如前文所述，已经改行的罗泽和兄弟开办的企业（已停业）。罗泽和转行后主要从医，同时也开办有"泽库县泽和珍宝生物科技开发有限公司"，工商登记信息显示，该公司为 2016 年成立的私营企业，经营地点在泽库县城，经营范围包括藏药材种植、土特产加工销售。其并未完全放弃石雕（刻）产业。据一份 2011 年署名"泽库县泽和石源石材工艺开发有限公司"的名为《2012 年泽库县民族手工业石雕产业化开发项目建议书》称，署名公司成立于 2009 年 3 月，属泽库县泽和珍宝生物科技开发有限公司的分公司。该建议书介绍，公司注册资金 20 万元，有职工 50 人，其中，经理、副经理各 1 人，采石切割技术工 18 人，石雕艺人 30 人，同时，雇用周边牧民若干为工人。其预算经济效益有三：石材原材料销售收入，年开采原材 3000 立方米，按每立方米 500 元计，除去人工工资 15 人每人每天 120 元、8 个月 43.2 万元，以及运输费用及其他费用，年纯收入为 56.8 万元；加工成品销售收入，500 立方米共 100 万元，除去加工费等，纯收入 52 万元；精品雕刻产品销售实现产值 200 万元，利润 90 万元。由此可大致看到企业的经营结构和效益状况。在高原属漫长的 8 个月冷季从事石材采掘外，该公司曾借助和日乡特别是和日村石雕（刻）传统技艺，从事石材的精深加工。据村民讲，笔者调查时所见到的石雕企业并未废弃，而是至冬季歇业，夏季营业，主要是切割石材，卖给和日村从事雕刻者，包括为尖扎县凿刻大藏经的石材。但是，很显然，或许由于卜卦（见本书第二章第一节的解释）结果驱使，冷暖季皆宜的雕刻已经弃用了，难怪乎在笔者调研时遇见该公司厂房凋敝之情景。

罗氏公司是和日镇从事石材采掘、雕刻时间最早的私营企业，其兄弟俩并非和日村籍。此外，村中从事相近营生的企业不下20家。其数据来源有两处，一是县级"综合业务管理系统"，以时间轴查找而得。据笔者查阅泽库县市场监督管理局综合业务管理系统，得知登记起于1980年、截至2018年11月20日，处于生产状态的企业（包括企业、个体、合作社），全县有4347个，经营场所在和日镇的有424个，可分类的264户。其中，餐饮50户，属最多；农牧畜副产品加工30户，包括合作社、家庭牧场、养殖场；采掘业3户，其中，1家砂石场、1家装潢公司；制造业41户；建筑业3户；批发零售业23户；餐饮住宿业50户；信息技术服务3户；金融业1户，为农村信用社；居民服务、修理和其他服务业44户；教育4户；卫生和社会工作3户，系诊所；文化娱乐体育6户，其中5户经营台球；公共管理3户，包括电焊、无线电修理和联通缴费。其中所计制造业与石雕（刻）有关，多数为石雕（刻）开发企业。

二是省级统计数据，以关键词查询而得。以"石"为关键字查询"青海工商综合业务管理系统"得到泽库县有相关企业10家，详见表3-11。进一步查询得知，表列企业（或合作社）地址皆在泽库县和日镇。其中，可以明确的是，除在和日镇成立最早的泽库县泽和石源石材工艺开发有限公司外，还有村民和村办石材加工企业。可见，泽库县围绕着"石"来做生产经营文章的企业，都来自和日镇，尤以和日村的为最多。这种围绕一种资源参与，反映了石材资源开发具有利润空间，说明石雕（刻）这一热贡文化艺术资源产业化开发保持着良好发展势头。

当地石材有成本优势且特点突出，高端石材则需取于域外。前述采掘原材料场地在和日镇政府所在地东北6千米、县道621西侧，名为哈达采石场。采石场与公路仅隔哈达河，哈达河自东北流向西南，笔者调研时，河流仍较湍急，观之与流经和日镇区的次哈吾曲河流量相当。该地石材质地莹润，石质坚而细，发墨快而不损耗、储墨久而不干涸，是雕刻人像、文字特别是砚台之良好材料。但是，由于技术限制加之节约成本考虑，若用大型机械切割石材，不能顺着粉沙岩、泥钙质板岩作业,板材在雕刻时极易断裂,而传统采石法是按岩石缝隙敲击,出来的石材是顺着纹路的,而非与纹路垂直,故不易碎裂。[1]尽管如此,和日村中所用石材,特别是凿刻经文所用石材用量极大,都来自罗氏公司。而雕刻所用石质更为细腻的浅墨色石材,据村民介绍,则来自"遥远的青海海北州刚察县"。

表3-11　　泽库县属名称中包含"石"的企业名录

企业名称	企业属性	行业类型	经营范围
县泽和石源石材工艺开发有限公司	私营	制造业	石料制材、工艺雕刻、建材
县久美雪域嘛呢石雕艺术推广公司	私营	制造业	石雕艺术开发、零售
县和日石雕文化产业开发有限公司	私营	制造业	石雕艺术、旅游产品开发、加工零售
县和日石雕艺术有限公司	私营	制造业	石雕、石刻、石雕产品开发、生产、销售、雕刻经文、佛像(人物)、动物、植物以及各种工艺品
县雪域色德民间艺术石雕艺术文化传承中心	私营	批发零售	石雕、唐卡销售
县和日镇光明牌石雕技术产品生产及销售合作社	农合	批发零售	石雕及有机畜产品生产销售等
县连环石雕传承民间工艺开发有限公司	私营	批发零售	石刻、石雕、佛像、经文等销售
县和日镇羊旗村砂石料有限责任公司	私营	采矿业	砂石采挖、销售
县尖扎嘛呢石磨糌粑	个体	制造业	糌粑加工、粮油、牛羊饲料
县和鑫石材加工有限公司	私营	制造业	板岩原石开采、文化产品、建筑石材加工、销售

---

[1] 受访者:泽库县和日镇和日村党支部书记GRDJ。

和日移民社区从事雕刻文化资源开发的另一类群体是组建石雕（刻）开发合作组织的村民。得益于石雕（刻）技艺传统和开发实践，个别有眼光、有组织动员能力且具有一定技艺天赋的村民，率先捕捉到石雕（刻）开发所具有的市场和前景，加上政府的项目扶持，遂开办石雕（刻）开发合作社或传承中心或企业。正如表3-11所列县和日镇光明牌技术产品生产及销售合作社系村民肉增多杰（州级"非遗"传承人）经营的农民专业合作经济组织，2016年由和日镇政府批准成立。[①] 在其移民点居地院落大门旁，除挂着"合作社"牌匾外，还有"泽库县和日镇石雕传承联民间工艺开发公司"的牌匾。从二者的介绍文字材料可大致看出合作社和公司的业务范围（见图3-3）。可明确为本村（含寺院）申请、经营的"企业"还有：和日石雕艺术有限公司为和日村办企业，公司法人为村"两委"班子负责人之一，2014年、2016年由现村"两委"两次登记注册；县雪域色德民间艺术石雕艺术文化传承中心法人系村民色德嘉措，2014年成立；县和日镇光明牌石雕技术产品生产及销售合作社；县连环石雕传承民间工艺开发有限公司法人系村民省级传承人朋措乎拉夫旦，成立于2016年；县和鑫石材加工有限公司法人系村民更藏措毛，成立于2017年。

村（寺）办石材开发企业等组织的性质、经营品种等大致类同。虽然图3-3所展示的宣传展板的字句上有值得推敲之处，但也传递了如下信息：公司的成立晚于合作社，二者是以石雕（刻）开发为主业的经济组织，具有准企业性质。相对而言，"合作社"具有互助性质，生产者主体为农牧民，因此，主营对工艺要求相对较低的各类石刻经文，兼营民间石雕工艺品及酥油、奶酪、牛奶、酸奶等本地有机畜产品销售；"公司"则以专业石雕艺人团队为生产主体，主营石雕（无石刻）产品，面向旅游市场销售，故兼而生产十二生肖、护

[①] 《和日镇人民政府关于同意成立泽库县和日镇和日村光明牌石雕技术产品生产及销售合作社的批复》，和政字〔2016〕9号，和日镇人民政府，2016年2月29日。

身符等石质小件工艺品。其组建过程和经营状况等,可从下列访谈个案中得出更多信息。

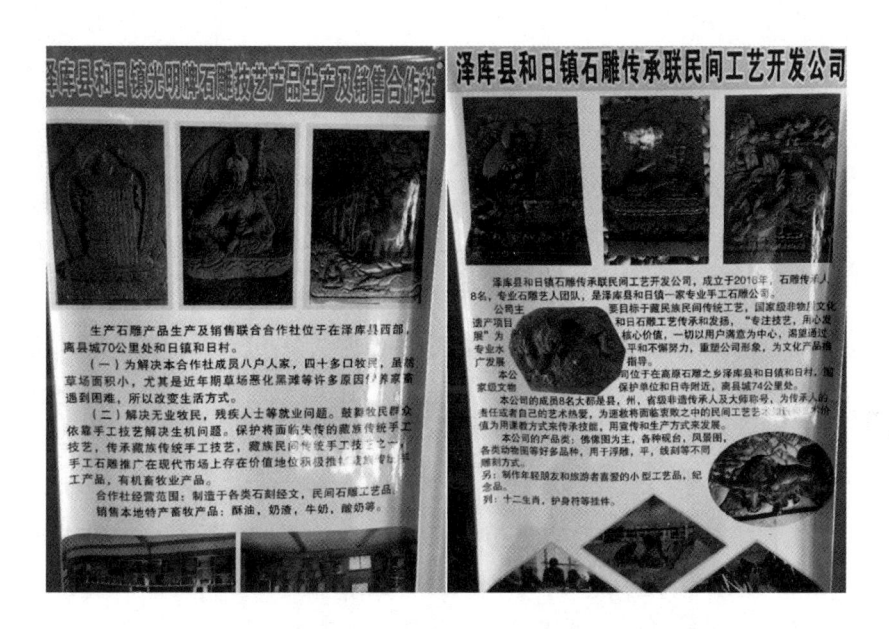

图 3-3　村民组建的石雕(刻)开发公司和合作社宣传展板

我家有 5 口人:父亲、本人、妻子和 2 个女儿。母亲由我的哥哥赡养。我师傅是僧人朋措乎拉夫旦,他是国家级"非遗"代表性传承人公保才旦的徒弟。我从 17 岁开始学石雕,先是到和日寺师傅家学,学了 8 年,学到 25 岁后在和日村委会的石雕公司从事石雕,时间是 2014 年。我们的公司有 8 名石雕艺人,其中,师傅是省级"非遗"代表性传承人,还有 2 人为州级传承人,其余是县级传承人。成立公司时,注册资金大概七八万元。现在学徒有二三个人,不过也有人来短期学习。我有 1 个徒弟,一直跟着我住在家里,他是海南州贵南县过马营人。原先,贵南森多职业学校联系我们,送五六个人来学习,后来其他人回去了,他留了下来。他家里条件不好,来这里学习后希望有个出路,我管他的吃住,但不发工资。公司实行订单式生产,比如有人要牦牛模样的石雕，我们就组织大家雕刻。公司的经营状况还不错，利润由8个人平均分。2016年，总利润达到16万元，2017年达到28万元。雕刻耗时费工，手工费用高，但石雕市场小，卖不上价钱。

和日草山上有零星的冬虫夏草，自己有时也去挖，但没有到别的地方挖过。我家里还有草山，兄弟两人共有1000亩，"草补"每年有3000元。因为不养牛羊，所以就把自家的草山租给别人，每年收租金2万元，一年一包。准备明年让弟弟租用，因为自家的草山上黑土滩不多，草山面积小，租给别人，容易退化。在这里，冬天地表冻住以后，也得要牛羊吃草，这样反而不容易退化，要不然就会成为黑土滩。因为不是贫困户，所以没有分配给公益岗位。自家在和日镇街上有出租房，共4间，租给外村的人经营小卖部，每年租金2万元。这个铺面房的地皮是和日镇吉隆村的，我花了5.5万元买的。房子有120平方米，现浇砖砌的，质量最好，花了13万元。这些钱基本是自己出，没有借钱。现在和日镇的铺面涨价了，买1间要15万元。

最初成立合作社的时候，县农牧局给了3万元扶持资金，算是启动资金；县文化局还给了1万元。合作社发起人是"公司"里的8个人。合作社不养牛羊，只是出售牧民那里收来的酸奶、奶酪等畜产品。现在，合作社急需1名会计，但在本村招不上。大中专学生毕业后仍然居住生活在村里的人不多，他们要么在学校代课，要么外出打工了。再没有其他特别的困难。以后打算还是在雕刻上谋求发展。我身为传承人，要把雕刻技艺传承下去。

（受访者：RZDJ，N55，男，藏族，30余岁，泽库县和日镇和日村石雕艺人。2018年11月18日访谈于和日村党员活动室移民点受访者家中）

上述个案进一步证实了公司和合作社宣传板所写内容。从中还可以看到，"公司"和"合作社"管理层的组织架构是相同的。对于其中的岗位设定，笔者问受访者"合作社里有没有理事长"，受访者回答不太清楚合作社是否应有"理事长"，称 8 人之间是平等的，没有谁领导谁的问题。这也可以从公司利润分配办法中得到体现。相对于青海不少地方成立（生态）畜牧业合作社多是为了套取补助资金的现象相比，和日村的这个合作社名实基本相符，相当于公司的业务从传承人、石雕分别扩大到了牧民、石刻，无疑是石雕艺术资源开发产业发展的一种体现。遗憾的是，合作社尚处在公益性阶段，盈利不多。受访者言及的 2017 年家庭收入 8.5 万元，概算分项占比，经营公司、铺面租金、"草补"、草山租赁收入为主，分别占 47.1%、23.5%、17.7% 和 11.8%，可见，从石雕艺术开发所获得的收益占到总收入的近一半。如果把表 1-10 所列问卷结果视为村民收入结构的平均水平，那么，上述受访者是两个案例里从热贡文化资源开发中获益较高的一个典型个案。

另一位组建石雕开发经济组织从而获得经济收益的和日村民是 SDJC。他是笔者在调研途中经过县城时，泽库县文体广电旅游局分管副局长举荐的人选，称此人雕塑技艺高，通中、藏两种语言，也好与人打交道，有着不同于其他村民的广泛社会联系。SDJC 家在和日寺向沟口一侧、和日村原村址南山麓处，背风向阳，位置极佳（如图 1-2）。其师傅为大名鼎鼎的石刻艺人、国家级"非遗"传承人贡保才旦，曾为和日寺僧人，笔者调查时仍着宁玛派居士扮装，因膝下无儿女，遂由亦曾为僧人、后还俗在家的 SDJC 及其徒弟们赡养。"传承中心"亦为"国家级非物质文化名录'泽库和日石刻技艺'示范户"，其运作模式与吾屯上、下庄的众多画院（苑）无二：收徒，供其吃住及春节时的过年费；徒弟们给师傅做工，其作品有时冠以师傅之名以较高价格销售。SDJC 言，10 多名徒弟中，1 人有听力障碍、1 人肢体残疾，都是朋友介绍过来的，其中，听障者在石雕上特别有天赋。所不同的是，这个"传承中心"有着独特的销售模式。作为负责人，SDJC 的视野更为开放，经常参加在西宁举办的包括石雕产品在内的民族工艺品展销活动，西宁市海湖新区唐道 637 "聪宏诺桑藏文化体验空间"① 有其产品专柜。结束调查返回西宁后,笔者通过了解得知,一件约10厘米见方的平面浮雕产品,售价为五六百元。销售人员称,每卖出一件,"聪宏诺桑"与SDJC五五分成。对于石雕及其产品与唐卡相比的优劣势,SDJC有清楚的认识。

> 我们的产品主要由西宁的店面代销,我也经常参与代销公司组织的文化创意和销售活动。我现在刻的这尊佛祖释迦牟尼半平面浮雕佛像,是为一位朋友做的,友情价是2.5万元,市场上要卖到3.5万元,这完全是我本人手工雕的,费时4个月有余。这一块石头,整块从岩石或从大块分成小块时,还是需要用电子切割机。石雕的工艺和技法较唐卡复杂,除底图外,一件雕像要画好几遍,基本形体呈现出来以后,就要用勾线勾雕衣饰。一旦某个部分敲断了,整个作品就废了,不比唐卡、堆绣,画走笔了或哪个地方颜色深浅不对,补几笔或几针就可以基本恢复,旁人一般看不出来。石雕作品倒有一大优势,就是易收藏,只要不碎就是完整的,不像唐卡可能会因一滴水而毁了整幅画。
>
> (受访者:SDJC,N52,男,藏族,30余岁,泽库县和日镇和日村民、石雕艺人。2018年11月15日访谈于受访者家中)

正如隆务河谷几家大的画院有多种身份一样,除了雪域色德民间艺术石雕艺术文化传承中心,还成立了公司。很显然,与前述石雕公司和合作社相比,SDJC的"中心"更具有外向型手工作坊的特点,这为和日村的经济组织增添了一抹亮色。

和日移民社区从事雕刻文化资源开发的社会群体,还有一类是村

---

① 综合网络相关信息,该文化体验空间是由50名藏族企业家共同参与建立的青海聪宏诺桑文化传播有限责任公司旗下的第一个项目,也是青海首家藏文化体验空间。"聪宏诺桑"取自人名,系600多年前出生的青海民和商人,被藏族和当地民众称为"商王",其传奇故事至今仍在青海、西藏广为流传。体验馆居西宁海湖新区唐道商圈,占地3000多平方米,以"藏文化"为要素,集非遗文创、手工艺品、传统藏式餐饮、特色农畜产品于一体,旨在通过搭建一个同商业连接的平台,更好传承和发扬藏文化及其衍生的优质产品。

第三章 保护与开发的互促：景象及问题

"两委"及村集体经济组织。几乎在泽和石源石材工艺开发公司成立运作的同时，村"两委"组织的村集体经济企业"和日石雕艺术有限公司"成立。在笔者2010年调查时，亲历者对组织成立过程记忆犹新。

现在公司账上无资金，也无厂房、办公场所。公司成立初用注册资金时，有100户参加，每家入股1万元，别的村民拿不出钱。当时正在实施改土工程（土坯墙改造），临时转入账户项目拨款72万元，以解决注册资金不足的问题。"改土工程"是省上的项目，各地选择1个村，和日村被选上了。注册完成以后，项目上的钱退回了原账户。

目前打算，从外地（比如青海海北州的祁连、刚察等县）引进一些便宜的玉器原料，在现有的石雕技术基础上，从外地引进人才，统一培训牧民，大约30人的规模，对传统技术进行改造，开展加工生产，这样石雕产品的售价会得到提升。另外，想购置切割机等现代设备，用于切割原石，做工就用传统技术。村委有一块空地，可以用来放置一些简单的设备，村民用来切割石头。这样，集中在厂房，集体做雕刻这个细致的活儿，做完发工资，盈利的钱到年底分红给村民。简单一些的活儿分散地由牧民在自己家里做，集中起来的则精雕细琢。以后可能与罗经理他们联合，但最大的困难是，自己没有资金。而且两家公司的性质不同，一个是私营，一个是集体，不好对接。

往后，村办企业规模大了，才会有联合的资本。还可以和日村为中心，将石雕生产推广到全乡。石雕技艺属于非物质文化遗产，这个遗产名誉归村集体企业，罗经理他们只能靠借和日石雕的名气。这也是村集体企业的一大本钱和优势。

（受访者：原泽库县和日乡和日村党支部书记 DZJ，N1）

上述受访者的不少设想似乎并没有实现，但是，村办集体企业至少在建制上逐步向现代企业靠近。比如，2011年11月21日，该公司注册"世宝"商标（第19类，建筑材料）。另外，经过三五年的发展，企业也有了一定的存量资金，到2015年，企业账面资金村民人均约1050元共计近80万元。

村办企业的经营模式在近10年后仍然没有太大的变化。大部分从事石刻（雕）的村民进行着家庭作坊式、订单式的劳作生产，订单主要来自政府分配，由村"两委"组织实施。笔者2018年调查时，村民正在赶制来自尖扎县的"大藏经"石刻订单。2011年4月，黄南州发展改革委员会（建设单位）与泽库县政府（责任单位）、泽库县和日乡政府签订项目协议，由和日村承接坎布拉宗喀巴文化园区藏经"丹珠尔""甘珠尔"石刻项目，要求以纯民间手工形式雕刻两部佛经14.08万页，项目周期为2011年4月29日至2012年9月29日，总投资656.08万元。其中，石刻费用按每页经文28元计算，共计394.24万元；石材费用按3立方米的毛石料切割成1立方米成品石材计算，每立方米成品石材平均费用1800元，共计173.34万元。[①] 也就是说，和日村民从这一项目有近400万元的直接收益，和日镇相关参与石材采掘的个人或企业也有近200万元的直接收益。实际上，全镇唯有泽和石源石材工艺开发公司具有设备、技术人员等资质，因此，项目所用成型石材主要由该公司提供。笔者2018年调查期间，村民还在刻"尖扎县的大藏经"。

  我们2005年随父亲借助生态移民项目从山上搬到这个定居点。后来在这个移民定居点分的家，这个院子的外墙、房子是靠党政军企共建项目修的，院子里的畜棚是自己建的，养了11只羊。我平时做点买卖，主要是从这里收购牛羊，运到县城后卖给屠宰场。以前自己有一辆拉运牛羊的货车，现在要拉运的时候就从镇上租车。

  我也刻石经，承接了尖扎县大藏经50张石经凿刻任务，每

[①]《坎布拉宗喀巴文化园区藏经"丹珠尔""甘珠尔"石刻项目协议书》，2011年4月29日。

张付给报酬35元。这个活儿还没有完成,因为夏天太忙,没有时间刻,准备这个冬天闲下来的时候再刻,主要是由我的妻子来完成。她也是公益岗位的"草管员",有时在山上巡草,主要工作是在和日镇街上清理垃圾、打扫卫生,每周三次,按组轮流进行,还做精准扶贫、环境保护等方面的政策宣传,还承担撒药灭鼠的活。采用的灭鼠办法是,过了年后,在麦草里面拌上鼠药,塞进老鼠洞里。寺院后山上老鼠特别多,但僧人不让灭鼠,他们说"一边迷信,一边杀生,不好"。对公益岗位的工作,镇政府要进行考核,比如卫生清洁的情况,组织11个村干部察看,再根据考核的情况发工资。

(受访者:JTJ,N56,男,藏族,30余岁,泽库县和日镇和日村民。2018年11月17日访谈于和日村生态移民点受访者家中)

从上可知,村民和村"两委"未能如期完成项目约定,这在一定程度上反映出村石雕(刻)经营公司运行效率并不佳。

除了政府委托的石刻项目任务外,村民和村"两委"还为信教群众凿刻石经。2010年10月,笔者所见和日企业和移民村中繁忙的雕刻景象,即为完成其自行联系的石刻订单。另外,整个和日寺香火地乃至以和日寺为信仰中心的信众也有旺盛的石经需求,这种需求主要来自当地信仰习俗——供奉"坛多"(thar mdo)石刻。在和日村方圆地区,家有亡故者,一般要请人刻石经,举行一定的宗教仪式后将经石码到藏传佛教寺院或宗教活动场所(和日石经墙[1]为多)特定位置,村民称这一行动为"请"坛多。其中,所刻经文为"坛多",用

---

[1] 被称为"石书奇观"、迄今被发现的中国最大的雕刻石群和日石经墙的主体由两部分组成,一部分是呈长方体(长165米,高3米、宽7米)的主墙,内置《甘珠尔》,收录各种著述1008种,两遍约3966万字;一部分是呈正方体(高10米,边长9米)的经石方墩,内置《丹珠尔》,收录各种著述4361种,约3870万字。二者基本呈"T"形。此外,在长方形石经墙西120米和经石方墩东40米处,各有一座规模较小的石经墙,一座所刻经文有17种,另一座所刻经文为佛教经(丛)书《坛多》(亦称为《解脱经》),共刻108部(基础)。除文字石经,和日石经墙还有近2000幅各种佛像、佛塔等石雕作品。

意在超度亡人、寻求心理解脱。一般需要1卷，每卷有108页、129页和157页3个标准，因需而异。请一次"坛多"，2016年要在石经上花费1500元，2018年价值涨至2500元。此外，信教群众平日也有将佛像、佛塔（个别）石雕放置其上，以示信仰的宗教惯习。正是有了这样的习俗支撑，石刻（雕）才有了广泛、坚实的群众基础，石刻（雕）文化也才经久不衰，才有"家家闻锤响，户户操钎忙"的景象。全村村民能刻石经、能石雕者亦众，雕刻收益不菲。据2013年统计，和日村靠和日石刻产业创收130万元，从业人员达373人；[①] 按当年人口数计算，全村总人口中，有45.66%的村民从事这一行业。

正是在这种需求的推动下，加之一些国内外有识之士的支持，一些被毁的和日石经墙得以迅速修补重生。

总之，移民社区的热贡文化资源开发可以总结为：潜力巨大，知名度有余而开发力度不够，政策支持有余而经济效益有限，始终未能摆脱家庭作坊式的生产方式，产业化进程略显缓慢。

（二）文化生态保护

1. 代表性项目、传承人和传习所

2008年，"泽库和日寺石刻"归为石雕大类，与煤精雕刻、鸡血石雕、嘉祥石雕、掖县滑石雕刻、方城石猴、大冶石雕、菊花石雕、雷州石狗、白花石刻、安岳石刻一同列为第二批传统美术类国家级非物质文化遗产代表性项目。从此，和日石刻在中国石雕领域有了一席之地，成为全国闻名的石雕门类。项目公示内容作如此介绍：

> 泽库和日寺石刻是以石材为原料的一种藏族民间雕刻艺术，流传于青海省泽库县和日乡和日寺及周边地区。它起始于清代嘉

---

① 泽库县政务信息网，http://www.zeku.gov.cn/contents/9/7.html?__r=1658，2015年9月15日。

第三章　保护与开发的互促：景象及问题

庆年间和日寺寺主三世德尔敦迎请石刻艺人刻制经文和佛像，其后经过了罗加仓活佛和几代民间艺人的传承，至今已有百余年历史。石刻制作曾一度停顿，宗教政策恢复后，寺僧公保才旦老人带徒传艺，使传统石刻技艺得到振兴。和日寺石刻包括经文雕刻和佛像雕刻两大类型及线刻、浮雕、圆雕等技艺形式，它工艺精湛，图案精美，形象生动，字迹清晰，刻成的作品质地细腻滑润，石刻经文字体清秀工整、遒劲有力，石刻佛像造型舒张丰满、线条流畅，带有鲜明的佛教艺术特色。泽库和日寺石刻为藏学及藏族艺术的研究提供了弥足珍贵的"石书"资料，具有很高的历史文化价值。①

上述内容中特别提到的公保才旦（贡保才旦）是国家级"非遗"项目代表性传承人和"青海省民间一级工艺美术师"（2006年，第四批）。贡保才旦日常被称呼为贡才②，1937年出生于泽库县西部巴滩南端的隆务阿尼格尔（现泽库县宁秀乡境内）。14岁入和日寺为僧，先后拜该寺石刻艺人宁龙仓、哇布旦等为师，初步掌握了唐卡、绘画、堆绣、壁画、泥塑、刺绣等艺术的基本技能。后来，他在一位来自果洛的石雕艺人的指导下学习石刻造像和石刻经文的各种刀法，打下了良好的石雕技艺基础，并创作了许多佛教浮雕作品，刻制无数的佛教经文，成为当地最有名的雕刻高手。20世纪60年代，他被迫回乡参加牧业生产，在劳作之余或夜深人静时偷偷练习刀法，在实践中不断探索，举一反三，对石雕艺术产生独特的感悟。他自制雕刻工具，把原来单线阴刻刀法和斜着刻线、平拖抛光的简单工艺提高到采用刻、雕、凿、钻、打磨、镂空等较复杂的多种综合技法。他的石雕处女作《勇猛上师橛》以藏族特有的智慧和对佛教艺术的虔诚展现了一个富有艺术生命力的佛教人物形象。

---

① 中国非物质文化遗产网，http://www.ihchina.cn/54/50787.html。
② 以下有关石刻（雕）艺人介绍内容参考了泽库县文体广电旅游局提供的相关推介资料，兼含笔者访谈调查资料。

205

党的十一届三中全会后，大师贡才不顾年老体弱，积极投身藏戏传承保护和修缮和日石经墙工作。他为恢复地方藏戏，抢救民族民俗文化和佛教文化遗产呕心沥血，不遗余力。除佛事活动外，他还潜心钻研佛教其他流派的绘画和雕塑艺术。自20世纪60年代始，贡保才旦先后多次主持或参与设计制造"松赞干布"等大型藏戏的舞台造型、服装道具，修补寺院残缺壁画，修复石经墙原貌等，还为寺院刻制大型浮雕、石像，创作了大量具有地域特色和民族风格的石雕佳作。他领受高僧重托，肩负起了修缮重建和日寺的责任，从整修厅梁，到重塑佛像，彩绘唐卡，一砖一瓦都付出了他极大的心血，先后绘制壁画、唐卡、墙裙、图案、装饰彩绘300余幅，特别是对"和日石经墙"的修复保护做出了突出贡献。他还利用空闲时间，在寺院附近磐石上雕刻佛教人物造像，时历数年，完成了十余处大型岩雕，蔚为壮观，丰富了该地的旅游景观，充实了"和日石经墙"主体景区内涵。他十分注重技艺传承，广收门徒，和日多名有成就的雕刻师皆出自其门下。20世纪80年代以来，为多个藏族传统工艺培训班传授技术。1985年进入青海民族学院深造，从而使他的文化修养得到进一步提高，为其后广泛从事雕刻艺术奠定了良好的现代文化功底。2003年被特聘为黄南州职业技术学校热贡艺术学科教授。

除贡保才旦外，国家级传承人还有才旦加和朋措乎拉夫旦（见表3-12）。才旦加1971年7月15日出生于泽库县和日乡和日村，1982年毕业于泽库县和日乡中心完小。1994年才旦加拜上述贡保才旦为师，掌握经文石刻以及佛像、民族风情、民族图案和各种动物的浮雕和圆雕的基本技能，创造了许多具有民族和地域特色的雕刻作品。2009年8月至2009年12月就读于黄南州职业技术学校（学习唐卡绘画、石雕制作）。同年，受聘为三江源转产牧民文化技能培训班教师。此后其屡获佳绩和荣誉，比如，在2011年度和日乡石刻石雕技艺比赛中获第一名，2012年7月列为泽库县第一批非物质文化遗产项目代表性传承人，2014年先后荣获县级工艺美术师荣誉称号，获批州级"非遗"传承人、民间工艺大师和第三批省级非物质文化遗产项目代表性传承人。

朋措乎拉夫旦，僧名久美旦切，1964年出生于泽库县和日乡和日村，1979年毕业于和日村小学。16岁皈依佛门。1994年起师从石刻大师贡保才旦，专注学习石刻技艺。他参加过和日石经墙的修复，创作完成几十尊佛像。其雕刻技法在传承藏式石雕艺术传统工艺基础上，又结合现代美术人物肖像勾勒法，显出中西结合的韵味。其作品参展首届青海国际唐卡艺术博览会和第二届成都非物质文化节"非物质文化遗产博览会"。2009年8月至2009年12月，就读于黄南州职业技术学校（学习唐卡绘画、石雕制作）。2009年被聘为三江源转产牧民文化技能培训班教师。2012年7月列为泽库县第一批非物质文化遗产项目代表性传承人，2014年荣获县级工艺美术师荣誉称号和州级"非遗"传承人、民间工艺大师称号。

表3-12　　国家级"非遗"代表性项目"石雕（泽库和日寺石刻）"代表性（传统美术类）传承人

姓　名	民族	性别	出生年份	申报地区或单位	批次	出生地	级别
贡保才旦	藏族	男	1934	泽库县文化局	第三批	泽库县和日乡	国家级
才旦加	藏族	男	1971	泽库县文化局	第三批	泽库县	省级
朋措乎拉夫旦	藏族	男	1964	同仁县文化局	第三批	泽库县	省级

上述师徒三人同时获得"非遗"项目代表性传承人荣誉，彰显了师徒传承的团队力量。其中也体现出政府在"非遗"人才培养、选择、使用上的力度。在积极组织申报省、州级"非遗"项目代表传承人的同时，泽库县还组织开展县级"非遗"传承人、民间工艺大师、民间工艺师的评选活动。2013年11月19日公布第一批县级民间工艺大师、民间工艺师名单，共有13人入选，详见表3-13。从中可见，除有1人来自泽曲镇外，其他皆为和日乡（镇）的艺人；而在和日乡（镇）的艺人中，和日寺的占四成余，和日村的占近六成。这

些艺人皆为国家级"非遗"项目"石雕·泽库和日寺石刻"的县级传承人。2015年4月15日公布第二批县级工艺美术大师、民间工艺师名单,共有22人获得殊荣,详见表3-14。从中可见,除3人为泽曲镇的以外,其余皆为和日乡(镇)的艺人;而在和日乡(镇)的艺人中,和日村的17人、和日寺的1人,20世纪60年代、70年代、80年代、90年代出生者分别为3人、6人、8人和2人,而且首次出现1名女性艺人身影。

表3-13 泽库县第一批县级民间工艺大师、民间工艺师暨县级"非遗"传承人名单

乡镇名称	村社住址	项目名称	项目级别	传承者名	出生日期
泽曲镇	泽曲镇	唐卡艺术	世界级	卡罗加	1980.01.14
和日乡	和日寺	石刻技艺	国家级	朋措多杰	1996.02.16
				多夫顿	1955.01.12
				冷知布	1976.12.19
				宗智	1978.06.18
	和日村			朋措乎拉夫旦	1964.10.19
				彭措乎	1971.06.16
				肉增多杰	1988.07.26
				才旦加	1971.07.15
				久美东智	1987.12.27
				久美切杨(大)	1982.09.16
				久美切杨(小)	1987.08.10
				久美俄赛	1980.07.10

资料来源:泽库县文体广电旅游局:《关于命名泽库县民间工艺大师、民间工艺师的通知》,泽文广旅字〔2013〕39号,2013年11月19日。

表 3-14 泽库县第二批县级民间工艺大师、民间工艺师名单

姓名	乡镇、村社	出生日期	项目名称	备注
多日杰	和日乡唐德村	1971.05.11	石刻技艺	民间工艺师
拉果加（女）	和日乡和日村	1980.11.11		
南拉加		1991.02.26		
色德嘉措		1977.04.02		
朋措多杰		1996.02.16		
东杰东知		1981.02.28		
公保南杰		1975.11.12		
肉增才让		1966.03.05		
久美东知		1987.12.27		
东智才让		1984.04.13		
羊吉布加		1972.03.05		
三知布加		1982.10.30		
卓　么		1972.12.07		
格日多杰		1973.06.05		
加羊扎西		1985.03.10		
更登切排		1985.06.01		
才让东周		1963.03.21		
索南冷正布		1989.10.05		
更　登		1968.07.08		
卡罗加	泽曲镇	1980.01.14	唐卡	民间工艺美术大师
桑吉先		1988.11.21		
久麦多杰		1990.05.21		

资料来源：泽库县文体广电旅游局：《关于命名县级民间工艺美术大师、民间工艺师的通知》，泽文广旅字〔2015〕14号，2015年4月15日。

县级相关文化传承荣誉的评定，使得政府组织化的培育对象基本覆盖了和日村在石雕（刻）领域技艺比较突出者。相对而言，这种技艺更多体现在石雕方面，石刻这一对技艺要求不高的门类，并没有

列为"非遗"领域或艺术范畴。当然，概念的混淆可能在一定程度上影响了对石刻的清楚认识和定位。从中也能看到，石雕与石刻在男女性别之间的明确分工或差异，即男主雕琢、女主刻凿。

和日村州级（无省级）"非遗"文化传承人部分也在县级民间工艺美术大师、民间工艺师之列，无论是从年龄、技艺成熟度等各方面而言，都可称得上是和日石雕（刻）传承人的中坚力量。其技艺习得经历、传承方式等有类似之处。比如，关切多杰曾就读于和日乡中心完小、泽库县民族中学、黄南州民族高中，后进入黄南州职业技术学校学习唐卡艺术，2008年在三江源转产牧民文化技能培训中学习石刻技艺。之后拜贡保才旦为师，掌握了经文石刻、佛像、民族风情及民族图案、人物、家畜、家禽以及各种动物的浮雕和圆雕的基本技能。在2011年度和日乡石刻石雕比赛中荣获第一名，次年入选县级"非遗"代表性传承人。其作品有凸雕《吉祥八宝》《吉祥宝马》《石制转经筒》《宗喀巴》《绿度母》《金刚萨埵》《释迦牟尼》《莲花生大师》《长寿六尊》《观音菩萨》，凹雕《观音菩萨》等精品。在其麾下，有学习凸字石雕的10人、图文雕刻的15人。

又如，肉增多杰1988年7月出生于青海泽库和日乡日村三社。1997年7月毕业于泽库县和日乡中心完小。2009年度在三江源转产牧民文化技能培训班学习，同年12月参加黄南热贡艺术职业培训学校举办的唐卡、绘画、石雕制造工种培训班培训。1994年拜国家级非物质文化遗产项目代表性传承人贡保才旦为师学习石雕技艺。2012年度在泽库县巴滩牧场举办石雕工种培训期间担任指导老师。2013年度在和日村石雕培训期间担任指导老师，同年在黄南州布达拉热贡艺术职业培训学校年度石刻艺术河南县石刻艺术培训班担任石刻指导老师。2014年在黄南州布达拉热贡艺术职业培训学校年度石刻艺术泽库县宁秀乡赛庆村石刻艺术培训班担任石刻指导老师。其间，于2012年7月被列为泽库县第一批非物质文化遗产项目代表性传承人，2014年获县级工艺美术师荣誉称号，年内先后获得州级非遗传承人和民间工艺大师称号。

再如，多夫顿于1990年进入和日寺为僧，学习藏传佛教知识和理论，同时在贡保才旦名下耳濡目染，增强对石刻技艺的学习兴趣。2008年参加三江源转产牧民文化技能培训，深入学习石雕技能。之后，继续挖掘民俗民间文化精髓，在石雕制作中坚持凸显地方特色，在图文线、石雕工具、图形等方面不断改进，钻研具有独创性、地方性石雕技艺，作品有《莲花生大师》《四臂观音》《久美华无多杰》《野牛》等，其中已由他人收藏的有五十多张。其名下正在学习凸字雕刻、图纹雕刻的学员近100名。

另如，达派1972年生于泽库县宁秀乡尕日当村，1983年于泽库县宁秀乡小学毕业后随即进入和日寺学习藏传佛教知识和理论，同时拜贡保才旦为师，学习绘画和雕刻传统技艺。1996年进入四川省喇荣五明佛学院师从法王学经。主要作品有《金刚手》《普巴金刚》《佛塔》《绿度母》《和睦四瑞》《迁牧之旅》《转经筒》等。其中，《和睦四瑞》在2005年全国首届"艺海杯"大赛获当代艺术家（中青年）组金奖。1999年6月1日，在泽库县绘画、书法、摄影比赛中，绘画作品《石刻》获三等奖。2003年8月石雕作品《迁牧之途》在中国·青海民族文化旅游节"青海民族民间工艺美术品展"评选中荣获铜奖。2006年8月3日，捐赠石刻作品《六字箴言》四件作为青海省博物馆正式藏品收藏。2006年8月，石雕作品《更钦隆青巴》在第四届青海民族民间工艺美术品展中荣获二等奖。2010年，作品《佛塔·石雕》荣获第三届青海国际唐卡艺术与文化遗产暨热贡唐卡（世界非物质文化遗产）博览会一等奖。为弘传石雕技艺，其在寺院筹建石雕艺术馆。2012年8月3日批准为县级非物质文化遗产项目代表性传承人。2014年1月批准为州级非物质文化遗产项目代表性传承人。

从上述资料可以得出以下石雕传承现状的结论：首先，贡保才旦是和日石雕技艺传承的领头雁。从图3-5传承谱系图可见，出生于泽库县宁秀乡的贡保才旦进入和日寺后，从寺僧宁龙仓、哇布旦那里传承石雕技艺，之后又吸收果洛石雕技艺的特长，创立了具有和日特色的石雕艺术。在他的传承下，所有石刻（雕）技艺国家级、州级传承人皆为其门下。从贡保才旦到才旦加、朋措乎拉夫旦，再到4位州级传承人，形成了老中青结合的传承人年纪结构。

其次，和日寺僧人（和日村籍）是传承者主体。从图3-5可见，在世的国家级、州级国家"非遗"项目代表性传承人中，有一半为僧人（图3-5中黑体人名者）。从上述各传承人的履历看，在石雕艺术上，僧人的技法技艺相对要高一些。这显然与艺术创作的环境有关。

图3-4 久美切旦传授书法（县文体广电旅游局久美旦增拍）

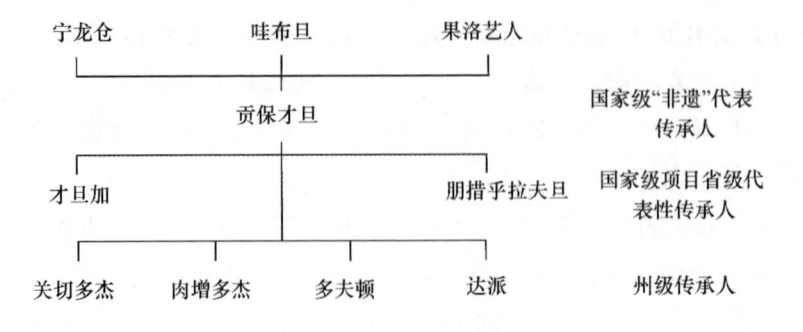

图3-5 和日石雕技艺传承谱系

第三章　保护与开发的互促：景象及问题

再次，和日石雕（刻）技艺是泽库县在热贡文化资源开发和生态保护中的主打品牌，是其"核心竞争力"。"石雕·和日寺石刻"是泽库县唯一一项国家非物质文化遗产项目。在省级"非遗"项目中，专属于泽库县的有龙藏神舞和藏式点心制作技艺，皆为2018年第五批项目。在州级"非遗"项目中，专属泽库县的10项，分别是2008年第一批的"泽库和日石经雕刻技艺"、藏族赛牦牛，2017年第三批的传统技艺泽库牛羊毛手工编绳技艺、泽库黑帐篷制作技艺、马鞭制作技艺、毛毡制作技艺、藏式点心制作技艺、打酥油制作技艺、牛马鞍制作技艺，以及属于传统音乐的泽库民歌。从非遗项目名单看，和日石刻的地位并不突出，但和日在"非遗"项目中的地位非常重要。比如，泽库县级"非遗"代表性传承人中，除4人为格萨尔说唱艺人和藏文书法等擅长者外，其他皆为石雕艺人。而且，格萨尔说唱的传承人万玛昂青出生于和日村，藏文书法的传承人久美切旦为和日寺僧人。如此说来，申报地区与单位为泽库县的传承人都出自和日，可以说，和日寺、和日村是泽库县传统文化资源富集地和核心区。

从县级传承人名录看，来自和日村、和日寺的就更加突出了。为了更清晰地看到和日以石雕技艺为核心的文化艺术的丰富性，不妨将石雕技艺以外州级非物质文化遗产代表性传承人的履历列于后。

久美切旦1971年4月9日生于泽库县巴滩牧场亚日齐村，1985年入和日寺为僧。17岁开始拜寺僧关切多热为师学习藏文书法（门郎折赛尔书法）。继承和发扬了这一面临失传的书法艺术。通过几十年的学习钻研并充分掌握了藏文书法后，根据和日寺德尔敦活佛的安排，用门郎折赛尔书法，手写了十几部一万多张藏传佛教藏文经书，主要代表作品有《八部金刚经》《三部君王喻发心经》《十三部大悲经》等。同时，他收授俄尖仁增、才昂仁增、亚培、完玛旦增、昂增等10名徒弟，向他们传授书法。2012年和2014年，久美切旦被泽库县、黄南州政府先后确定为县级、州级非物质文化遗产藏文书法传承人。

213

藏文书法艺术对于雕刻艺术来说是一个极大的补充，特别是对于尚未登艺术殿堂的石刻而言，发挥好寺院僧人在书法上的传帮带作用，注重石刻作品艺术水平的提升，可以使热贡文化资源保护开发再上一个新的台阶。

2. 寺院生态保护和有智慧的寺院管理

政府在和日寺文物保护上投资巨大，使寺院建筑特别是文物建筑修葺一新。同时，还注重对寺院周边自然生态环境的治理。比如，和日寺正面山坡空闲地绿化项目，2012年4月，组织和日乡一完小近300名师生，以及县直有关单位，以"保护母亲河——2012年青少年义务植树活动"方式实施。其间，共栽植各类苗木117050株（其中，云杉2600株、沙棘4250株、沙柳2200株、青杨8000株）。笔者调研时虽在冷季，但目之所及，苗木长势良好，已可产生一定的防固风沙、涵养水源等生态效益。

对于文化传承而言，进一步加强寺院管理有利于寺院及其僧侣更好地与村民一道，参与文化、生态建设，特别是对村寺关系极其独特的和日寺与和日村而言，只有管理好寺院才能够充分调动寺院在石雕（刻）技艺传承上的积极性、主动性，重拾村寺之间技艺传承上的良性互动。村寺关系发生疏离的一个突出表现是面对共同市场的不合作。和日寺至少有4人擅长石雕，而且石雕（刻）技艺是从寺院传到社会的，但是，村民从事雕刻者众，寺僧却很少参与雕刻产品市场开发（闲暇时间亦然），可谓"教会了徒弟，饿死了师傅"。僧人收入来源少，主要来自为信众诵经。但是，村中俄巴人数较多，僧人可以诵经的次数越来越少。宗教人士作为社会一员，亦有共享改革发展成果的权利。

管理也是加强和改善民生的需要。寺院和寺僧民生的改善，反过来促进了管理效能。

在以前，寺院就像没爹娘的孩子一样，上面没有专门管理项目落实的部门和机构，加上思想认识的局限，一些项目无法惠及

第三章　保护与开发的互促：景象及问题

寺院，宗教人员普遍缺乏认同感。比如，有一次，乡党委书记在和日寺宣讲政策，会场上最开始来了4个人，讲到一半，走了3人，最后就成了一对一的宣讲了。

现在不一样了，对寺院实行社会化管理。和日寺是县管寺院，乡政府派驻寺管理干部，实行的是三种管理模式中的"协助管理"。管理的加强带来的是管理人员的实效介入和项目、资金的落地。每年，国家的惠民政策都将寺院包括在内，特别是涉及寺院道路、水、电、房、通信、"寺管会"办公场所等在内的11大工程，使得寺院基础设施条件发生了巨大变化。比如，针对寺院的危房改造项目进入扫尾阶段，只剩余的5户正在实施中。再如，过去饮水困难，饮水安全问题也困扰着寺院，只有在莲花生殿前装了一根自来水管，后来，在僧舍接通了自来水，极大地提高了寺僧饮用水的安全和便捷性。

（受访者：NJJ，N58，男，藏，30余岁，和日镇派驻和日寺干部。2018年11月19日访谈于和日寺前广场）

各种社会保障政策亦惠及僧人。比如，2017年初统计，和日寺的全部僧人参加了医疗保障，参加养老保险、享受最低生活保障、享受高龄补贴和被纳入"五保户"的分别占僧人总数的43.33%、30%、13.33%和5%。[①]

政府针对寺院民生的投入效果还体现在，一方面，切实改善了僧人的生活环境和条件，提高了其生活质量和水平；另一方面，政府在寺院管理上有了抓手，僧人对宣传等活动的参与度大大提升。这种变化无论是自觉行动还是趋利行为，都在无形中增强着僧伽群体对党和国家的认同感。问卷调查显示，和日寺僧人对居住环境的满意程度虽然不及已经迁居城镇周边的和日农牧民，但也各有一半的受访僧人感

---

① 泽库县民族宗教局：《泽库县藏传佛教寺院教职人员统计表》，2017年3月28日。

觉居住环境很舒服或"感觉还可以",而且做出正向评价的受访者比例高于全村回答有效的总样本占比。

管理的改进和加强使宗教人士普遍认可政策及其实施。宗教人士和农牧民对政策评价各有异同。如表3-15所示,就居住环境的满意程度,二者基本做出正面评价;对村落文化遗产保护现状,宗教人士的评价反映出其更多的担忧。问卷同时反映出,僧人群体对文化生态实验区的运行情况以及党委政府出台的政策总体上并不关心,仍有36.4%和45.5%的受访僧人分别表示对"热贡文化生态保护实验区""知道但不了解"、对党委政府政策措施对热贡文化传承作用"不清楚"。

如果从管理角度考量,寺僧过多参与世俗商业活动,可能会影响宗教文化的良性传承,那么,可以将寺院与村落之间的师承关系重新建构起来,引导寺僧以寺院清静的环境和博大的文化底蕴为依托,作石雕(刻)技艺的传承创新主力,村民则从寺院汲取深度参与文化资源市场开发的技艺,二者相辅相成,共同推进参与热贡艺术开发的层次和水平。寺院不宜过多介入市场,应对寺僧的文化传承行为予以适当物质激励,以增强村寺合作关系的稳定发展。

表3-15　　　　　　僧俗对环境和政策的评价和认知　　　　　　(%)

		自我认可的职业身份	
		宗教人士	农牧民
对目前居住环境的满意程度	感觉很舒服	54.5	58.3
	感觉还可以	45.5	33.9
	感觉不舒服	0	1
	感觉很不舒服	0	2.1
	不清楚	0	4.7
	回答有效样本数(例)	11	192

续表

		自我认可的职业身份	
		宗教人士	农牧民
对热贡地区自然村落文化遗产保护现状的看法	得到很好的保护，保持原貌	9.1	49.5
	得到较好的保护，基本保护原貌	0	22.6
	保护不到位，有损坏	45.5	9.5
	基本没有保护，损坏严重	0	3.2
	不清楚	45.5	15.3
	回答有效样本数（例）	11	190
对"热贡文化生态保护实验区"的认知	非常了解	0	18.9
	了解一点	27.3	30.5
	知道但不了解	36.4	31.1
	完全不了解	36.4	19.5
	回答有效样本数（例）	11	190
对党委政府政策措施对热贡文化传承作用的总体评价	作用很大	9.1	32.2
	有点作用	36.4	31.6
	没有作用	9.1	5.1
	不清楚	45.5	31.1
	回答有效样本数（例）	11	177

3. "多语"教育实践

语言文字在文化传承中占据着极端重要的作用。就石雕而言，最为显在的是，要塑造出雕刻种类最多的佛像的精气神，必须懂得或基本懂得佛经的基本内容，这是石雕艺术发源于寺院而且盛行于寺院的重要原因；即便是凿刻经文，也需要有一定的藏文基础。还有，图3-2所示的师承关系中，贡保才旦的国家通用语基础薄弱，在过往以其为技艺权威的情况下，如果没有一定的藏语基础却要在他那里习得技艺，几乎是不可能的。

在21世纪的今天，文化传承面临着新的挑战，应对挑战则有赖于现代教育的深入推进。隆务河谷当地土语来源及结构复杂，区别于土语互助方言、民和方言而归为同仁方言。20世纪90年代末国家为土族创制拼音文字,但未能实行到热贡而夭折。但热贡土族使用土语之生命力仍然不弱。就藏语言文字教育对藏文化传承的重要性,在笔者2010年调研时既有所洞察。随着居住格局的变化,在藏文化系统里原本所没有的物品层出不穷,在村民社会文化生活中出现的新词令人应接不暇,借用其他语言中的词汇成为日常。比如沙发、电视,在藏语新词译介中因地而异、各有叫法,但群众更愿意使用这些现成的新词。个别词汇的变通或借用尚不会对藏语文结构产生很大的影响,但大量新词汇的变通和借用,带来语言结构性改变的挑战。这种情况下,更加组织化、系统化的学校教育,相较于个体或民间组织译介、统一使用藏语新词的努力,就显得更能应对语言环境的飞速变迁。进一步说,在青海藏族聚居区实行的"多语"教育就具有承担文化传承使命的功能。

藏语言文字传承中一个非常现实的问题是,为了在互动更加频繁的社会中立足,比如就学、就业、就医等,必须学习国家法定的和他民族的语言文字。特别是国家通用语文是中华民族的语言文字,各民族学习使用并普及这一语文,是法定责任和义务。而民众是从实用的角度看待学习的必要性的。正如有干部所言,"面对世界就要学习英语,面对全国就要学习汉语,面对藏族聚居区群众就要学习藏语"[1]。

对热贡文化的传承而言,学习国家通用语,可以在更广泛的空间达到交流宣传的目的,是提高文化产品开发经济效益的保证。和日村原村主任甚至将此视为与隆务河谷开发水平悬殊的关键因素。

> 我们村和隆务的几个寨子开发水平、发展差距大,管理是一个重要的原因,这里面起决定的作用的是文化水平。石雕与唐卡比,宣传、资金、产品这些都差不多,而且"传统"是一样的。

---

[1] 受访者:NM,N6,男,藏族,1964年生人,泽库县人大常委会原副主任。2010年10月19日访谈于黄南州泽库县民族中学。

我们比人家落后，还是要怪自己抓得不好，没有什么文化。娘本他们说汉语，各种资料都看得懂，抓起生产、宣传、销售来就非常容易，效益就来得快。我现在退休在家，来自全国各地的人都给我打电话、加微信，但业务开展有限，因为不懂汉语，没有什么文化。要不然，我自己开的超市，里面卖石雕，要是把微信这些资源利用好，那么好的石雕不愁卖不出去、卖不上好的价钱。为了解决销路问题，一直以来在想办法，比如在西宁设销售点，这个点在汽车站对面的建国路市场，别人帮助卖，从中提成15%。但是，这些办法的作用不是很大，好东西仍然是卖不上好价钱。

（受访者：CRNJ，N2，男，藏族，60余岁，泽库县和日镇和日村委会原主任。2018年11月19日访谈于受访者家中）

面对发展与传承之间存在着的不太容易调和的矛盾，村寺之间的合理分工与协调就尤显重要。若石雕产品市场仅仅局限于本地区或宗教领域，就不可能使其经济效益最大化。相对来说，在和日这样更近内陆的地区，寺院僧人本着对宗教的虔诚能够耐得住寂寞和贫困，苦心钻研石雕艺术，然而，面对着十分沉重的生计压力的村民就不可能全身心地扑在石雕艺术的学习、传承、弘扬上。这种情况下，把传承的重任寄托于寺院，不仅显得重要，而且具备使之扎实而且可持续的条件。对于离市场更近的村民而言，只有掌握了与国内更广阔的消费市场对话的语言（文字），才能使石雕作品赢得与其价值相符的市场认可，进而带动这一艺术形式的代代相传和面向市场的创新。

在"多语"教育上，青海在教育改革实践中探索出两种模式，一种是从小学开始，除"汉语文"课用汉语授课外，其他皆用藏语授课，称之为一模式；另一种是从小学开始，除藏语文用藏语授课外，其他皆用国家通用语授课，称之为二模式。究竟哪一种模式"好"，尚无定论。

◈ 找寻安身之所

和日镇有三所学校,一所为和日镇中心完小,一所为巴滩牧场小学(主要供巴滩牧场所辖三个村九个社的适龄学生就读),一所为唐德尕土完小(主要供全镇人口最多的唐德尕土村及距离镇政府较近的夏拉村学生就读)。和日村的学龄儿童大多进入和日镇中心完小学习。到2018年底,全校在编教师46人,有700多名学生。其中,和日村籍四、五、六年级学生分别有15、7、13人,合计35人。① 笔者对该校校长(兼和日镇学区主任)的访谈全面反映了其运行状况,侧面反映了公立中小学语言教育使用方面的情况。

学校扎实执行"两免一补"政策,校服由学校来买,一年两套,冬夏装各一套。一旦向家长收校服钱,家长就会说学校"乱收费"。我们学校在动员家长送孩子入学上花了大量的精力,每年冬夏都要家访,要求百分之百的覆盖。比如,今年夏天,老师分成了三四个组进行家访,了解家庭经济、学生在家学习等情况,要求家长管好孩子,尤其不能参加非法组织和活动,同时宣传教育政策,国家惠民、奖励政策等。学校召开家长会时也要宣传,带家长参观教室。老师进行家访是比较辛苦的,全镇有不通路的村,好在聚居点都通了电。

现在作为家长,送孩子上学,负担很轻,自己就是掏着点路费。家长在镇上租房陪读的情况极少。家住特别远的,就骑摩托车接送,一辆车带四五个人,这样就存在安全隐患,幸运的是,在接送途中没有出过交通事故。有的孩子不愿意回家,就住校,由老师管着,食堂照样开。每周值周人员有七八人,其中还有带班的校领导。全校周末不回家的学生二三人到二三十人不等,冬天多于夏天,可能是天气太冷的原因。

我本人上学,就是在这个学校,上到初中才懂了汉语拼音 a、o、e。现在,学生的汉语文水平一年比一年好,尤其是从考试成

---

① 此数据系问卷调查所需而作的统计,对一、二、三年级学生未作统计。

绩来看，汉语文成绩在不断上升。主要还是环境的原因，比如，家里电视放的电视剧、动画片基本上说的是汉语，学校活动除有关藏语活动用藏语外，其他都是用汉语。每年，学校都要组织使用汉语的诗歌朗诵、唱国歌、"六一"、国歌与少先队歌比赛、汉语言知识竞赛等活动，其中的知识竞赛都与课本有关。

藏语教学的情况是，幼儿园大班开始教藏文，要求学好学会30个字母和汉语拼音字母，幼儿园毕业时，大部分学生会掌握其中的声母、韵母。从小学一年级开始，县城的学生完全可以用汉语教，但牧区的孩子完全不懂汉语，就没办法实现"学前过双语关"。现在，藏语水平没什么提升。反而，同样是环境的原因，藏语成绩在下降。这里面的原因大体上有，藏语文教学资源缺乏，教学用品、电视节目、电脑课上的电脑软件等都是汉语汉字，动画片翻译成藏语的少，比如，家长学生收看最多的安多卫视上的动画片就非常少。这几天，学校食堂里、休息室放的就是汉语版的《光头强》《猫和老鼠》。

就教学成果说，这个学校的学生，四年级以上的，可以随便用藏文写请假条，但错别字多，语法方面的问题也不少。这跟藏语文老师的水平有关系。现在普遍缺藏语专业的年轻教师，师范类藏语专业的教师尤其缺乏。也有中专水平的藏语专业的教师，比如黄南民族师范学校毕业的，但跟本科师范毕业生比，水平上仍有差距。

对于和我们这里一样的牧区来说，藏语是母语，也是交流的工具，肯定是以藏语授课为主的模式效果好。我自己上初中时，藏语文是班里的第一、第二名，汉语水平非常低。上班以后，就是20世纪90年代，看文件看不懂，所以努力学习汉语，二三年就赶上了，有的可能不懂意思，但是会念。我感觉，要是藏文水平高，学汉文就特别的快。

现在的语文学习中，新词的处理是一个大问题。我出生时，称杯子为"缸子",现在也是这样用,这是借用的词。① 还有"褡裢"也是一样。对于涌现的新词,牧区的牧民比老师们用得好,他们用的都是藏语译介过来的词。比如,支付宝,都有相应的藏语词。在学校教学中,我们要求汉、藏、英之间不要互相解释,单纯地是什么语就用什么语来教,要不然孩子们就会糊涂得不得了。

现在政府抓控辍保学,这个学校辍学的有13个。现在学生规模大,这个比例也很正常。我上这个学校的时候,学生只有五六十人。当时,到底谁上学,用抓阄的办法,因为没有人愿意上学,但每个队里还要完成名额指标。大概是我8岁的时候,队里开会,家里有适龄儿童的家庭就抓阄,结果邻居家的人抓上要上学的那个纸蛋蛋,父亲就让我顶替上学。现在入学率能达到100%,这是没有问题的,其中可能有开学时确实生病不能来的情况,但这个季节没有在家不上学的适龄儿童。

要是孩子进入寺院当阿卡,最好的年龄段是初中毕业后。这个时候,对于结婚成家、寺院宗教等理解得比较清楚了,语文上懂得多,进入寺院就成为里面的人才了。如果六七岁时进入寺院,这可能不是他个人的选择,反而是到了一定的年龄容易还俗,这个时候再上学就来不及了。初中毕业了,你是要继续学习去当干部、回到牧区当牧民还是进到寺院成为阿卡,你自己选择不同的道路,这才是个人对人生道路的自由选择。现在还有大学毕业以后当阿卡的。其实寺院年轻的完德(幼年僧人),在寺院学的基本知识与同年龄层次学校班级差别不大。

(受访者:NJH,N47,男,藏族,1975年生人,泽库县和日镇中心完小校长。2018年11月13日访谈于该校校长办公室)

---

① "杯子""缸子"作为盛液体的器皿,基本器型大多是直口或敞口,始见于新石器时代,仰韶文化、龙山文化抑或河姆渡文化遗址中,皆见陶杯的存在。二者最明显的区域在,前者无把,后者有把。在青海地方通用方言中,皆叫作"缸子"或"缸缸"。

可见，学校教育在文化传承上所产生的效果是基础性的，特别是切合当地"多语"教学模式的选择，对于稳定牧区中小学生源，保证藏语文的传承保护起到有力促进作用。而切合的教学模式的选择，也有助于建立良好的寺院与社会的互动，为寺院输送更有稳定性的僧才，保证寺院的持续健康发展。这种良性关系的建立，对热贡文化良性传承所起到的作用是潜在的。比较而言，这种作用与郭麻日村的情况有所区别。

4. 藏戏展演

藏戏历史悠久、类型多样，生活化特色鲜明。藏戏被誉为中国之国粹和藏族文艺的活化石，藏戏在西藏形成多个类型的分支。藏戏起源于8世纪藏族的宗教艺术，早期剧目多是佛经中的神话故事。17世纪逐渐从寺院宗教仪式中分离出来，表达形式变得日益丰富，成为以唱为主，唱、诵、舞、表、白、技、伴等基本程式相结合的生活化的表演。

和日藏戏个性明显，有一定影响力。作为国家非物质文化遗产代表性项目"黄南藏戏"的组成部分，其有相对自成特点的组织和展演方式；其藏戏团虽不及黄南藏戏团等具有专业化属性，却扎根民众，经久不衰。①

在泽库县，民间与官方的藏戏团交相辉映。全县有两个民间藏戏团，即和日乡和日村藏戏团和宁秀乡果改寺藏戏团，后者亦有几百年传承史。在官方层面，2003年成立泽库县格萨尔藏戏团，演职人员由20名临聘牧民组成，施之培训后组织下乡免费演出，虽然收入不高（2018年每人每月2000元），但一直在坚守。演出或学习剧目主要有八大藏戏和《格萨尔传》。

出生于和日村的州级"非遗"代表性传承人万玛昂青，既是格萨尔艺人又是藏戏展演的重要参与人。泽库县文体广电旅游局对其简历内容如下：

---

① 中国艺术研究院中国非物质文化遗产网推介的黄南藏戏具有6大特点（见本书第三章第一节），和日藏戏大体也具备这些特点。

◈ 找寻安身之所

万玛昂青又名哇角，泽库县文化馆馆员（中级），已退休。1949年3月生人。幼年时的他即对艺术有浓厚的兴趣。1962年拜其叔格萨尔民间传承说唱艺人切君为师，自学藏文并广泛阅读藏族传统的艺术类旧书籍，特别汲取《格萨尔传·霍岭大战》说唱艺术知识，对藏族格萨尔说唱有着孜孜不倦的执着追求精神，逐渐形成生活化的表演。其中，格萨尔说唱腔调高亢雄浑，而且，基本上是因人定曲，故而使和日藏戏成为当地乃至整个藏族聚居区有名的说唱艺术。他坚持自学《格萨尔传》说唱，并于1970年8月至1981年8月参加了生产队组织的业余文艺宣传队，担任主要负责人及主要演员，有时独唱独演、吹拉弹唱，表演绘声绘色，极受观者热爱。改革开放后，逐渐恢复格萨尔说唱艺术，原有业余宣传队改为民间藏戏团，万玛昂青于1981—1985年任该团教练及导演、艺术指导、藏戏编剧、作词作曲等。1993年后，一直在县文化馆从事文化艺术管理工作。2003—2012年担任馆长。在文化馆期间，他努力学习文艺方面的理论知识，在加深理解说唱艺术前提下，在初步掌握笛子、手风琴、电子琴、藏族龙头琴等乐器的基础上，自学萨克斯、葫芦丝等乐器的演奏，不断促进乐器演奏艺术、说唱表演和艺术舞蹈表演的结合。万玛昂青所获荣誉众多，比如，1984年在拉萨举行的全国《格萨尔传》演唱评比中获得成绩显著奖，在黄南州文联举办的《格萨尔传》研讨会、说唱评比中获得一等奖；1993年在青海省文联和省《格萨尔传》研究会联合举办的演唱评比中获得优秀奖；2009年由青海省《格萨尔传》工作领导小组等评定其"在藏族史诗《格萨尔传》挖掘、抢救、整理、翻译、出版和研究等工作方面取得了突出成绩"，荣获青海省首届《格萨尔传》工作先进个人荣誉。

在格萨尔说唱与藏戏的传承方面，1980年，万玛昂青将和日寺拉旦加、角旦加、多杰三人收为徒弟，进行格萨尔民间说唱《松赞干布》《智美更登》等的传授活动。1980—1990年，为了传承和发扬格萨尔民间说唱艺术，他深入和日乡的各个村，进行格萨尔民间艺术说唱、展演、宣传、讲座等社会公益型活动，挖掘并传承散落当地民间的格萨尔说唱艺术资源。为充实格萨尔说唱后继人才，又将格萨尔艺术团演职人员旦正才让、尕藏吉、丹增切培收为门徒，进行格萨尔说唱《赛马称王》《阿德拉姆》《米拉日巴》等传授。

为了更好地保护传承万玛昂青的说唱及表演艺术，在文化部门组织下录制了光盘，包括《赛马称王》片段视频、传承教授说唱视频、格萨尔说唱表演（原生态）、格萨尔舞台表演《阿德拉姆》《赛郎演义》等，拍摄了大量传承人生活照片及传承活动照片。

在如万玛昂青等和日籍干部的积极参与推动下，和日藏戏演出已成为春节期间和日地区不可或缺的集娱乐、宗教功能于一体的传统文化活动。和日村藏戏团组建于16世纪末，最早属于寺院的戏剧演出团，1961年改建为和日村文化艺术宣传队，1982年正式成立为和日藏戏艺术团。该团经常赴省、州、县各地巡回演出《松赞干布》《智美更登》等民间传统戏剧。特别是每年正月十五日和日寺法会期间进行的集中演出，受到民众的青睐和喜爱，演出时观众最多达到3万多人。观者除和日镇的农牧民外，还有来自巴滩牧场、宁秀乡、王家乡以及海南州同德县、贵南县的农牧民。有时赴泽库县西部各乡演出。两部剧本的表演和音韵保留着藏族传统戏剧风格，即以藏戏古剧演出为根本，未经时代性改编。其中，《松赞干布》的主要内容有：一是藏王派遣吞弥·桑布扎前往印度学习并创始藏文字母、首次翻译佛经等经历，二是派遣吐蕃宰相噶尔·东赞（汉文史籍亦称禄东赞、论东赞、大论东赞）前往中国内地和尼泊尔等地建立政治关系的过程。

和日寺与和日村是藏戏团的主要演出地。在村寺中，藏戏团每年演两次，即正月十五日和八月十五日（藏传佛教传统节日燃灯节），两个剧目（剧本最先来自拉卜楞寺，后来采用果洛班玛县知钦寺的）各演两天，共演出四天。其中，八月十五日的藏戏演出在寺院进行。寺院僧人亦在其中扮演角色。演出时，长者带着年幼者学习藏戏。为表演方便，最初由村民和其他私人出资，在寺院旁修建了戏台。① 这种正式演出于1981年恢复，当时，和日村购置演出服装和道具，并组织30多名年轻人，由民间艺术家担任编导，为本村及邻县同德、贵南县群众表演。后来，组织村中年轻人，在没有任何酬劳的情况下，每年坚持演出藏戏2—4场。由于原场地历经风雨冲刷，破旧不堪，不能满足需求，所以于2015年向县文体广电旅游局提出申请，扩建演出戏台、更衣室、围墙、大门等，并在藏戏演出场地安装地暖设备，申请资金315万元（其中自筹25万元）。② 其后，以寺院名义申请经费，县民族宗教局出资60万元，于2016年建成新的藏戏台。2016年，由州藏戏团出资演出经费2万元，并计划每年予以资助。截至笔者调查时，2017年经费尚未到账，暂由和日村委会垫支。

因藏戏团持续的演出，加之寺院法会的带动，使藏戏演出成为当地节日期间一个十分重要、隆重的文化活动，保证了其生生不息。春节期间的活动从正月初七开始，当天寺院有诵经活动，始有群众向寺院集中。从之前的正月初五开始，藏戏团开始排练剧目，演员由过去的宁玛派僧人（有家室者）换成了村民，人数长期保持在55人，主要由年轻人组成，角色相对固定，特别是主角（如格萨尔、智美更登）均由一个人担任。80后已经成为藏戏演出的中坚力量。因角色相对固定，参演者相互传习，对角色了然于心，加之表演前相对长时间的排练，成功演出都能博得观者极大的关注和热情。

藏戏演出与寺院宗教活动在空间上的互渗，激发了村民参与的持续热情，也带动了乡间商贸业的兴盛和小城镇的发展。藏戏演出时间是相对固定的。比如，正月初五到初十排练，正月十一到十二日则打扫卫生、搭建舞台，正月十三至十四日进行正式演出，十四日当天，寺院还进行展佛或晒佛仪式，十五日便是寺院法会，也是整个活动的高潮。演出从晚7时开始，大约10时结束。有的群众在演出开始前

---

① 受访者：泽库县和日乡和日村党支部原书记 DZJ，N1。
② 泽库县和日镇政府：《关于解决和日村扩建藏戏团藏戏演出场地费用的申请报告》，和政字〔2015〕24号，2015年3月15日。

就到寺院，转寺院和石经墙。演出中，人流涌动，观戏时聚精会神，群众十分投入。整个活动期间，寺院附近及镇政府所在地的商铺、饭馆、小吃店生意火爆。

> 藏戏演出对村民来说是一年里特别隆重的事情，每一个村民都会参与。我12岁开始就演藏戏，演里边的虾兵蟹将。我跟前天在镇上一起吃饭聊天的HBZ（即附录三"受访者名录"中第49——笔者注）比，已经算是演员里的第二代，现在已经传给了第三代，也就是一些年轻人，对他们同样没有年龄上的限制。这里面，谁能演、谁不能演，没有关系远近，只是看这个人演得怎么样。
>
> 年轻人在演出藏戏时也搞自己的活动，比如在正月十五日在戏台搞晚会，跳现代舞。
>
> 村里的藏戏团在全州有影响。在同仁"六月会"的时候，收到过前去参加演出的邀请，最终由于种种原因没有去成。要扩大这里藏戏的影响，可能还要在条件上再改善一点，比如在演出《智美更登》时可以制作电子屏幕背景。
>
> （受访人：泽库县和日镇和日村党支部书记GRDJ，N48）

有趣的是，据笔者观察村民留存的藏戏演出照片，《松赞干布》戏中唐太宗的着装、打扮活脱脱一个京剧扮相，只是没有画脸而已。《智美更登》戏中智美更登角色着装则酷似彝族。一看便知，这是历史记忆渐渐淡化而现实的印象掺杂入多为新一代的创作者思想中的结果。

春节期间，以藏戏、寺院法会展演为主要内容的村民自发组织的文化活动，发挥着规范行为、凝聚村落共同体的作用。和日村被认为是和日镇乃至泽库县培养干部比例最高、村民文化程度普遍较高的一个村。和日村籍干部用多种方式不断回馈着村里的文化活动。其中，既有干部情感需求的动因，也有各种活动吸引的拉力作用。在村民与干部之间的良性互动中，村落共同体的凝聚功能得以增强。

> 现在从村里走出去的干部，每年正月和六月村里搞活动的时候，都要回来参加。但其子女中很多不懂藏语，甚至是父母都是本村人的子女也不懂藏语，他们来了以后，很不好意思。正月里演出藏戏时，干部们多数在村中家里过年，自然也要参加活动，临时外出打工的村民，也要赶回来参加活动。这个时候，都提倡穿藏服、说藏语，这几乎成了一个软性规定。要是有人违反了，就会遭村民议论甚至嘲讽，一般人可受不了这个。
>
> （受访者：原泽库县和日乡和日村党支部书记 DZJ，N1）

和日藏戏演出活动与郭麻日"军舞"所发挥的功能类似，其团队也具有社会组织的基本属性。对热贡文化的传承而言，组织化的传承更具有规范性和生命力，村民在其中受到潜移默化的文化洗礼和对文化的强烈感知与认同。其规范性还体现在，和日村于2015年自行制定有《和日藏戏传习所章程》，规定了藏戏传习所（藏戏团）的业务范围，入会条件和权利义务，组织机构和负责人产生、罢免，资产管理、使用原则，章程的修改程序，终止程序及终止后的财产处理等内容。虽然从其内容看，与和日村实际情况的结合及可操作性方面有待改进，但对于偏远牧区"非遗"项目的组织化、规范化传承具有深远的引导启示作用。

5. 畜牧业合作化经营

主要体现在两方面：一是生态畜牧业合作社的组建和运营。和日村较早成立了生态畜牧业专业合作社。2016年，由青海省畜牧业厅生态畜牧业及产业化项目主导下投资兴建新的规模化厂区，总投资额达到962万元，其中，畜牧业、扶贫、天津援建三个口分别投资482.6万、350万、100万元。厂址位于和日镇西北侧、泽同公路与入镇公路分岔口向东约1千米处。笔者前往调查时，进入厂房，西侧为职工宿舍，但空无一人。厂区内有两名妇女在捡拾牛粪，厂区东侧为草库伦，牧草厚实，有不少牦牛在觅草、食草。总投资中，包括购买牲畜（牦牛）的资金，时养牛100头。捡拾牛粪是在彩钢棚圈外的无顶畜圈里，牛粪冻结在地上，用小铁锹别开，再捡到尼龙袋（满装50斤粮食）。圈养的季节里，两人每天可捡到150袋，主要是自家用；若卖到乡镇，每袋能卖到13元。2017年，厂房也用于圈养本村村民的牛羊越冬。合作社工人皆雇用自外村（包括捡拾牛粪者），本村人不愿意到厂区劳作，因为村民"随便刻个石经都比这里挣的钱要多"①。村"两委"计划动员村民以牲畜入股，由专人饲养，有了收益后再行分红。

二是畜产品、生活用品等商品的联合销售。建成一年多时间，生态畜牧业合作社也产出牛奶、酥油等畜产品，但产量不大，主要是在村办"和日有机产品与综合超市"销售。该超市为村扶贫开发项目，处在和日镇去往和日寺的公路岔路口南侧。它是一排18间临街铺面中的三四间，门楣上方由左至右用两种文字写着"和日村扶贫开发产业项目""和日有机产品与生活超市"，显示着超市的双重属性。这一面铺面为和日村二社生态移民畜棚建设项目的替代项目，也就是说，在国家实施三江源生态保护和建设一期工程时（2004），二社村民未建畜棚，而是用项目资金共同购置了18间铺面房。将产业扶贫项目设于该处，亦用之购买二队铺面房，多少有点肥水不流外人田的意思。经营超市者皆为和日村贫困户，时有5人，每人每月工资为1800元。2018年，扣除货物（材料）、运输、差旅、人员工资等一概费用，该项目纯收益为28万元，按照每人6400元产业投入资金的10%分红，涉及67户，户人口最少的有1人、最多的4人，分红640元到2560元不等。②

村办超市的收益较好，得益于和日镇特殊的地理位置和显要的交通地位。和日镇处在青海省会城市西宁至果洛藏族自治州达日县

---

① 受访者：泽库县和日镇和日村党支部书记GRDJ，N48。
② 据和日村委提供的《2018年和日村扶贫产业超市受益分红花名册》汇总。

直线距离居中位置，是同仁、河南、泽库县去往同德、兴海以及往西南果洛等的必经之地。该镇东距黄南州泽库县城70余千米，西距101省道（西久公路，俗称"三岔路口"）仅10余千米，距海南州王家乡、泽库县宁秀乡政府所在地分别有24千米、15千米。便利的交通，加之邻近的宁秀乡交通不便，以及宁秀乡冬季草场距离和日镇近、和日寺宗教影响遍及周边多个乡等原因，和日镇政府所在地成为方圆30千米人口最为集中、集贸最为发达的乡镇。直观的呈现是，和日镇区街道汽车流量很大，经常出现堵车现象。人口最为集中的时期是寺院法会期间，每逢此时餐饮业极其火爆。2018年，全镇人口10565人，镇外户籍常住人口接近1000人，流动人口最多能达到几千人。较高的人流量，带来的是商贸业的快速发展，也自然反映到村办合作商店的经营效益中。

第二节　保护与开发中存在的问题

在保护与开发的联动发展中，逐步显现出一些影响深远的突出问题。这些问题大致可分为村落保护、文化资源开发和文化生态保护三个方面。文化资源开发不平衡、不充分，使其短期内不能对保护起到有力的支撑作用，而村落保护中存在的最大问题是认知与实践的脱节。在这样的保护开发条件下，作为后起的、以更高目标为指向的"文化生态"保护，无法得到有力支撑，整体性保护目标的实现就显得异常艰难。

一　文化资源开发中存在的问题

（一）开发不平衡的问题

资源开发及其促进成为制度设计和实践的重要目标选项。资源开发也是保护的重要手段，因此，中央和地方有关文化生态保护政策都十分强调在保护前提下的开发，也就是把开发作为保护的一种手段，进行生产性保护。的确，在市场化前提下，需要民众广泛参与的文化生态保护，如果不能给参与主体带来用以改善生活水平的经济回报，这种保护

第三章 保护与开发的互促：景象及问题

不可能得以持续。基于此，保护政策得到政府和民众的积极呼应，黄南州把生态保护实验区建设与脱贫攻坚结合、与民族团结进步创建结合等做法作为经验加以推介，还有意把在文化类型上与热贡文化有一定区别的河南蒙古族自治县纳入文化生态保护实验区建设范围。本着尊重传统、整体开发、协同发展的思路，同仁县在开发文化资源中特别强调"一村一品"，给每个村确定了发展方向和重点，即吾屯的唐卡、郭麻日的木雕、年都乎的堆绣、尕沙日的泥塑等。① 这种思路，未来可期。

文化资源开发中存在着不同区域、不同技艺门类之间开发程度的不平衡。突出表现在，同仁县在整个热贡地区、唐卡在热贡艺术各种艺术门类中呈一枝独秀的局面，而使文化系统在平衡性和完整性上不能充分兼顾，系统失衡在所难免。具体而言，其一，其他地区和"非遗"项目空间遭到挤压甚至掠夺。其二，市场化程度高的吾屯上村、吾屯下村的传习所数量多，投入资金相对大，其他周边地区（如郭麻日村）则要么从业人员少，要么纷纷选择唐卡绘制，实现"一村一品"面临环境障碍；到隆务河谷周边村落乃至更远的泽库，则文化生态保护区的影响式微。君不见，同仁地区和唐卡门可罗雀，而其他地区和艺术门类则不绝如缕；与同仁比较，位置偏远的和日地区如此，就是在同仁范围内郭麻日与吾屯两个村比较亦是如此。

开发不平衡导致商业化的负面影响被放大。政策惠及范围不平衡的主要原因可以归结到地方财力有限、投入资金不足而难以周全到全部区域和各个门类。但是，其影响在于，是否分配到财政投入资金、是否纳入保护对象可能在很大程度上取决于这个艺术门类是否便于商业化、市场化，是否能够带来显眼的、短周期的经济效益，或者，这个地区是否更加有利于项目的顺利实施和结项。这样一来，一些相对处在"弱势"地位却有极高传承价值的艺术门类很难受到民众足够的重视和参与，走向衰败就很难避免。这方面，据笔者调查，最为突

---

① 受访者：LJ，N15，男，40余岁，黄南州同仁县文体广电旅游局局长。2018年10月26日访谈于同仁县文体广电旅游局办公室。

出的是郭麻日村的木雕,由以下访谈个案可见。

> 我老家在甘肃省永靖县三元乡。我18岁时跟着师傅来到这个村子做木工活,第二年就跟本村我现在的妻子结婚了。我现在和我老家的弟弟一起,在郭麻日寺前广场上为寺院做木工活。在我们村,有一位老人叫桑杰,他在雕刻佛像方面很有名气。他也是参与修郭麻日寺木质坛城的人。我和弟弟雕"瓦扎",这是土族语的叫法,藏语叫"巴扎",就是房檐里椽子下面一般是长方形的木雕,上面有花草、动物等图案,每块手工费要110—120元。雕之前木料上面的图案底子,以前要手绘,现在用复印件。雕的活儿特别费工夫,要的这个手工费,也就是个辛苦钱。从早上六七点干活到晚上七八点,每个月挣6000元左右。我的情况在这个行当里算是好的了。光是做这个,发不了家、致不了富。看人家吾屯村的画匠,钱赚得容易,赚得好。对我们村特别是对木匠们,没有他们那样好的政策。我是个外来人,但也已经融进了这个村里,但是,什么传习所、项目支持等政策基本上享受不到。我们整个村的匠人的情况都是这样。
>
> (受访者:WSA,N43,男,汉族,1974年生人,同仁县年都乎乡郭麻日村民。2018年11月10日访谈于受访者家中)

(二)过于注重"人"的问题

以传承人为中心的保护策略生成于"非遗"保护中的突出问题。人是生产力诸要素中最为活跃的因素。毫无疑问,热贡艺术是以"人"为核心的古老艺术,因此,掌握热贡艺术各种技艺的艺人是保护和传承的主体。"非遗"保护与全面开展是基于老艺人老去之后的后继乏人,因而传承人的培养,首当其冲。

热贡文化生态保护实验区建设也是以"人"为核心的建设。在实际的保护实践中,把大量精力放在传承人的培养上。《热贡文化生态保护区总体规划实施方案》包括13个方面,即"非遗"资源再普查、制定条例办法、完善工作机制、落实保护措施、加强对外宣传、建设传习场所、完善四级名录体系建设、"非遗"技艺培训、人才队伍培养、"非遗"实物征集、"非遗"理论研究、"非遗"进校园、"非遗"数据库建设。[①] 其中,多数针对的是传承人的问题。实际所开展的主要工作,比如认定传承人并予以适当的资金扶持、开展竞赛(如唐卡大赛、会演等)、建立传承中心等,对财政状况不佳、专项投入能力有限的黄南州而言,从最简单易行的方面入手,这符合资金规模、人员基础条件。这在文化生态保护的初期阶段,也无可厚非,在仅有资金投入下,很难做到面面俱到。保护区建设中期自评中,仅在"基本情况"下的"其他文化资源与文化生态概况"提及文化生态,而且仅寥寥数字,可见,在实践层面的认识并不全面,并未把村落、寺院、古堡等皆纳入生态保护的整体框架。

第一,当有限的投入资金大量向"非遗"传承人倾斜的情况下,大部分艺人甚至会把主要精力放在如何争荣誉、要项目方面,这样就余不下多少精力放在钻研和培养上。实际上,热贡诸多艺术门类保持持久生命力需要从艺者舍名利而图承袭。比如,从唐卡发展史看,精品唐卡无一不是画师潜心参悟佛理并身心一体为画的结果。可是,热贡不少具有国家、省级殊荣的新生代画师,为宣传、管理等活动疲于奔命,较少能在传习场所见到他们作画、授艺的身影。比如,2018年10月,笔者随同相关调查组赴黄南州调研,在州"热管委"、州政策研究室等部门主要负责人陪同的情况下,一天内先后到恒贡堆绣、夏吾他木刻、尕藏才让泥塑、龙树画院、更登唐卡、胜境热贡(艺术苑)、仁俊泥塑、民族文化宫、热贡画苑9家传习中心,唯一个画苑的当家画师在场,其他传习中心的"大师"多在外地为市场开拓忙碌着。这不能不说是与文化生态保护的初衷不太吻合。

第二,过于注重"人",在客观上造成个别处在区位、宣传、资金等的弱势位置的文化产品"有质却低价甚至无价"。这个问题在和日村

[①] 热贡文化生态保护区管理委员会:《热贡文化生态保护实验区总体规划实施方案》(2013—2015),2012年。

呈现得更为突出。前述 SDJC 的个案中已经提到石雕产品的价值与市场价格不匹配的问题，何况 SDJC 很注重营销，而更多的和日石雕艺人则在当地坐等购买者，有点守株待兔的意味。显然这是文化生态保护实验区建设未能区域兼顾的一个后果。即便是隆务河谷的唐卡，虽然其市场发育已经时日，却也未形成一个与其所耗费的人力、材料等成本对等的公平价格、稳定的市场。在传统的师徒制下，唐卡艺人通过师傅的口传、眼看、手授而学成并熟稔绘画技艺和知识体系，一般要十多年甚至更长的时间。实施有组织的文化生态保护建设后，艺人从入学到学成的时间大为缩短，但一幅精品唐卡的产生仍然要画师做到心手眼合一的程度，画成要一年甚至数年时间，自然包含着较高的人力、时间成本。因此，可以说，在看似繁荣的热贡唐卡市场存在着发展不足、挖掘不充分的问题，也反映了热贡艺术整体发展的巨大潜力。

第三，文化开发企业或团体缺乏足够的自我发展能力。一方面，偏远地区的热贡文化开发企业无法得到足够的支持，比如在市场化、工业化风浪中摸爬滚打几十载的和日镇相关私营石材开发企业，几近折戟沉沙而无奈逐渐转向其他领域。另一方面，面向局部而非整体的资金、政策倾斜，一定程度上具有输血式扶持的特性，使得不少传承人和文化开发企业成为嗷嗷待哺者，自我发展和自我创新的能力严重不足。笔者在泽库县政府机关调研时，谈到基层文化团体缺乏资金投入问题，就有当地干部坦言，这些文化团体的负责人只会整天要钱、要项目，但得到这些钱、项目后，究竟想怎么花，不能提出一个明确的思路和方案，这至少财务运行上是不利的因素。

(三) **文旅融合不深的问题**

1. *旅游基础设施条件欠完善，旅游产业辐射带动作用难充分发挥*

文化旅游景点数量少，点与点之间距离远，不能长时间留住游客进行吃住游娱购。就郭麻日村而言，虽然有时轮解脱塔、古堡、军舞等闻名于世的旅游资源，但是，在村落里没有吃住服务，更不用说娱乐购物场所。从同仁县城（德合隆北路与泽库路交叉口）到郭麻日古堡（村党员活动中心）距约 8 千米，尚未开通公交线路，乘用出租车单趟需要 20 多元且常有"宰客"现象,旅游人口进入村落旅游交通极不便利。隆务河谷其他古堡(寨)不同程度地存在相似的交通不畅问题。

2. 旅游资源及其开发区域之间不均衡,品牌单一

就黄南州而言,越往西部、南部地区,旅游景点分布更加稀疏,缺乏可以叫得响的旅游品牌。其中,处在泽库西部的和日镇具有十分突出的区位、交通优势,但对其旅游发展在整个青南地区的支点作用尚未有所认知,专门针对旅游资源开发的项目极少,旅游规模、收入和对地方经济的带动作用微弱。

3. 旅游资源开发空间、时间优化尚需跟进

热贡六月会、於菟等民俗文化活动和热贡唐卡博览会、"雅顿"藏戏艺术节等文化节庆活动在时间上比较零散,与旅游项目开发衔接得不够紧密,未能很好地将文化旅游资源串联起来,旅游项目尚未形成热贡文化的突出特色。如何从青海全省角度统筹布局州域旅游资源开发和旅游业发展,促进丰富多样的文化资源与旅游业发展的深度融合,使文化资源通过旅游业凸显其品牌价值、溢出品牌效益,是一个在文化生态保护中亟待突破和解决的重大问题。

二 村落保护中存在的问题

(一) 杯水车薪的资金投入

重点文物保护项目规划涵盖河谷村落,充分实施可带动村落保护。据 2016 年的规划估算,隆务河谷郭麻日、保安、年都乎、吾屯四大古城堡的保护和修缮项目需要投资 12595.57 万元,其中,文物保护投资估算为 4070.89 万元,迫切需要的投资额为 7638.75 万元;加上合理预留,总投资需求 14484.91 万元。[1] 文物保护项目包括前期工作及堡墙堡门、文物建筑的修缮等,此外还有配套的防护工程、基础设施(道路、给排水、环卫等)、管理与展示利用工程、出版及研

---

[1] 北京国文琰文化保护发展有限公司:《全国重点文物保护单位保安古屯田寨堡古建筑群文物保护规划》,2016 年。

究等的文物保护专项工程，以及周边环境保护与整治工程。可见，规划项目建设内容即村落保护内容，若有规划资金足额投入，至少可保证隆务河谷的"四寨子"在基础条件上得到实质性改善。

对文物、文化遗产保护的强资金需求遭遇地方财政的弱资金供给。据原青海省文化新闻出版厅和黄南州的初步勘察，在实验区范围内，濒危的民族民间珍贵文化遗产达100多种。而文物和文化遗产保护需要大量资金，低投入换不来理想的效果，甚至会对文物、遗产本身造成难以挽回的损坏。如前文所述，尽管黄南州在开展村落保护中尽可能地整合各个渠道的项目资金，但是，面向全州的传统村落和少数民族特色村寨的投资额，仅仅是"四寨子"保护和修缮所需投资额的59.7%。在整个保护区范围更是如此。"总体规划"预算总投资额为21672.5万元，其中，地方配套9854.5万元，是国家财政投资额的83.2%，甚至执行时间为2016—2020年的地方配套资金超过国家财政投资额。然而，黄南州是一个经济发展滞后、地方财力拮据的民族自治州。以2017年为例，全年地方公共财政收入3.51亿元，支出高达73.49亿元，赤字近70亿元。财政预算支出中，一般公共服务、教育、社会保障和就业、医疗卫生等刚性支出分别为6.8亿、11.27亿、10.1亿、5.41亿元①，合计近地方财政收入的10倍。

倚重中央财政项目支持的村落保护行动极其脆弱。州级财政对保护区建设的资金支持力度不大，加之省级财政又无专项配套资金，保护区成立以来，主要依靠国家文化部"非遗"保护专项资金进行保护区建设，致使试验区整体规划和保护工作仍处于"捉襟见肘"状态。比如，州文化局于2017年组织开展《热贡文化生态保护实验区历史文化遗产保护及古城堡保护与修缮可行性研究》项目研究，所需10万元课题资金是通过发行国债抵贷才得以解决的。再如，州级"非遗"传承人的传承补助到2018年底仍未能落实。在文化生态保护

---

① 黄南州统计局：《2017年黄南州国民经济和社会发展统计公报》，2018年4月10日，http://www.qhtjj.gov.cn/tjData/cityBulletin/201804/t20180410_53513.html。

实验基础上全面实施文化生态保护和建设工程，这就需要巨额的资金投入。而且随着国家级文化生态保护实验区逐渐增多，中国文化和旅游部对保护区专项资金投入点多量少，深入实施文化保护和传承，必须有地方财政资金足够支持方可行。这对于财政吃紧的黄南州而言，是根本无法达成的。

（二）如浪汹涌的归城冲击

村落保护甚至存续的最大危机自然是来自城镇化浪潮。这种危机主要表现在两个方面，一是由外而内的冲击。中国城市规模的扩张，主要表现在人口和地域及随之而来的城市建筑的扩张。其中，人口的增长有其合理性的一面，也是城镇化的主要指标，包括城镇人口的自然增长（比如出生率升高而死亡率下降）和移民增长。而城镇建筑的扩张则是在人口增长、财政压力等因素下产生的，其中，土地财政的驱动往往是主要原因，还伴随着门类繁多的开发区的名义，给城市扩张披上了一层"发展"外衣。黄南州府所在地城镇隆务镇的扩张，其背后是不是存在这样的动因，笔者未对此作进一步的调查。但是，正如前文所述，其具有共性的后果已经在逐步呈现，比如已经沦为城中村的四合吉社区，先期耕地被征用后村民成为准居民的年都乎村，耕地正在被征用而村民惶惶不可终日的郭麻日村。一切迹象表明，隆务镇的扩张代价似乎不可避免地主要由村落和村民来消化。按照当下的形势发展下去，热贡地区诸多历史悠久、文化内涵丰富的古村落，极有可能成为"城中村"，而让"村落终结"在"金色谷地"上。

二是由内而外的破坏。由于城镇化进程的加快和保护跟进不足，使许多古堡城墙毁坏严重，古民宅亦有自然塌陷或人为破坏，具有历史及民族区域特色的原生态环境面临威胁。特别需要注意的是，住在古村落的不少村民，热衷于仿照城镇居室的特点，随意改造古建筑的样式及用途。令人更为担忧的是，村民对村落存在价值发出担忧，不少人主张对其作商业化开发。在城镇化冲击下，失去生产资源的村民就很难成为村落保护的忠实拥趸。

（三）村落价值的认同危机

村落保护有赖于其价值认同却须面对价值对立和进阶的固化观

念。民众特别是村民对其居住其中的村落价值的认同是村落保护的一个保证。比如，据贵州的调查报道，越来越多曾经凋敝破败但承载厚重历史的传统村落开始焕发新生，成为乡愁的寄托地。[①] 然而，现代化的发展观念给人的印记是，所谓城乡二元中的乡村与城市（镇）二者之间存在着价值对立和进化阶梯，人们惯常地给乡村贴上落后的标签，甚至认为乡村文化就是落后的。

伴随着社会发展而来的"三化"即城镇化、非农化和商业化冲击，身处此旋涡中的村民和干部，对村落价值的认同存在共时性裂痕。问卷问及受访者对"村落文化就是落后文化"的看法时，同意这种说法的样本达三成；比较而言，居住在传统村落的村民同意这种说法的占比在所分类的三个群体中最高，已经从传统村落迁出的和日村民同意此说法的占比居其次，而有超13%的州县党政干部反对这种说法（见表3-16）。既有文物保护价值又有村落文化空间维系意义的郭麻日村，其村民中有如此高比例的受访者不认同村落文化的价值，这是一个十分危险的信号，对实施热贡文化的整体性、原真性保护是极为不利的。

表3-16　　　　对"村落文化就是落后文化"的看法　　　　　　　（%）

受访者分类	有人说"村庄文化就是落后文化"，您是否同意这个说法？		回答有效样本合计（例）
	同意	不同意	
郭麻日村民	38.5	61.5	96
和日村民	31.8	68.2	85
州县乡党政教	13.3	86.7	30
泽库党政教	13.8	86.2	29
合　计	30.0	70.0	240

村民对村落价值的负面认同，可能来自其失地状态中对生存、发展

---

① 《在时光边缘留住乡愁——我国集中连片传统村落保护见成效》，新华社，2018年11月12日。

的迷惘。笔者在郭麻日村调研时所见，村民尤其是青年群体中整体弥散着浓重的逐利氛围。对此，有四个现象可以佐证：一是据反映个别村民揣着征地补偿款赌博，多数是输家。二是在填答问卷和访谈时，个别受访者索要报酬，坦言若是说得多了或填答问卷，会有人找上事儿来。这种偶遇给人强烈的冲击：纯朴民风在失地和生存压力下有坍塌的危险。三是村民普遍反映，近二三年来，村里整个在变，包括人心、民风，人们一心盯着钱在做事，原有的文明乡风在逐渐丧失。四是对个别领了高额征地补偿款后"炫耀性消费"（购置汽车甚至豪车、置办高档家具等）行为抱既担忧又眼羡的心理。以下个案集中反映了村民的这种心态。

> 我家里有4口人，人均耕地不到1亩。我高中毕业就回家种田了。
>
> 我觉得出去打工，每天赚个200元，太少。地被征完后，以后怎么办，心里还没有着落。
>
> 自家父母住在原来的古堡里，而我通过异地搬迁项目搬到移民区。迁出古堡的时候，就古堡建筑保护利用问题，跟政府签了合同，但具体古堡里的房子怎么处置，我不是太清楚。
>
> 我自己的家在这古堡外200米左右的地方，是分家后从古堡迁出来的。自家耕田被征用后，每亩补了14.5万元，不算低了，但是地少，落实到人头上没有多少钱。第一批补贴款已经花得差不多了，村委干部说10月底要发第二笔，这是另一半钱款，但到现在还没有拿到手。
>
> 政府在征的所有地里，单独划出来了500亩地，准备留着发展用，但这些地的具体位置在哪里，我也不清楚。
>
> 地征完后，经济上困难，想要发展，没有领头的。村里人也有在县城开宾馆、饭店的，但去他们那里，也不过是打工。自己要是单独做，没有那个本钱。村里，核桃等经济作物可以栽，或者面向旅游的人搞一些副业，但对这些，大家平时想得少。不知道政府在这方面是怎么规划的。
>
> （受访者：同仁县年都乎乡郭麻日村民，WDCR，N30）

在负面价值认同的影响甚至支配下，村民更倾向于由开发商开发自然村落。如表3-17所示，有接近六成的受访者同意对村落进行商业开发，而不同意商业开发的受访者占比，州及同仁县、年都乎乡的党政及教育干部最高（占51.5%），郭麻日村民次之，最为倾向于对村落进行商业开发的受访者为和日村民。村落保护更多应该是公益事业，而且，在青海民族地区现有管理条件和能力下，政府很难控制逐利的商业行为可能对村落传统性的损害。对村落文化价值存在认识偏颇和同意对其进行商业开发的受访者占比甚高，这种认识和态度若任由漫延，可能会影响到热贡文化生态保护工作的深入开展。

表3-17　　　　　　　对村落商业化开发的看法　　　　　　　（%）

受访者分类	您是否同意由开发商来开发自然村落？			回答有效样本合计（例）
	同意	不同意	无所谓	
郭麻日村民	48.1	23.1	28.8	104
和日村民	70.9	16.3	12.8	86
州县乡党政教	39.4	51.5	9.1	33
泽库党政教	63.0	22.2	14.8	27
合　计	56.4	24.4	19.2	250

三　文化生态保护中存在的问题

（一）保护的思路不清抑或权宜之计

在文化生态保护区建设政策上有明确的系统目标要求。《国家级文化生态保护区管理办法》指出，建立保护区是为了对"文化形态进行整体性保护"，提出建设目标是"既保护非物质文化遗产，也保护孕育发展非物质文化遗产的人文环境和社会环境"，也就是把"生态"与"环境"这个以往合起来使用的概念对等起来作为保护对象。显然，这样的目标要求是从过去非物质文化遗产保护政策的局限性中革新而来，将中国文化保护政策和实践提升到新的高度。

第三章　保护与开发的互促：景象及问题

文化生态保护区建设目标的落实避重就轻。从政策要求看，热贡文化生态保护实验区建设中保护了非物质文化遗产，却未能顾及其所依存的人文环境和社会环境。中期自评估报告不讳此弊，在作"其他文化资源与文化生态概况"介绍时称："保护区内有国家级文保单位3处，省级文保单位42处，县级文保单位62处。国家级传统村落22个。国家级历史文化名城1座。国家级历史文化名村1个。国家级少数民族特色村寨4个。"① 由是观之，评估中大体是把村寨（堡）、村落、寺院、古城等视为文化资源和文化生态。而在该评估报告所分而言之的传习场馆建设、整体性建设、抢救性保护、生产性保护、代表性传承人保护、非遗传播工作、"非遗"数据库建设共七大类工作，唯有整体性建设与文本所指的文化生态相近。

实践中出现重大的路径偏离，与其说是思想认识问题，毋宁说是一种权宜之计。也就是在现有资金、人力等条件下，很难在考虑到"非遗"保护这个第一目标的同时，进一步考虑到孕育其发展的两种环境。若要考虑到这两种环境的保护问题，不仅要有足够的资金投入，更要有愈加强有力的组织管理体系，把承载文化的人文环境和自然环境纳入保护范围。从这个层面上说，现有的文化生态保护只是走出了第一步，正如自评估所述，做了一些"基础性"的工作。

为解决资金困境，管理者尽可能将保护建设区任务与其他事务相结合，以此试图解决资金困局。比如，面对多头投入、分散管理的"非遗"项目（文化部门）、村落项目（住建部门）、村寨项目（民宗部门）等，通过"热管委"组织力，尽可能实施统筹规划、捆绑使用。再如，与多个党委政府日常事务相结合。

保护区实现了八个方面的结合：
一是与传统文化保护的结合。

---

① 黄南州热贡文化生态保护实验区管理委员会：《热贡文化生态保护实验区建设自评报告》，2017年。

二是与精准扶贫的结合。比如，民族文化宫，接受者多是贫困家庭的人，学成后年收入至少能达到3万元。学习周期长一些，要五年。还有龙树画院，成立了扶贫车间。

三是与民族团结进步创建活动的结合。传习中心吸收学生时不分民族，满族、汉族、蒙古族都有。画苑有了收入以后，每年投身慈善活动，这已经成了画师们认为是一种义务的自觉行为。具体落实的时候，就到某村、某学校，发学生用品、米、面，有的画师亲自送。送的时候，不会考虑是哪一个民族的。吾屯上村、隆务寺的村民僧人，民族文化宫每年要给200元，总共算下来是个不小的数字。

四是与品牌战略的结合。这里是2016年12月批准下来的品牌示范区。

五是与三江源保护区建设的结合。本地适宜开矿，百姓要生活，只有走这一条路。和日村民10多岁开始就可以刻石头。一进村，就能听到击打石头的声音，称作"最美好的声音"。卓隆村50户人家，搞同仁刻版印刷，传习中心雇45人给放羊、挖虫草，剩下的时间刻版，最少每年每家能挣2万元。有一个人叫尕桑的，是建筑艺人，也是州级传承人，每年组织一二百人，承包寺院建筑。热贡艺人勤劳、善良，这是基础。

六是与产品质量建设的结合。外地人说，画的唐卡是复印的、用的广告色、水彩，也形成过舆论。这几年为了搞标准建设，成立鉴定中心，请有资质的，青海省质检局明后天准备来发资格证。现在能无损伤扫描，建立了产品质量追溯体系，结果在国务院下属机构——国家认证监督委员会平台上发布。其他种类的艺术鉴定都可以纳入这里。浙江省从事甲骨文质量追溯体系研发的公司也来洽谈合作。

七是与维稳的结合。在家一门心思画画，安定祥和，年轻人不会再去搞那些歪门邪道，而且带动周边地区的社会氛围。

八是与文化旅游的融合发展。各个画院公司是文化旅游资源景点。有一家传习苑，旅游公司带游客进去，每个游客给画苑 15 元。

现在全州正在推进"世界唐卡之都""世界唐卡风情小镇"建设，对此，省发改委正在论证，准备申报国家发改委。州人事局、畜牧局也是积极参与，比如培训唐卡艺人，州科技局申请热贡专利 105 项，银行支持热贡文化开发有办法、有措施。这样，大家共同参与，至少形成了齐抓共管的氛围。

（受访者："热管委"主任 QDL，N12）

（二）整体性保护要求仍然很难充分落实

国家有关文化生态保护区的政策始终强调整体性保护，即维护文化生态系统的平衡和完整为原则的保护。2017 年在黄南州同仁县召开的国家级文化生态保护实验区建设工作座谈会上，与会的中国文化和旅游部代表提出，"生态区建设的核心体现为整体性保护，就是保护环境和空间，防止各种形式的破坏"，并把"保护环境"作为政府角度应该做的"四个基本抓手"之一。① 对此，"热管委"也有一定程度的认识，其工作总结中把"非遗依存生态空间保护建设任务大"作为存在的三个问题之一，指出"现阶段对非遗依存的历史文化名城、名村、传统村落等生态空间保护不够，受到了经济发展、城镇化建设的冲击，各类规划、城市风貌建设不能很好地体现热贡文化的元素，与文化和旅游部整体性保护等要求还有一定的差距"②。但是，在实践中，热贡文化生态保护实验区建设仍然处在见树不见林的状态；在指导思想和发展思路上，对保护区名称中的核心词"生态"之所指、能指并没有十分清楚的认识。

---

① 项光伦：《在国家级文化生态保护实验区建设工作座谈会上的讲话》，2017 年 7 月 27 日，载文化和旅游部非物质文化遗产司《西部地区国家级文化生态保护实验区建设经济交流活动材料汇编》，2018 年 10 月，内部印发。

② 《黄南州热贡文化生态保护实验区管委会关于上报 2017 年热贡文化生态保护实验区建设工作总结的报告》，热管委〔2018〕5 号，2018 年 1 月 25 日。

第四章　借理论之镜反观问题：
文化生态的表与里

　　之所以造成在实践上欠缺整体观、生态观，一个重要的原因是，对什么是"生态"、什么是"文化生态"的问题，在理论上梳理得还不够清楚。在实践者那里，对怎样保护文化有了一个基本的认知，也就是要保护文化所依存的空间和环境。就本书所涉边缘地带而言，最为重要的空间和环境是村落。村落就像一个壳，唯有纳入这个壳里，才能保证文化生态保护的整体性。这个壳里面，必定有人、有物、有生产生活，也就是说有人在这个空间里过着日常而不是表演给游客的日子。村落又像是一张网，把村落里面的人、物和生产生活等联络起来，使之成为村落这个共同体的有机组成部分。因此，一个主要面向着村落和居住在村落里的人及其所创造文化的文化生态保护区，整体性保护在实质上就是保护村落。以下从"文化生态"这个关键词的深入解析入手，反观看得见、摸得着的文化生态的系统性保护之于文化保护和社会发展的重要价值。

第一节　"文化生态"的诘问

　　面对文化生态保护实践与成效之间存在的差距，有效规避其中存在的种种问题，不能不诘问对"文化生态"本源的理解程度。从理论层面看，文化生态不仅限于单一的人和物的个体，更重要的是个体之间错综复杂的关系。从制度层面看，对个体和关系做出初步的但不十分明确的指向。从区域整体和生态系统的角度看热贡文化生态系统失调的表现，才能看清作为文化载体的个体聚居的环境对于文化保护传承的价值。

一　理论层面的文化生态

（一）"文化生态"的内涵

从词源上说，生态（Eco-）一词被证源于古希腊文 οικος，原意指"住所"或"栖息地"，日本学者将 ecology 译为"生态学"，后由中国学者将其引介到国内。顾名思义，生态就是指一切生物在自然环境下生存（或生活）和发展的状态，这种理解与"生态"词源上的本意相符。在学术意义上，"生态"还指生物之间和生物与环境之间环环相扣的关系，所指 ecology 就是研究这种关系的学科。这种关系是有层次的，有学者研究认为："根据人与文化及文化之间的关系，文化生态包括了人与自然、人与历史、人与社会、人与自我四个层次系统，文化生态学就是研究这四个层次的智慧之学。"[1] 但是，相对来说，把"生态"所指的人与自然、人与文化及文化之间的关系理解为"关系的存在状态"更易于理解和操作。相应地，文化生态亦即文化所发生、发展的状态或"栖息地"，称其状态则更多指的是文化产生、存续、发展中文化的创造者与自然、生物之间的关系及其形态，称其为"栖息地"则更多的是强调文化所处的自然环境。

"文化生态"这个概念与文化生态学的兴起和发展紧密联系在一起。文化生态学的创始人 J. H. 斯图尔特的理论观点经常被拿作解读这个概念的权威。实质上，斯图尔特的文化生态观是为了论证其"多线进化论"，也就是"解释那些具有不同地方特色的独特的文化形貌和模式的起源"[2]。在斯图尔特那里，文化生态就是文化所处的环境，使用中他所指的环境更多是自然环境，因此，文化生态学是"对社会

---

[1] 黄正泉：《文化生态学》（上册），中国社会科学出版社2015年版，第40页。
[2] ［美］唐纳德·L.哈迪斯蒂：《生态人类学》，郭凡、邹和译，文物出版社2002年版，第8—9页。

和社会机构之间以及它们与自然环境之间的互动进行考察"①。对于"环境"这个概念,《中华人民共和国环境保护法》有一个界定:"本法所称环境是指影响人类生存和发展的各种天然的和经过人工改造的自然因素的总体,包括大气、水、海洋、土地、矿藏、森林、草原、野生生物、自然遗迹、人文遗迹、风景名胜区、自然保护区、城市和乡村等。"显然,这里主要也是指自然环境(亦称地理环境),是人类赖以生存和发展的物质条件。

除了指自然环境以外,生态所指的环境还包括人工环境,也就是在自然环境基础上通过长期有计划、有目的的开发和发展,逐步创造和建立起来的人类活动改造过的环境。以研究非洲文化见长的梅尔维尔·赫斯科维茨甚至把这种人工环境就称为"文化",这种观点也成就了其《文化人类学》(1955)最为简明的文化定义,即"文化是人类环境的人造部分"。文化生态所指的环境由斯图尔特最初强调的自然环境延伸到社会环境,也是后来的学者对文化生态学的补充和发展。②如美国社会人类家罗伯特·墨菲在解释斯图尔特的学说时所说,劳动类型很大程度上依赖于可用的技术和正在开发利用的资源的性质,"随之也会对其他社会制度,包括居住法则、继嗣、村社规模和位置,还有许许多多方面产生强烈的影响"③。

在中国自然科学界和实际工作中习惯于将两个概念连用并称"生态环境"在使用中,对这种并称有不少分歧和质疑,更是反对把生态环境等同于环境,共同认为在连用"生态环境"时中间加"与"或"或"更为合适,主张用"生态建设和环境保护"予以替代。④ 这样,

---

① [美]朱利安·H. 斯图尔特:《文化生态学》,潘艳、陈洪波译,《南方文物》2007年第2期。
② 参见[美]欧·奥尔特曼、马·切默斯《文化与环境》,骆林生、王静译,东方出版社1991年版。
③ [美]罗伯特·F. 墨菲:《文化与社会人类学引论》,王卓君译,商务印书馆2009年版,第158—159页。
④ 黎祖交:《〈"生态环境"的提法值得商榷〉一文发表的前前后后》,《林业经济》2003年第7期。

生态与环境就有了区别和联系：生态偏重于生物与其周边环境的相互关系，更多地体现出系统性、整体性、关联性，在文化生态理论体系中，更强调创造文化的人与其周边环境的关系；而环境更强调以人类生存发展为中心的外部因素，更多地体现为人类社会的生产和生活提供的广泛空间、充裕资源和必要条件。或者进一步说，生态之于文化是相对动态的、整体的，而环境之于文化则是相对静态的、局部的。

（二）"文化生态"的外延

既然文化生态是文化所存续、发展的环境或状态和其中所呈现的决定与被决定、影响与被影响的关系，那么这个概念所指这种环境（或状态）、各种关系所组织的种类有哪些，也就是文化生态这个概念的外延是什么？厘清这一问题对于文化生态研究与创新、信息和知识的传播与交流、政策和理念更有针对性、更有效地落实具有基础性作用。

无论是人文科学还是自然科学，对于自然地理是生态概念的一个外延[1]，这是明白无误的，而且把自然地理环境作为与社会环境平行的环境的两个大类之一。在自然科学界，对于自然环境或地理环境所指向的因素也是明确的，比如，地理学把构成自然环境总体的因素划分为大气圈、水圈、生物圈、土壤圈和岩石圈5个自然圈，这是对生态所指的环境作的类型化区别。此外，还包含与自然地理环境密切相关的资源。文化唯物主义倡导者马文·哈里斯把人口压力和资源短缺视为社会进化的主要动力。[2] 斯图尔特也认为，技术是历史之衍生，环境的关键部分是资源；通过文化认识到资源，通过技术获取资源。一种资源是在特定的自然区域或空间，在这一区域中的人采用一定的技术利用资源、适应环境，这样就有了区域差别的文化和社会。因此，斯图尔特认为，"因文化体现对特定环境的适应，所以文化和自

---

[1] 郑度等：《中国生态地理区域系统研究》，商务印书馆2008年版。
[2] ［美］马文·哈里斯：《文化唯物主义》，张海洋、王曼萍译，华夏出版社1989年版。

然区域一般有共同边界"①。这里的自然区域与相对独立的自然地理是相同的。美国人类学家博厄斯及其弟子克拉克·威斯勒和阿尔弗雷德·路易斯·克鲁伯提出的文化区（culture area）所着重的便是特定地理空间内文化的相似性。②

除了自然地理这个作为生态或环境的一个组成部分时最容易理解或者最本源的外延外，便是使人对其具体内容易生分歧的社会环境。在斯图尔特那里，社会环境最为核心的因素是技术：

> 不同的社会系统一般是以特定技术对特定环境的开发做出直接反应。当技术发明增进了人类控制和调节环境的能力，当习得的行为模式得到传承，环境和文化的意义就被改变，适应的过程不仅变得更为复杂，而且质量更好。③

这是技术决定进化的观点。从斯图尔特绘制的文化、环境及制度等各种因素相互作用结果的比例图看到，技术或技术经济是与环境接触面最广的"核心制度"，在与社会政治组织、意识形态组成的核心制度中，文化制度是最主要的决定因素。④ 技术或技术经济是人对自然环境中资源的利用技巧和方式，包括工具、使用工具的技艺和经济效果，也就是民族学人类学常用的表示人类对自然的适应方式即生计。从"利用"到"适应"的人与自然关系表达，反映了人类自然观的飞跃，是自然辩证法之要义。德国哲学家卡西尔认为：

---

① ［美］J. H. 斯图尔德：《文化生态学的概念和方法》，王庆仁译，《民族译丛》1983年第6期。

② 参见［美］弗朗兹·博厄斯：《种族语言与文化》，吕陈童等译，中信出版集团2017年版；［美］克拉克·威斯勒：《人与文化》，钱岗南、傅志强译，商务印书馆2004年版；龚东林：《一代人类学巨擘——克罗伯》，《世界民族》1999年第3期。

③ ［美］朱利安·H. 斯图尔特：《文化生态学》，潘艳、陈洪波译，陈淳校，《南方文物》2007年第2期。

④ 吴文藻：《新进化论试析》，载中国民族学研究会编《民族学研究》第7辑，民族出版社1984年版，第298页。

第四章 借理论之镜反观问题：文化生态的表与里

> 人的突出特征，人与众不同的标志，既不是他的形而上学本性也不是他的物理本性，而是人的劳作（work）。正是这种劳作，正是这种人类活动的体系，规定并划定了"人性"的圆周。语言、神话、宗教、艺术、科学、历史，都是这个圆周的组成部分和各个扇面……语言、艺术、神话、宗教绝不是互不相干的任意创造。它们是被一个共同的纽带结合在一起的。[1]

显然，对技术和技术经济以及"劳作"的基础或纽带作用的强调，与马克思主义生产力和生产关系、经济基础与上层建筑的学说类似，后者所指的生产力包括生产工具、劳动资料和用一定的科学知识、生产经验和劳动技能来使用生产工具、实现物质资料生产的人（劳动者），而且生产关系与生产力是相互作用的。

社会环境中还有一个生态最本源的"场所"外延。这个场所就是人改变环境的结果即"人造环境"，如"住家"、城市、社区和农场。[2] "住家"是小规模的聚落方式，可理解为基于血缘共同体之家庭或家族的一个或数个院落，而社区、城市则是大规模的。在住家与城市之间，显然还有村落，这是中国绝大部分包括物质文化和非物质文化遗产在内的传统文化的存在场所。在乡土中国，单个的村落（比如自然村）可能还不具有相对独立的自然环境以及所特有的对自然环境的适应模式和利用方式，但多个村落或聚落往往是一个族群或民族的繁衍生息场所，构成了这个族群或民族形成发展的"共同的地域"，从而在长期的历史进程中孕育并发展着自身的文化传统。纵观西方的文化生态学者，多是通过考察某个族群在一个"住家"中如何使用特有的技术并从环境中攫取族群赖以生存发展的资源，从而得出并丰富其文化生态学理论的。

---

[1] [德]恩斯特·卡西尔：《人论》，甘阳译，上海译文出版社1985年版，第33、34页。
[2] [美]欧·奥尔特曼、马·切默斯：《文化与环境》，骆林生、王静译，东方出版社1991年版，第6—7页。

除了自然环境以及包括技术、"场所"在内的社会环境外，在考量文化生态时还应该看到文化元素本身的生态外延意义。有研究者在分析文化赖以传承的生态时，把人文环境作为文化生态的组成部分，以"大""小"分别之，小环境指自己的文化传统，比如宗教、节日和传统教育等，大环境指包括国家民族文化政策和现代学校教育在内的国家的大文化环境。① 如果对人文与社会稍作区别，可以把人文环境与社会环境并列起来考虑，人文环境指文化本身的外延所指，而社会环境则以技术和场所为突出元素。从关系或互惠的角度说，生态就是文化得以存在的场域，这个场域既有静态的自然内涵，又有动态的关系、资本内涵。也只有在这个场域中，文化才得以产生、延续并发展。如此说来，文化生态不仅是一些文化元素本身，而且是这些文化的载体。前者如语言、宗教信仰、惯习、社会制度、生产生活方式、亲缘地缘关系这些非物质文化或精神、制度文化的内容，后者如自然生态、村落或社区等这些文化得以存在的环境或空间。

　　当然，对人文环境和社会环境的外延作出区别，其内容并未穷尽二者的全部外延，而是从文化生态所应包含的主要理论指向作出的区分。

　　综上所述，可以作如下定义：文化生态是指文化生成、传承、存续所依赖的自然地理、技术生计、社会空间乃至文化要素等的自然和人文社会环境状态，同时也指在这样的状态下存在的人与人、人与周遭环境之间相互影响的关系格局或模式。

二　制度层面的文化生态

（一）文化生态与"区域整体性保护"

　　文化生态保护作为一项政策，已经从理论落为实践。但对什么是文化生态，相关的政策只给出了一个大概的界定，最为接近的是"区域整体性保护"。《中华人民共和国非物质遗产保护法》第 26 条规

---

① 魏美仙：《文化生态：民族文化传承研究的一个视角》，《学术探索》2002 年第 7 期。

定："对非物质文化遗产代表性项目集中、特色鲜明、形式和内涵保护完整的特定区域，当地文化主管部门可以制定专项保护规划，报经本级人民政府批准后，实行区域性整体保护。确定对非物质文化遗产实行区域整体性保护，应当尊重当地居民的意愿，并保护属于非物质文化遗产组成部分的实物和场所，避免遭受破坏。"也就是说，要对"实物"和"场所"进行区域整体性保护，前者指保护的对象，后者侧重保护所应该采用的方法。

(二) 文化生态保护的"系统性""综合性"要求

就文化生态保护区而言，中国文化部《关于加强国家级文化生态保护区建设的指导意见》指出，"维护文化生态系统的平衡和完整"是建设的首要意义；提出建设的首要原则是"坚持以保护非物质文化遗产为核心"，第二个原则是"坚持人文环境与自然环境协调、维护文化生态平衡的整体性保护"。其中涉及文化生态、人文环境、自然环境、文化生态系统平衡等多个关涉"文化生态保护"的核心概念。但是，何谓系统平衡、何为两种环境的协调，无论是其措施还是工作机制都无针对性的涉及，只对"确定重点区域进行整体性保护"做出注解。

> 在文化生态保护区中选择若干自然生态环境良好、传统文化生态保持较为完整的街道、社区或乡镇、村落等，作为实施整体性保护的重点区域。要注意保持重点区域的历史风貌和传统文化生态，不得改变与其相互依存的自然景观和环境。要注重非物质文化遗产的不同项目之间，非物质文化遗产与物质文化遗产之间，文化遗产与自然环境、人文环境之间的关联性，将单一项目、单一形态的保护模式，转变为多种文化表现形式的综合性保护。文化生态保护区内涉及文物、历史文化街区、名镇、名村、名城、自然保护区、风景名胜区的，应当执行国家有关法律、法规的规定。[1]

---

[1] 中华人民共和国文化部办公厅：《关于加强国家级文化生态保护区建设的指导意见》，文非遗发〔2010〕7号，2010年2月10日。

也就是说，将物质文化与非物质文化及其依存的自然环境、人文环境具体化到街道、社区或乡镇、村落等"居所"进行多方位、多层面的保护。2017年全国"非遗"文化遗产保护工作会议也指出，在生态区建设过程中，要牢固树立"见人见物见生活"的理念，确立整体性保护的政策框架，防止人为割裂"非遗"传承与相应环境的关系；要特别重视社区文化的作用和地位，把保护社区文化纳入整体性保护的工作范畴，推动"非遗"在社区文化生活中延续和发展。① 然而，在具体的规划实践中，这种思路并没有简单明了地确立起来，有割裂"非遗"传承与相应环境（比如社区）关系的现象。为此，有学者有针对性地指出，实行文化生态保护区方略，顾名思义终究不等于"非物质文化遗产保护区"，它至少还包括自然生态环境保护、物质文化遗产（文物）及其资源保护和其他人文精神财富保护等在内，而且整体性保护应居于"核心内容的中心位置"②。2017年制定出台的《国家级文化生态保护区管理办法》指出，以保护非物质文化遗产为核心，对历史文化积淀丰厚、存续状态良好，具有重要价值和鲜明特色的文化形态进行整体性保护；既保护非物质文化遗产，也保护孕育发展非物质文化遗产的人文环境和自然环境。其中所指要整体性保护的对象变为"文化形态"而非文化生态。

以上可见，在政策层面对于何为文化生态、何为文化被承载的环境，至少在理念上还没有明确下来。

相对而言，青海省在落实国家文化生态保护（实验）区建设政策过程中，对怎样实践文化生态保护，有接近于生态概念本意的思路。比如在文化部提出文化生态保护区建设的指导意见7年后，青海省制定地方性指导意见，对"推进核心区域的整体性保护"特别是对热贡文化生态整体性保护提出如下明确方向：

---

① 《项兆伦同志在全国非物质文化遗产保护工作会议上的讲话》，网易新闻，2017年6月2日。
② 乌丙安：《文化生态保护区建设应有科学思路》，《中国文化报》2012年1月6日。

第四章　借理论之镜反观问题：文化生态的表与里

倡导见人见物见生活的文化生态保护理念，加强非物质文化遗产孕育环境的整体性保护，在传统村落中保留原住民，保护原住民的生活方式。热贡文化生态保护实验区重点推进"一带两片"即隆务河谷地带和双朋西片、泽库和日石经墙片核心区域的整体性保护，形成"一带三区、一核多点"的空间格局。对核心保护区域内的隆务、吾屯、年都乎、郭麻日、尕沙日等少数民族特色村寨实施综合性整体保护，注重保护传统村落的自然生态和文化特色，制定保护发展规划，突出传统特点，美化村容村貌，加强建设管理，落实保护责任，形成浓郁的热贡文化氛围。①

显然，与国家层面出台的政策相比，青海省的指导意见就整体性保护的思路相对比较明确，提及"孕育环境"、"原住民"及其生活方式、"传统村落"、"自然生态和文化特色"等与前述文化生态的本意更为接近的理念和目标要求。

可以说，在政策层面对文化生态的界定绝大多数是以目标和问题导向的，而对究竟什么是文化生态还没有被明确下来。这更应该是理论界予以解决的问题。遗憾的是，相关学科尚未做出具有说服力的研究和回答。当然，就中国建立在各主要是少数民族地区的文化生态保护实验区来看，各有各的文化特色，所要着重突出建设的文化生态可能不尽相同，为此，特殊性或典型性的研究亦至关重要。对于热贡文化生态保护实验区而言，有学者初步梳理了"热贡艺术"文化生态的几个"因素"，比如自然生态环境及自然生态观、历史文化渊源、民俗文化②。这种梳理是针对热贡文化（艺术）做出的，对其他文化类型可能不甚相符，但在政策或决策的学术跟进上是走在前面的。此

---

① 青海省人民政府办公厅：《关于加强文化生态保护实验区建设的指导意见》，青政〔2017〕148号，2017年8月14日。
② 吕霞：《文化生态与艺术传承——以热贡艺术为例》，《青海民族研究》2009年第3期。

253

外，就热贡文化而言（其他农耕文化类型大概如此），村落是最为关键的、不可替代的文化生态，离开了村落这个环境，这种文化就失去了存在的土壤，因为在非村落环境里，上述文化元素就难以为继。在村落里，人们之间有着特定的亲缘、业缘、地缘关系，决定这种关系的是特定的语言、宗教信仰以及惯习等。有了这种关系，村落才不会成为"空壳村"。如果村落变成了空壳村，即便是能够"见人见物见生活"，也只能是拟剧表演而已，不可能有长久的生命力。因为这种表演或"展演"缺乏来自生活实践的滋养，假以时日，必然陷入令游者观之生厌的陈词滥调或油腔滑调，甚至可能会走向媚俗化的表演。

总之，对热贡文化而言，无论是指"生存状态"还是"关系"，对其文化生态进行保护或实行整体性保护的对象包括村落、自然地理环境、生计生活方式（包括民俗、宗教生活）等。显然，这些整体性保护的要素非文化部门一家所能及，即便专门的综合管理机构，若能统管之并高效运作，也需要强有力的政策支持。

第二节　系统与生境：边缘地带的整体性意义

从"文化生态"的诘问看，特定区域的文化生态保护不仅要着眼于这个区域的整体性，还要考虑到这一文化类型所处整体性区域。在这样的视野下，再微观地看热贡地区，文化生态保护所应包含的是文化诸要素、不同区域、文化生态诸要素等的整体观。这样，方能准确把脉这一区域文化生态系统失调的种种表现。

一　青藏高原区域文化保护的自然生态价值

与文化生态保护区建设政策要求的整体性保护的出发点大体一致，文化生态命题在学理上还有一个重要的"系统"概念。人类赖以生存、文化得以生成的环境，不是单纯的自然因素，也不是单纯的社会、经济因素，而是自然背景下经过人类长期活动而形成的自然—

社会—经济复合生态系统。① 美国环境社会学家查尔斯·哈珀从人文角度界定社会系统，即"一个在相对稳定的互动与相互交流模式中互相依赖的行动者（个人、组织、支系统）构成的网络"②。无论文化生态学理论的生态观点还是系统观点，都是可加以借鉴的，正如中国民族学家宋蜀华所说，在中国现代化建设的今天，应当充分重视生态人类学家所指出的生态环境与民族传统文化的关系以及科学技术对社会繁荣和发展的巨大作用。③ 系统的视角与文化生态学理论和笔者所定义的文化生态中的"关系（格局）"更为契合，也就是用系统的观点看待文化生态保护，更容易达到保护的目的。

对于青藏高原地区而言，保护好传统文化对自然生态环境的保护极端重要，甚至可以说，若要保护好高原自然生态环境首先要保护好这一区域的传统文化。对于中国西部地区人文资源的保护开发之于发展的重要性，费孝通在中国实行"西部大开发"战略初期就给予了关注，他说，"经济的发展促进了人们对人文资源的认识，反过来，对人文资源的认识也将促进人们对经济发展的更深一步的认识"④。因此，他强烈呼吁把西部人文资源开发、保护、利用加进西部大开发战略中去。还有学者很早认识到，"人类的一些原生态文化也许就如生物界的生物遗传多样化中心一样重要，有一天我们人类真的面临一种来自自然界或人文界的某种危机时，或许我们还要从这些最原始的文化中寻找应对危机的智慧"⑤。然而，对于高寒的自然生态环境来说，文化及其多样性并非备选项，而是有着不可替代的作用。对此，可从以下几个方面加以说明。

---

① 邓先瑞：《试论文化生态及其研究意义》，《华中师范大学学报》（人文社会科学版）2003 年第 1 期。
② [美] 查尔斯·哈珀：《环境与社会——环境问题中的人文视野》，肖晨阳等译，天津人民出版社 1998 年版，第 38 页。
③ 宋蜀华：《人类学研究与中国民族生态环境和传统文化的关系》，《中央民族大学学报》（哲学社会科学版）1996 年第 4 期。
④ 费孝通、方李莉：《关于西部人文资源研究的对话》，《民族艺术》2001 年第 1 期。
⑤ 方李莉：《文化生态失衡问题的提出》，《北京大学学报》（哲学社会科学版）2001 年第 3 期。

◆❖ 找寻安身之所

羌藏文化是青藏高原的历史文化主角。自然地理学研究证明，400多万前青藏高原不再隆起。新近的考古则发现，4万年前人类就驻足青藏高原，这是世界范围内史前人类征服高海拔极端环境的最高、最早的纪录。当时高原海拔在平均4000米以上，年均温度接近冰点，空气含氧量仅为海平面处的一半，资源稀缺，环境恶劣，对人类生存构成极大的挑战。① 此后，高原世居土著是在高原腹地的羌、高原南部河谷地带的藏族"正源"这个主干线上经由外来的游牧民族补充而发展起来的。格勒的研究认为，"从宏观的角度看，藏族源于三大原始民族系统的整合。这三大原始民族系统就是本地的土著民族系统、北方的胡民族系统、东方的氐羌民族系统。"② 其中，主要是居住地多为高原的游牧民族，无论是迁移还是融合，都是各自地理环境相近的民族之间发生的。而西藏东向的青藏高原范围藏族族群或文化类型的形成，则是吐蕃向外（主要是向东）扩张中逐步形成的。而青藏高原东向中低海拔的民族和文化很难突破海拔的阻力，唯对高原地区羌藏文化有重大的影响。历史上，这种难以逾越性越往后来显得越突出，表现在军事上，亦只有游牧民族（如鲜卑、蒙古）才能深入高原腹地进行征服和世居，从农的华夏共同体甚至是大多数中原王朝则难完全做到这一点；在生计方式上，"逐水草而居，顺天时而动"的游牧业长期是青藏高原地区的主业，农耕只斑点状分布于其边缘局部地区。因为高寒土壤植被稀疏、土层薄，加之相对海拔不高，风速大，开垦往往是"头二三年收点粮，后四五年变沙梁"，不但收到的经济回报极小，而且对高寒自然生态环境造成极其严重甚至不可挽回的后果。即便是在类似郭麻日村所在的隆务河谷这样青藏高原范围内气候相对温湿的地区进行农业耕作，也是在明清时期才开始的，而且经历了借助军事戍边的垦务才得以成行。

以宗教为内核的藏族精神文化调适着高原地区人与环境的关系平

---

① 《揭秘青藏高原4万年前的人类活动》，《光明日报》2018年12月4日。
② 格勒：《藏族早期历史与文化》，商务印书馆2006年版，第133页。

衡。研究和实践证明，传统的游牧方式适合青藏高原高寒高海拔地区自然生态环境和资源条件，这种生产力使得人类因向自然索取生产生活资源而施加于自然的压力小。但这仅仅是居住在高原的人们保持人与自然和谐状态的一方面。在此经济基础之上，所创造出的文化调和着人与自然的关系，其中最为突出的文化要素莫过于原始苯教和藏传佛教。作为调适文化，这种倡导万物有灵、众生平等的宗教文化内含着朴素的敬畏自然、顺应自然的生态思想和伦理，并将这种思想和伦理内化于民众的民俗活动之中。比如，藏族神山神水的观念，使得其极其精致地呵护着山宗水源，而且这种观念和行动不断地由朝圣山水、祭祀"拉什则"、秉持天葬等活动得以强化。在热贡地区，特别是隆务河谷地，还有着仪式化、层级化的山神崇拜，以之维系并不断巩固着人们对自然环境的崇敬。这种崇拜同样渗入民众的日常，成为其生活的一部分。

精神文化的调适作用还深刻地体现在，高原人对严酷的自然环境保持着令外人惊叹的顽强的适应性和忍耐力。正如一位青海省委主要领导曾经在果洛州调研时所说的那样，当地干部能够在那样的环境中工作，本身就是奉献。如果走进青海自然生态环境最为恶劣的县域——玛多县就会发现，非土生土长的当地干部多是面容憔悴、未老先衰而且各种疾病缠身，健康状况、精神状态与土生土长的干部形成鲜明的反差。形成这种反差，生物层面源于基因。科学研究证实，存在于青藏高原本地人群的 EPAS1 基因，使其在低氧环境中血红蛋白携氧能力强，阻击血红蛋白浓度过度升高，降低了各种高原性疾病发生的可能性。[①] 这是长期环境选择、生物进化的结果。此外，文化特别是宗教信仰因素不可低估。宗教是人们适应环境制约而产生的。在严酷自然条件的制约和宗教信仰的调适下，青藏高原牧民对物欲满足的诉求较少，对精神生活的向往重于对物质生活的向往，对自然的索取、破坏相对有限，使他们成为与江河源区生态环境休戚与共的自然捍卫者和守护者。

---

① 《青藏高原世居藏族人群高原适应关键基因被发现》，《科学时报》2010 年 7 月 8 日。

民众对宗教信仰与文化生态保护的关系有理性判断。对于宗教信仰者或宗教影响区域来说，宗教信仰是决定其世界观、价值观的重要因素，特别对于生活居住在高寒高海拔的藏族人来说，宗教观在其观念文化体系中具有核心地位，起着决定性作用。因此，宗教信仰是在描述文化与其生态关系时最先映入视野的文化特质。笔者十几年步履所及，青藏高原干部群众对保护宗教之于文化生态保护的意义有着强烈的认同自觉。本书调查结果亦是如此。如表4-1所示，在热贡地区，有80.6%的受访者认为保护热贡文化必须保护当地民众的宗教和信仰，其中有61.9%的受访者持十分坚定的态度。相对而言，泽库县的干部群众比隆务河谷地的干部群众更倾向于肯定宗教信仰之于热贡文化生态保护的重要性。换言之，宗教种类相对单一、地理位置更为偏远地区的热贡民众更为认可宗教信仰的文化生态功能。而明确表示"不同意"的受访者只占3.2%；在四类受访者中持"同意"看法的占比最低的郭麻日村民，对所问持"不同意"的也只有3%；有近四成的受访者选择了"不清楚"。从访谈的情况看，这多少与城镇化带来的冲击和生计压力留下的焦虑有关，在这两种因素的交织作用下，很多村民心生浮躁和迷惘，已经很难保持一颗安定、虔诚的心。

　　民间基层社会组织发挥着增强社会活动效率、丰富社会生活的需要。在认识上，往往对青藏高原地区组织活跃、作用突出的社会组织评价失偏，甚至因为有的民间社会组织受制于破坏、分裂势力而对整个社会组织"谈虎色变"却不能确切认识其正功能。事实上，这实在是一种以偏概全的认识和做法。作为高原地区组织文化的重要组成部分，社会组织类型从最为基层、结构相对松散的"嘛呢会""青苗会"到具有突出的社会组织要素的环保组织，对藏族社会的运行以及调整人与自然、人与人的关系发挥着不可替代的作用。比如，在保护三江源区自然生态环境方面，可可西里地区的"野牦牛队"曾经威震四方。就基层而言，据笔者2017年、2018年的调查，治多县有7个自发组织的民间环保组织，其志愿者中绝大多数为当地牧民，这些社会组织热衷于公益环保事业，有的长期致力于长江源区的环境与发展问题的探索、公众环境教育和青藏高原游牧民民间生态文化的发掘和研究,有的自发创立野生动物保护区和栖息地,在宣传环保理念、开展环保行动中发挥了政府不可及的作用。据对三江源国家公园公益岗位管护员的问卷调查,当在履职中问题难以解决时,5.3%的认为会向民间环保组织求助,说明民间环保组织在牧民中有一定的地位,是其参与生态保护的重要组织形式。① 在青藏高原农牧区,越基层的组织愈具有调适色彩,与群众的生产生活愈息息相关。这些呈现"小政府、大社会"结构的社会组织,已经渗透到民众的血液里,成为与其生活须臾不能分开的活跃成分。

表4-1 受访者对"必须同时保护文化生态与宗教"的态度 （%）

受访者分类	完全同意	基本同意	不同意	不清楚	回答有效样本合计（例）
郭麻日村民	53.5	20.8	3.0	22.8	101
和日村民	70.1	12.6	1.1	16.1	87
州县乡党政教	47.1	32.4	11.8	8.8	34
泽库党政教	83.3	13.3	0	3.3	30
合计	61.9	18.7	3.2	16.3	252

二 文化生态保护的系统观

前文已经从学理和政策层面说明了文化生态与系统的关系。钱学森对系统这个概念还有解释:由相互作用、相互依赖的若干组成部分结合而成的,具有特定功能的有机整体,而且这个有机整体又是它从属的更大系统的组成部分。他说:"系统就不能够割离开来研究,因为系统组成的部分相互都是有密切关系的,割离开来就不

---

① 鲁顺元、参看加:《三江源国家公园生态公益岗位制度运行及其效益评估报告》,三江源国家公园管理局课题,未刊稿,2018年8月。

成其为系统。"① 从这个解释看，在从国家层面推进文化生态保护实验区建设中所提出的整体性保护理念相当于系统性保护。其功能在于，正如系统观所提出的那样，只有系统地保护，这种保护才能产生"整体大于部分之和"（亚里士多德《问题集》②）的效果。但能够得到这种效果，取决于组成部分之间交互的本质：当与合理的（为了）部分形成整体结构，作为一个整体将会有一个新功能，整体的功能大于各部分的总和的功能；当一个部分形成一个结构很差（无序）的整体时，整体的功能就会受到损害，整体的功能将小于每个部分的功能之和。这是系统论的立论核心主张。

在自然科学界，还把生态与系统连起来作为一个概念，简称为ECO（ecosystem），指在自然界一定的空间内，生物与环境构成的统一整体，在这个统一整体中，生物与环境之间相互影响、相互制约，并在一定时期内处于相对稳定的动态平衡状态。有了这样的平衡，系统的各个组成部分能够实现利益或效益的"正和博弈"，进而实现总体的平衡。这样的视角对文化生态保护理论创新与实践是十分有益的。无论是从宏观的世界、中观的国家还是对微观到地区，某个民族或族群、某个地域的文化或其中文化的某个方面的保存和活态传承，可能还体现不出对整体的效益，但是当将其纳入一个系统或整体中进行统篇布局，就会产生整体效益。这正是文化多样性保护的内在意义逻辑。

结合中国文化生态保护实验区的实践和理论，对于文化生态保护的系统观或整体观，可以从三个方面去理解或实践。

首先是文化诸要素整合的整体观。前文在论及热贡文化保护开发的人文背景时，从郭麻日村民举办"松改"活动中看到其文化结构中各要素之间的系统性关系。显然这种关系是热贡文化特别是隆务河谷的村寨文化本身所固有的，且经时间长河之洗礼。同时，这种系统

---

① 钱学森：《关于建立城市学的设想》，《城市规划》1985年第4期。
② 苗力田主编：《亚里士多德全集》（第6卷），中国人民大学出版社1992年版，第368、380页。

第四章　借理论之镜反观问题：文化生态的表与里

性关系一方面有着很大的整合空间，也就是文化人类学所说的文化整合，包含三个方面或层次：各种文化意义中的一种逻辑的、情绪的或美感的协调，文化规范与行为的适合以及不同文化元素功能上的互赖和加强[①]；另一方面，当然也保持着外来因素的冲刷和交往互动，从而保持系统运行的生命力和内在活力。

其次是地域之间整合的整体观。据文化生态学观点，不同文化差异的形成是这种文化与其所处自然环境交互作用的结果。从这个意义上讲，不同地域的整合背后所反映的同样是文化类型的整合及呈现的文化多样性。就热贡地区而言，地域的整合包括两方面，一方面是隆务河流域这个热贡文化生态保护核心区内部不同地域的整合，另一方面是整个热贡地区甚至其周边地区这个范围内不同地域的整合。

作为两种经济文明的边界地带，隆务河流域特别是其河谷地区分属不同地域的文化具有极其丰富的多元性。一是宗教和信仰并存。这一区域曾成为多元宗教并行不悖的研究热土。二是民族身份及其认同复杂。如表4-2所示，无论是在村民中还是在干部中，都有倾向于认同为藏族或汉族的情况。相对而言，和日村的受访者两种身份的反差较小，反差最大的则是郭麻日村民。郭麻日村民中自我认同为藏族、汉族的，与身份证上相应民族身份占比分别高出26.3个和2.6个百分点；相应地，自我认同为土族的，与身份证上民族身份为土族的占比低27.8个百分点；另有回答有效的样本1%的受访者身份证的民族身份为蒙古族，但自我认同为其他民族。类似情形在州县乡党委政府教育行业受访者中亦存在。三是各村热贡技艺各有专长。比如，吾屯的唐卡、郭麻日的木雕、尕沙日的泥塑、年都乎的堆绣，这是长期的历史发展中自然形成的，虽然后来因唐卡的一枝独秀而其他门类遭到挤压，但在"一村一品"、认定

[①] 覃光广、冯利、陈朴主编：《文化学辞典》，中央民族学院出版社1988年版，第157页。

新的传承人等新的政策推动下,有了不同的恢复和发展。

表4-2　　　　　　　受访者的两种民族身份　　　　　　(%)

	民族身份					回答有效样本数	自我认同民族身份			回答有效样本合计
	汉	藏	回	土	蒙古		汉	藏	土	
郭麻日村民	0	10.9	0	88.1	1.0	101	2.6	37.2	60.3	78
和日村民	1.2	97.6	1.2	0	0	85	0	97.4	2.6	38
州县乡党政教	26.5	61.8	0	8.8	2.9	34	60.0	40.0	0	5
泽库党政教	3.3	93.3	0	3.3	0	30	0	90.9	9.1	11
合计	4.4	57.2	0.4	37.2	0.8	250	3.8	59.1	37.1	132

热贡地区及至周边地域文化虽然没有隆务河谷多元,但也有很大的差异性。比如,同是谷地自然生态的同仁与尖扎县,同处两种文明的边界,但是二者无论是自然地理、社会组织传统、热贡技艺传承侧重等方面都有很大不同;与处在黄南州东南部的河南蒙古族自治县比较,虽然政府有意将其纳入热贡文化生态保护实验区地域范围,但不可否认的是二者完全属于两种文化类型;与泽库县相比,后者则基本属于游牧经济社会,而且单一民族所占比重高。因此,可以把黄南从文化区的角度分为隆务河流域多元文化区、尖扎县藏回农商文化区、河南县蒙藏游牧文化区和泽库县藏牧文化区。表现在热贡技艺即非物质文化遗产项目及代表性传承人上,如表2-4、表2-8、表2-9等所列,不仅局限于藏文化范围,还包括汉文化(如保安古堡、遗址等)和伊斯兰教文化等。因此,四者的整合显然更加具有多样属性,更加符合文化多样性保护的初衷。

再次是文化生态诸要素组成的整体观。如前文所述,文化生态既包括宗教、语言文字、社会设置、组织等文化要素本身,还包含自然地理环境、村落等自然地理与社会文化环境。文化生态保护必须将这些因素纳入一个整体，用系统的理念进行统筹谋划，唯有这样，方能应对全球化、现代化背景下民族、地域文化向着单调化变迁的多样性衰减的形势。这种形势如波涛汹涌，民族文化、地域文化显得异常脆弱。在青藏高原地区民族文化，特别是藏族文化变迁互动中，从高原腹地到东向的汉藏走廊地带，呈现着符合本源的文化圈形态。从文化圈核心到边缘文化带，藏文化的同质性下降，与此伴生的是文化传统的渐次演变。[①] 这种演变预示着调适人与自然关系、护佑自然生态环境的文化的整体性功能衰落，最直接的后果是自然生态环境的退化甚至恶化。因此，人们已经逐步认识到，保护好青藏高原的自然生态环境，必须首先保护好地域和民族文化。从这个角度说，保护文化生态具有了特别的自然生态意义。如何保护地域和民族文化，尤其是作为中华民族多元一体的重要一元的藏文化，类似热贡文化这样处在文化圈边界的多元文化类型或多民族共同体中族群文化的保护可以起到中华文化多样性维护的"堡垒"作用。由是言之，在青藏高原扎实开展文化生态保护区建设，就具有了国家安全、特别是文化安全地位。同样地，认识到并实践这样的文化保护，必须有文化生态保护的系统观，也就是把这种保护纳入整个区域、所有文化元素以及文化生态要素在内的整体中加以考量，特别重视区域之间、文化及其生态元（要）素之间以及它们与自然生态环境之间的交互关系，从而为多元一体的中华民族及其文化守住多样性的一元，进而为筑牢西部生态安全屏障提供坚实的文化基础。

---

① 鲁顺元：《文化圈的场域与视角：1929—2009 年青海藏文化变迁与互动研究》，第 389、405—416 页。

结论与省思：在传统与现代的互构中重塑生态

一 结论

(一) 热贡文化孕育发展于一个特定地文空间

作为热贡文化生态保护实验区的核心区域，隆务河谷的文化是最具有代表性的，可以说，这一区域是热贡文化的富矿区。作为史上"保安四屯"之一的吾屯（分上、下两个行政村），与隆务镇主城区、隆务寺隔河相望，耕地平坦开阔（海拔2440千米，属隆务河谷中最低），其村民最早参与寺院壁画绘制。当地群众藏语称吾屯所在地为"森格相拉卜造"，其中的"森格相"意为"狮子滩"，指吾屯上、下庄所处地，"拉卜造"意为"绘神像的匠人"，全句意为"吾屯神像画匠"。[1] 因此，曾经一度把热贡艺术称为"吴（吾）屯"艺术。隆务河谷以外的热贡地区，作为热贡文化的"辐射地区"，无论是包含着物质文化和精神文化的热贡艺术技艺的种类还是活跃程度，都远远逊色于该核心区域。在当下的保护开发中，特别是在推进文化与旅游融合发展中，将普通民众对"热贡"的误读即"金色谷地"，作为热贡文化对外宣传口号和引客招牌，足见其"核心"地位。从现代热贡艺术传播的角度看，隆务河谷依借黄南州行政中心、交通要冲、宗

---

[1] 黄南藏族自治州志编纂委员会编：《黄南州志》，甘肃人民出版社1999年版，第1131页。

教圣地的地位，已经成为一个传统与现代结合的中华文化传播集散地和多样性文化共融共享地。

隆务河谷地的地理环境对热贡文化形成起到十分重要的作用。其文化上的边缘属性则是形成族群多元、文化多样的决定性因素。其中的靓丽呈现是，历史上的屯垦戍边留下河谷北部的屯堡居住文化和遗址，与河谷南部象征由牧至耕生计转型的藏族村寨相映照应。

如果说传播自中原的华夏文明和农耕文化是以屯堡为堡垒向南延伸，那么来自高原腹地和西南边疆的藏佛文化则以寺院为堡垒向北延伸。后者的延伸伴随着民族传统技艺的互鉴和共享，热贡艺术就有了与藏传佛教千丝万缕的联系。因为这种联系，来自农耕文明的各族人群要学习掌握彰显藏传佛教的热贡艺术技艺，就必须懂得藏语，因而展现出分属两种语系的社区传统语言（近似蒙古语，属阿尔泰语系蒙古语族）和相对河谷地带使用主体人群而言外来的藏语言（属汉藏语系藏缅语族）共存的"语言文字之美"和独特文化现象。新时代的"多语"教育使这种格局得以强化，而且在保持语言多样性上发挥了重要作用。正是这样多元的属性，使得民众始终抱有兼收并蓄的文化心态、海纳百川的气度，敢于吸纳外来的文化艺术元素以丰盈自身，这是热贡唐卡青出于蓝而胜于蓝并自成一派的文化基因。经过不断的学习和传统的再造，隆务河谷的热贡文化散发出勃勃生机，呈现自成系统的文化结构。其中，制度文化的规制作用，是通过大到办"六月会"、中到跳"军舞"，以及小到祭"拉什则"、做"松改"等，几乎渗透到屯堡社会的每个细胞和角落的活动来实现的。如此便促就文化结构之"纲"，纲举目张，热贡文化方得保持内在生生不息的发展活力。

（二）热贡文化保护开发有了坚实的社会基础

保护与开发的制度安排有力、有效。资源开发是文化在现代社会背景下得以持续健康发展的重要条件。经由民众的开拓性探索和文化生态保护实验区建设实践，热贡文化资源开发已经具有"总体规划"

先行、"分规"衔接、制度配套、标准规制的坚实社会基础。这种制度架构是文化资源开发循着健康发展的轨道前行的重要保证。其中，规划的法定性为其所划定文物遗址、传统村落、古屯堡寨等的保护红线的落实提供了保障，特别是城镇化发展中热贡文化传统借助良好的社会环境或生态而保持传承活力有了法的依据。而制度配套和标准规制能够有效控制热贡文化资源开发中的变异，使技艺传承与文化产品商业化之间保持平衡。同时，领导机构、管理机制、社会力量参与机制的创新性设置，使得热贡文化生态保护实验区在全国类似国家级实验区中起到一定的示范引领作用，更是激发了社会广泛参与的活力。

辩证地看待唐卡的"一枝独秀"。在各类热贡艺术开发中，唐卡艺术基于良好的开发条件和基础，逐渐成为先行先试的"排头兵"和市场宠儿。抛开这种热贡艺术开发中的"一枝独秀"对文化生态系统平衡造成的影响，其示范引领作用突出，为其他热贡艺术门类的开发蹚开了一条可资借鉴的道路。这种引路作用在面临生存危机的村落和社区显得尤其突出。村民和居民唯热贡唐卡开发为行业之翘楚，或仿其模式专事唐卡绘画，或借其经验从事泥塑、石雕等的开发，努力寻求生计转型。

从系统和整体的角度分析解决发展不充分、不平衡的问题。在保护和开发中不能无视发展不充分、不平衡的问题，更要发现并利用好问题中所蕴藏的巨大潜力信息。发展的不充分主要体现在热贡艺术价值与市场价值的不对等，为外界所赞许的良好市场反响的唐卡艺术产品只是凤毛麟角，多数艺术产品还处在亲友馈赠以及传统的寺院功德的层面，尚换不来足以切实改变从业者生存窘境的预期。发展不平衡则体现的是文化生态的不平衡，包含热贡地区不同地域、热贡艺术的不同门类等保护开发的不平衡。恢复或构建平衡，需要在认识观念、实践路径等诸多面综合、系统地进行矫正，而非局部地修修补补所能企及。

（三）村落社区化演化导致村落文化结构改变

在黄南州同仁县隆务镇四合吉社区、泽库县和日镇和日村、同仁县年都乎乡郭麻日村三者之间，存在着社会结构（形态）演化的三个层级。已呈明显结构性特征的是，四合吉社区已经在21世纪初变为城镇社区，和日村随后成为乡镇外围的生活社区，郭麻日村则即将变为城镇社区。三种形态表现了青藏高原地区州或州县级、乡镇级建制镇、村镇三种城镇类型生发中村落的形态演变，其中有一个共同点是，村民赖以生存的生产资源（耕地、草场、牲畜等）在城镇化或自然生态建设政策推动下逐步丧失。就本次重点调查区域对象之一和日村来说，随着迁居完成，绝大多数村民已然变为居民（至少在官方认定的身份证上）。而后，在此生态下的生计方式、语言文字使用、社会交往互动、群体关系甚至在文化结构中较为稳固而变迁较为迟滞的宗教信仰等，都在发生着急剧的变迁。生计方式的改变因与时下的扶贫攻坚政策紧密联系，故尤其受到关注。其多元化不仅是村民在被禁牧限牧后寻求生计转型的结果，也是政策强势推动的结果。经济基础决定上层建筑。生计方式的改变必然导致精神、制度文化等的改变。如何规避这种改变所带来的"现代性后果"？在如和日村这样处在牧业区的村落（社区），可以通过牧业合作社的建立、相对集中安置等来部分地实现。但是，就已经成为"城中村"的四合吉社区而言，余下的似是在高原地区验证"村落的终结"。处在艰难选择中的郭麻日村，还有在新的发展观指引下做出更加合乎多样性、可持续性、系统性理念和要求的行动机会。至少，事中努力尝试总优于事后追悔挽救。

（四）村落的解体必然会颠覆文化的生存空间

就热贡地区的两个案例而言，村落是热贡文化生态最为重要的空间和环境，是各种生态之核心。村落就像盛放文化及其生态的壳，唯有安身于此，文化才能成为作为整体来观察保护的对象。村落之于文化，犹如脑壳之于大脑、贝壳之于贝体，二者是表与里之关系。村落更像是一根线，把村落里的人、物和生产生活等串联起来，使之成为共同体的有机部分。相反地，村落的解体必然会使其失去聚拢各种村落要素的庇护和纽带，村落中原有的人和物的关系便会像散沙一盘。试想，若大脑没有了脑壳、贝类软体没有了贝壳的护佑，将会是什么结果。

　　和日村和郭麻日村这两种类型的村落已经历或即将面临村落何去何从的问题和困惑。和日村与和日寺的村寺一体关系被拆解后，寺院获得独立而相对纯粹的生存发展道路，无形中也扩大了供养地范围，但其僧员补充问题变得越来越棘手。其村落内部的人搬迁到乡镇周边的居点后，原有的村落基本被转经朝圣者占据，而新的居住区宛如城市街区，居民的生计方式、社会关系、宗教理念等发生了重大变化，村落文化与城镇文化无限接近。这种变化过去常被乐道为"生态移民社会适应"的成功范例。但是，对于文化传承而言，却远远没有在传统村落中那样具有旺盛的生命力。相对来说，因和日村处于高寒牧业区，村落结构的变化对文化传承及生态保护的影响并不那么直接。而郭麻日村则面临着城市化中耕地被征用，这使村民人心思变，惶惶不可终日，并对村落价值产生认同危机。政府原本计划将郭麻日村民移居距镇中心较远的地方，且新建了一个类似和日村新居点的聚落，但是这种聚落如无本之木而难以扎根；在古堡改造中，对于生活于其中的村民的去留，还在完全迁出古堡与落实"见人见物见生活"要求之间徘徊。青藏高原地区特别是其高寒高海拔地区是否需要"城市"这种人类创造出的聚落共同体形式，如果需要则究竟需要一个怎样的城镇化道路或模式，从理论和实践上回答该问题，不光涉及以藏文化为主要内容的多元文化共同体的延续和传承问题，还关系到青藏高原生态安全和中国国家安全。

（五）保护好村落就是对文化生态的致臻保护

　　文化生态是指文化所存在、发展的"场所"和人与人、人与自然之间的关系状态。生态与环境时常通用，其区别在于前者更侧重"关系或关系状态"，后者更强调"栖息地"或文化所处的自然环境。对于热贡地区而言，文化生态至少包括自然环境、技术或生计方式、人的居住方式（如村落、城市、社区）、宗教信仰实践、语言文字使用等外延，其中有的内容是指文化元素本身。无论是劳作还是宗教行为、语言文字传承都是发生在村落这一特定的空间的，离开了这个空间，尤其是在城市（镇）社区环境中，这种更加讲求人与自然关系平衡的文化就很难存活。正是在村落这个语境下，有人、有物、有生产生活，也就是有人在这个空间里过着普通而不是表演给游客的生产生活。村落环境里，有人与人之间"有机团结"的关系和社会规范，把村落里面的人、物和生产生活等串联起来，使之成为村落这个共同体的有机组成部分。因此，就一个主要面向着村落和居住在村落里的人及其所创造的文化生态保护区，政策所要求的整体性保护的实质就是保护村落。

总体而言，无论是热贡文化资源开发还是其生态保护处在不均衡的状态，不同区域之间、同一区域不同村落之间发展极不均衡。在这一表象之下，是对村落保护的忽视。在政策层面，对其有不同程度的涉及，更难能可贵的是青海省有关政策中十分具体地提到如何保护村落问题。但在实践中，过于强调热贡艺术技艺传承人的培养，而从文化生态保护角度专门针对村落的保护措施不多，很多村落保护政策措施是零散的，也未纳入文化生态保护框架中。造成这种保护思路不清的原因是多方面的，其中两个因素相当关键，一是从上到下总体上缺乏明晰的思路，仅有的理论探讨未能转化成政策实践；二是地方财政拮据，根本没有能力就国家专项投入做出配套投入，而村落保护涉及面广，不但要针对很难直接带来经济效益的单纯保护问题，还要面对生存和发展问题，资金缺口巨大。侧重传承人的问题，不仅是政策的原初出发点，也是从上到下政策的一大要求。同时，对于保护村落背景下宗教信仰实践、语言文字使用等所面临的危机，还没有得到应有的重视，甚至还存在认识论的错误甚至谬论，这是纠错或矫正中所要解决的难题。

（六）人文因素之于生态系统平衡的意义重大

造成上述局面的一个很重要的原因或许是，囿于自然科学与人文社会科学之间存在的壁垒，在理论层面还没有对自然、文化和社会三个生态系统之间的关系做出准确的解释。最为基本、常被忽略的解释是，三个系统之间是互为条件、相互依存的。也就是说，三个系统不仅各自成系统，而且三个系统共同构成一个完整的、内涵更丰富的系统。在民族学人类学进化观、传播观、功能观等学派那里，无论在文化异同的观点上有何分歧，但对这种依存关系是不否认的。这是人文社会科学方面的学理依据。对"生态建设"中更受重视的自然科学而言，很难充分考虑到人在其中的作用，也就不太容易把文化和社会系统纳入总体生态系统作为一个整体来考量。这一痼疾，在生态人类学发端时所承袭的生物生态系统研究中就存在，在中国青藏高原生态保护实践中呈现得也较为明显。从中体现生态人类学在中国巨大的实践空间。

对于青藏高原这一区域而言，其三个生态系统具有不同于国内学者关注较多的中国内蒙古、新疆天山南北以及南方（石漠化）山区生态系统的特殊性。这种特殊性大致可以总结为，一是自然生态环境的不可逆性。也就是常说的"自然生态一旦被破坏，就很难甚至无法恢复"。在这一特殊性限制下，来自文化和社会系统的、施之于彼的政策、制度等，必须经过严密论证、反复试点，要求不仅行之有效而且要把之于生态环境的扰动降到最低限度。二是支撑这一脆弱生态系统长期动态平衡的是具有主体结构、自成体系的文化和社会系统。大体说来，这一系统内的核心元素至少包括，以跨区轮牧、休养生息为运行原则的游牧生计方式，以万物有灵、自然崇拜为思想基础的藏传佛教信仰，以血亲姻亲为共构纽带的部落组织形式，三者各自代表物质、精神和组织文化，共同架构起其文化社会系统。三是自然、文化和社会环境的多样性和统一性。在青藏高原，无论是自然还是文化、社会都不是铁板一块，内部有着十分丰富的差异性和多样性。这是其保持活力的基本条件。同时，三个生态系统整体上具有明确而基本一致的相交边界。

青藏高原范围文化和社会系统对于维护自然生态系统平衡如此重要，由此看来，中国在其中建立多个文化生态保护实验区，就具有了超乎文化生态保护本身的意义。除了热贡文化生态保护实验区①，还有格萨尔文化（果洛）生态保护实验区（2014年8月）、藏族文化（玉树）生态保护实验区（2017年2月）相继在青海建立。在全国的文化生态保护区建设布局，反映了中国履行联合国《保护和促进文化表现形式多样性公约》（2005）的决心，也必然会对自然生态环境目标的实现起到促进作用。在省域内部，也建有低一层级的文化生态保护实验区。比如，青海建立了海西德都蒙古族文化、互助土族文化、循化撒拉族文化三个省级文化生态保护实验区，拟设立省级河湟文化生态保护实验区，并编制、评审通过《河湟文化（海东）生态保护区规划纲要》。② 国家文化和旅游部《文化和旅游部关于公布国家级文化生态保护区名单的通知》在极少的篇幅中重点强调，"不断深化对非物质文化遗产区域性整体保护的认识，推动实现'遗产丰富、氛围浓厚、特色鲜明、民众受益'的建设目标"。

在实施文化生态保护国家战略的区域，若能着力实现"区域性整体保护"，就意味着可以从时间和空间两个维度，由点及面地把保护从个体延伸到群体再上升到群体所在的整个文化区。以青海为例，三个国家级文化生态保护（实验）区所覆盖区传统文化分别是其东部（偏内陆）多元文化、安多文化和康巴文化三种文化类型的代表性区域，基本可架构起该区域藏族优秀传统文化保护。"试点"的意义就在于，有了这样的架构，局部地区的优秀传统文化的传承保护就有章可循。对于高原腹地和边疆地区同一类型文化，处在中间地带的文化生态保护实验区建设，不仅能够提供保护的示范和参照样本，而且具有引领、促进其东向发展作用，其文化和政治意义不言而喻。

热贡之所以能摘掉"试点"的帽子而步入"少而精"的国家首批正式的文化生态保护区，不仅取决于其试点举措创新和突出成效，

---

① 在试点基础上，2019年底，文化和旅游部经建设成果验收，将7个文化生态保护实验区正式公布为国家级文化生态保护区，热贡位列其中。（《文化和旅游部关于公布国家级文化生态保护区名单的通知》，文旅非遗发〔2019〕147号）。

② 《我省将设立河湟文化生态保护实验区》，《西海都市报》2022年4月2日。

而且与其文化结构更具多样性不无关系。从文化传播的角度看，热贡的核心区处在藏文化圈的边缘文化带，同时也是中原农耕文明向高原腹地伸展的示范场，古堡便是其灵动的写照。这是其文化多样性的宏观背景。在其文化结构上，是多种文化各美其美、美美与共，多民族和睦相处、和衷共济、和谐发展的典范之地。无论是参与主体还是文化输出，热贡文化无疑是多民族共创的文化。因此，这一自然和文化关系上的边缘带的文化生态保护，可为中华民族文化共同体建设创建新方式、积累新经验。

文化生态保护区建设应当肩负起为游牧社会现代化提供参照模式的重任。当下能够清晰地看到，在热贡的隆务河谷地，村落以其文化得以安身的角色存在着。因为村落作为前提的存在，这种安身作用不仅体现在物化的建筑、艺术样式、生活物品等文化的诸要素，而且体现在活动于其中的人、物、畜、环境等之间的关系格局中，更体现在生活其中的人的社会记忆和文化社会认同诸层面。已经发生和可能发生的村落社区化演变，虽然其动因和方式不同，都预示着不可避免地出现中国中东部地区多地作为常态存在的传统村落的终结。展望未来，热贡文化生态保护区建设者们需要考量的是，尽管存在土地财政、城镇规模扩张红利等的压力，能否将正在发生的村落演化引到有利于文化生态保护的方向？或者说，在同样的文化功能前提下，能否找到村落的替代物？如果"发展"的惯性势不可当、"进步"的利诱不能抵御，那么，在村落社区化后，在热贡这个特殊的场域中，若在城镇中传统文化能够照样滋长，需要具备或创造怎样的条件？如此等等。回答好这些问题，无论是在理论上还是实践中，都是一种迫切的需要，也是巨大的贡献。

二 省思

（一）省思城镇化，给传统村落一种完整的形态

城市化被认为是现代性的一个标志。较早觉察到并系统论述"现

代性后果"的安东尼·吉登斯也承认,"城市能够在促进经济效率和竞争力,推动社会文化整合,以及提供政治参与的舞台等方面做出贡献。"[1] 对于大部分地方生态极端脆弱的青藏高原地区而言,城市因其较强的人口容纳能力、离"自然"相对较远等优势,具有发展的巨大生态价值。正如哈佛大学经济学家格莱泽(Edward Glaeser)所言,"与居住在城市里的人口相比,居住在树木和草原周围的大自然爱好者们消耗了更多的能源";在谈到中国的城市化时认为,高楼大厦可以提高生产效率,也可以降低环境成本。[2]

但是,城市社会很难生长讲求与自然和谐的文化。而且,就热贡乃至中国多数文化生态保护实验区而言,所面临的不是两种文化如何起源而是如何取舍的问题。就文化生态或环境来说,城市一直是一个有争议的场所,"问题不是人们是否愿意或应该住在城市里,而是我们能做些什么来改善城市和社区的条件"[3]。对于取舍问题,国内有学者开出了药方,比如,当地经济社会发展规划与文化生态保护区规划互留接口、利用文化生态保护区理念建设新型城镇化、将综合传习中心建设成为城镇的有机部分等。[4] 但是,这只是针对村民或"非遗"传承人被纳入城镇后所能采取的办法,没有把承载文化或传统技艺的村落的存亡与城镇建设统筹起来考量,只是针对性举措的一个思路。

的确,以城镇为"场所"的文化类型或元素,只能从建构城镇文化本身开始。从美国著名城市理论家芒福德(Leweis Mumford)的论述看[5],现代城镇在文化建设或文化重构上还有很大的空间。中国城

---

[1] [英] 安东尼·吉登斯:《社会学》,赵旭东等译,北京大学出版社2003年版,第762页。

[2] [美] 爱德华·格莱泽:《城市的胜利》,刘润泉译,上海社会科学出版社2012年版,第13、248页。

[3] [美] 欧·奥尔特曼、马·切默斯:《文化与环境》,骆林生、王静译,东方出版社1991年版,第325页。

[4] 高丙中、宋红娟:《文化生态保护区建设与城镇化进程中的非遗保护:机制梳理与政策思考》,《西北民族研究》2016年第2期。

[5] [美] 刘易斯·芒福德:《城市文化》,宋俊岭、李翔宁、周鸣浩译,中国建筑工业出版社2009年版。

镇化道路中的"千城一面"也广受舆论和学界批评。但是，对于文化生态的保护特别是对城镇化水平不高的多民族地区而言，必须探索保护村落前提下的城镇化，或明确地说，在多民族地区城镇与村落的取舍问题上是万万不可"实验"的，因为文化生态一旦失去平衡甚至被破坏，就很难甚至无法恢复。这在一方面，因为涉及诸多政治、经济因素，尚未已在实施的"少数民族特色村寨"或"传统村落"等保护实践中做出勇敢的尝试。

就热贡地区而言，面对城镇化需要和冲击，应当给文化内涵极其丰富的传统村落保全一种完整的形态。在诸多实践者中，湖南湘西州在整体性保护少数民族特色村寨（苗寨）中推行的讲民族语言、着民族服饰、行民族习俗等提倡比较容易实行，关键和棘手的是如何保持传统生计这个文化生态的经济基础。解决这个问题，马克斯·韦伯（Max Weber）的观点不啻为一个启发。如其言，"一般而言，城市愈大，其居民就愈不可能拥有足够的农地以供应所需食物——也不大可能拥有一般典型'村落'所有的牧地与林地的使用权"①。反过来说，就规模较小的城镇，居民是可以拥有农牧林地的，力争做可以生产自己食物的非典型"城里人"。做到这一点，必须通过村落文化生态建设，使人们普遍地克服并摒弃城市优越论或城市中心主义，进而在高寒地区走出一条特殊而适宜的新型城镇化道路。

从国家安全和社会结构稳定角度，也能看到村落保护的意义。温铁军提出"农民权益保护、农村可持续稳定与农业生态安全"的新三农问题，认为只有农村的可持续稳定，才有中国全局的可持续稳定。② 他提出"乡村振兴是应对内忧外患的压舱石""中国农村是社会稳定器"等观点。农村之所以能够发挥这样的功能，与村落这种聚落形态发挥着其独特功能不无关系。村落就是农村这个稳定器的轴

---

① ［德］韦伯：《城市的概念》，康乐等译，载薛毅主编《西方都市文化研究读本》（第一卷），广西师范大学出版社 2008 年版，第 259 页。

② 温铁军、孙永生：《世纪之交的两大变化与三农新解》，《经济问题探索》2012 年第 9 期。

心。具有共同体特征的村落，保证了村落内部关系的有序性和结构的有机性，进而确保区域和国家的安全和社会结构的稳定。

在狭义上，城乡牧结构中与城市、乡村并列于同一层级的牧业区，其地域辽阔但村落文化并不丰富。这样的情形下，牧业区尤其如青藏高寒区牧业社会保持其结构稳定性，自有其内在的条件和逻辑。对发现其逻辑并推动社会结构向现代转型，两个案例的呈现有一定的启发意义。

反思不是反对。一方面，要充分认识保护村落延续之于优秀传统文化传承、为经济发展保驾护航的作用，特别是其适应生态的生计方式要予以保留。另一方面，对于与现代化发展相悖的村落文化与传统文化，必须予以鼎新甚至革除。

牧民追求幸福生活的道路不能被阻塞，要把目标置于扩展自然和文化对发展代价的承载力。不能因为保护生态之所需，而让风吹日晒雨淋挨冻的生产生活方式延续下去。实践证明，无论是自然生态还是文化生态，单纯就保护而谈保护，与大海旁的沙上建塔别无二致，而是要在发展中实现保护。发展不可能完全避免代价。其一，自然生态不可能一成不变，而要在动态中实现保护。其二，随着现代化的推进，固有的传统出现转变甚至发生突变是必然现象。推进青藏高寒地区的城镇化，必须充分吸取中国中东部地区和青藏高原农业区城市化发展的教训，同时积极使经营城市（镇）生活成为牧民共享现代文明的重要途径。

（二）省思现代化，给生态保护一块相符的面向

高寒地区以城镇化为主导的现代化，引发一系列生态、文化和社会问题，这在包括文化生态保护试点地在内的青藏高原腹地的呈现日益突出，亟待正视和化解。以居住格局为视点，往纵深处扫描，就会发现青藏高原腹地在与热贡同样的方面所面临的形势更为严峻。在其自成体系的文化和社会系统中，游牧的生计方式决定了居住的游动性（即逐水草而居），因此，便捷的帐篷，耐寒、耐力久、耐粗饲的"高原之舟"，以及较近时代随牧而动的教育和宗教服务等，是其居住文化

丛里最为核心的元素。被纳入现代化潮流后，伴随着草地生产资料管理制度的变革，以及基于改善生产生活条件为主要目标的相对集中居住，牧民从游动的居住走向相对定居、集中居住。散落在游牧区域的定居点是"四配套"之一，俗称为"冬窝子""夏窝子"。从农业文明的眼光看，那只是一个"窝"而已，大多数的"窝"只是个临时居住地，往往在冷季烟火气浓厚，暖季则人去屋空，破败不堪。一般而言，窝与窝相距甚远，虽经长期助建，面积广阔的游牧区的"窝"却难以连成一个个像农业区或农牧交错区那样的村落。因此，多数居住点面临着路、水、电、暖、教、医等现代性要件的"再配套难"问题。随后，在推进城镇化（包括新型城镇化）的政策要求下，加之教育布局结构调整、城镇产业带动力有所增强、为减轻草原载畜量而禁牧减畜等因素的带动，牧民逐渐向乡镇、县城乃至州府所在地流动以至固定居住。生态保护和建设项目中的生态移民工程，对这种流动起到推波助澜的作用。有的牧业区域，为解决居无定所问题，在乡镇与县之间或乡镇附近建立牧民集中居住的楼宇小区。比如，2017年，杂多县针对"久困于穷"的全县711户3139人建档立卡贫困户，在萨呼腾镇吉乃滩分牧人幸福家园、牧人希望家园2个小区进行集中安置。[1] 也就是将集中居住作为脱贫解困的一种手段。在政策推动和牧民自发流动的双向推动下，高寒牧业区呈现人口，特别是优质劳动力资源向城镇聚集的大势和状态，进而可能会出现远比农业区严峻的游牧区域空壳化、牧者"低智化"现象甚至问题。这种变迁的影响是全面而深远的。

高寒地区居住格局改变带来的自然生态、文化社会影响，往往相互交织，伯仲难分。大致说来，对自然生态最为直观的影响在，有的地方牧道植被退化甚至沙化后，引发草场连锁性退化。如果说这只是局部现象，那么，很大程度上由居住格局改变导致的游牧半径的缩小，则具有问题的普遍性和影响的广泛性。在乡镇、集镇或其他集中居住地相对配套的生活条件的吸引下，根本无法启发让牧者走向离居

---

[1] 《易地搬迁带来的满满幸福》，《青海日报》2022年4月3日。

结论与省思：在传统与现代的互构中重塑生态

住地远、生存不便的草场放牧的动力。牧者宁愿舒适地在定居地而不愿习得传承甚至舍弃传统牧业生产智慧的现象已经相当普遍。作为管理者，面对这种情形，也显无奈。笔者在青海省果洛州达日县特合土乡调研时所见，乡政府为了制止牧民宁愿就近租牧也不愿意回到自己承包的夏季草场放牧的行为，出台严格的在乡政府所在地租牧期限及经济处罚规定。这个乡是全球有名的包虫病高发地，在疾病威胁下，这种硬的、外部的控制方式，具有效力的不稳定性。牧民于潜在患病风险与显在远距离游牧成本支出之间权衡，最后选择了先规避后者，甚至面对管理约束，不惜经济代价的付出。这种趋利行为是人类之天性，也有其被激发的社会文化背景。可在传统社会，让牧民做出"理性"选择的动力来自部落制度规制所产生的压力：若有违背，就有相应的经济、文化、宗教等方面的惩戒跟进，个体违抗的成本较高。

过度密集放牧的自然生态影响是，夏季草场的退化越来越严重，而冷季草场的退化同样不能幸免，进而导致高寒草地畜牧业赖以生存发展的"第一性生产力"的耗损。这是定居使畜牧业比较效益下降之外，其最为明显的经济影响。对于这种影响，过去有两种不当的认识，一种是高寒草地畜牧业可有可无、完全可以把牧民养起来的认识。这种认识往往是在对草地畜牧业经济产出效益的横向比对中得出的。的确，像青海省果洛州玛多县那样，在全国县级层面人均收入水平执牛耳连续三年的辉煌过去，已经不可能重现。因采取竭泽而渔的经济增长方式（过牧、采金等），植被脆如焦纸的黄河源，现已多地黄沙漫漫，居者不及 0.5 人/人·平方千米人。在高寒地区，这种发展方式的经济代价更甚。同样曾经滥采过沙金的青海省玉树州曲麻莱县，历史遗留下来的采金坑，分布在 22 条沟，其中昆仑湖一条沟处处为沙坑，坑最深达 40 多米，总面积达二三万亩，估算（2018）修复需要资金 4 亿多元。[①] 另一种是只要牲畜和人减下来、高寒草原植

[①] 受访者：ZXWJ，N59，男，藏族，1976 年生人，三江源国家公园长江源园区曲麻莱管理处资源环境执法局局长，2018 年 5 月 7 日访谈于曲麻莱县管理处会议室。

被就容易恢复的认识。正是在这样的认识主导下，过去在工程和技术措施中，把"减人、减畜、减压力"作为必然的内在逻辑。从另一角度看，从行政成本上说，"减人、减畜"是最为低成本，也是短期最能见效益的办法。

从本书引言详陈的生态人类学的系统观和实践经验看，上述两种认识是完全站不住脚的。在实践层面，自然科学界对工程效益评估中，并未对此作更加"科学"的检测、分析，倒是当地牧民的直观体验给出了答案。笔者于2014年、2018年2次在青海省玉树州治多县索加乡调研的访谈资料显示，据当地牧民对生态保护和建设工程期内草原植被变化的观察，工程实施伊始植被条件相当但其后完全不放牧和适当放牧的两块草场，前者的退化远比后者严重。索加乡是玉树州内与可可西里地区接壤面最广的乡镇。受访牧民担忧，长此以往，曾经的游牧地可能会变成像可可西里一样的"无人区"。牧民对此反差的解释主要有三：牲畜粪便的土壤滋养、牲畜蹄子的植物串种、牲畜啃食的植被催长。这种民间智慧，得到草业学研究的部分证实。可见，只有把人、草、畜纳入生态系统中去理解、把握，才有可能让自然生态成为可持续发展的坚如磐石。

破解高寒地区的上述困局，其中，城镇化语境下居住格局在地化，是一个必须面对的问题。也就是说，除了以现代城市的样貌建设牧区这一惯例外，能否探索出一条充分兼顾到当地生态、产业、文化等因素的居住格局？解答这个问题，或许能从本书所涉及的、作为青藏高原东部地理和文化边缘地区民众的探索中窥见端倪。

（三）省思产业化，给旅游发展一处合理的切口

围绕旅游业优化经济结构是青藏高原地区理想的发展方式选择。青藏高原地区特别是其牧业区大多处在江河源头，自然生态环境异常脆弱，多辟为不同级别的自然生态保护区，同时，以"生态红线"划定为限制开发区和禁止开发区，因此其产业发展空间颇受局限。而旅游业尤其是生态旅游业、文化旅游业是以最小的生态环境代价换取

结论与省思：在传统与现代的互构中重塑生态

最大的经济回报的产业，对劳动就业、第三产业特别是服务业等的带动作用突出。更值得称道的是，旅游业发展与文化资源开发及其产业发展和文化生态保护之间有诸多可衔接的点。

热贡地区发展旅游产业具有得天独厚的气候、区位、资源优势。但是，在唐卡艺术为中心的热贡文化产业开发、发展中，与旅游业的衔接还不够紧密，文旅融合还有很大的潜力可挖。第一，应把黄南旅游或热贡旅游纳入青海省旅游发展规划的突出位置，重点在开发青海冬季旅游资源、延长旅游周期上使之成为突破点。尽可能延展《青海生态旅游发展规划（2018—2030）》《青海全域旅游发展规划（2018—2030）》所涉及的热贡旅游开发内容，挖掘规划开发潜力。第二，应进一步拓展多样化的热贡产品类型，使文化产品更多融入旅游产品开发领域。通过开发成本相对较低的热贡文化产品，满足不同购买力的游客需求。在不断增强标准规范、品质检测、质量控制的同时，在做出明确标识的前提下，允许热贡技艺学徒、普遍农牧民使用低成本原料（如水彩化学原料、石料残片等）制作面向普通游客的小幅唐卡、石刻（如六字真言石片）等热贡旅游产品，以此吸引更多的民众参与技艺传承。第三，应把和日镇打造成青海旅游向南纵深拓展的中转站，为切合文化生态系统平衡的青海牧区城镇聚落的形成和发展探索新路径。在"石刻小镇"品牌建设基础上，发挥其区位、流动人口集中、旅游资源相对富集、背靠大草原等优势，进一步加大对交通基础设施建设的投入力度，尽早开工泽库县城泽曲镇到和日镇直线公路，拓宽和日至西久公路接口公路；结合《全国重点文物保护单位和日石经墙及和日寺保护规划》，制定"石刻小镇建设规划"；借鉴"天空之镜"茶卡镇的开发经验，用更加开放的政策，吸引有实力的企业入驻和日进行深度、规模化的旅游资源开发。

（四）反思商业化，给艺术传承一条平坦的道路

对于艺术及其产品的商业化，在政策和实践层面有着不同的理解。国家、省级政府文化旅游管理部门一直主张文化生态保护实验区

◆ 找寻安身之所

建设或"非遗"保护工作要以保护优先（或保护为主），对通过文化资源开发和文化生态保护来促进文化艺术的商业化持非常谨慎的态度，在涉及以旅游带动文化开发和保护时只是将旅游纳入"生产性保护"范畴来做出指导性意见。在落实政策过程中，基层党委政府更多地考虑的是文化生态保护所能带来的经济效益，有意或无意地把旅游作为实现这种效益的首选途径；民众特别是热贡艺术艺人也在出售产品中把各种荣誉作为噱头，以提升产品价格。

实际上，正如基层干部所言，热贡艺术尤其是唐卡艺术从其形成时起就以产品的商品化、商业化为动力，只是在不同历史时期的表现形式不同罢了。但这并不预示着就能克服在不少地方旅游发展中曾不断出现过的文化的媚俗化现象。客观地说，在目前热贡文化资源开发和文化生态保护中迁出堡内居民然后进行面向游客表演习俗这样的倾向，很难保证融合形式会促进文化生态系统的平衡。

文化生态保护必须兼顾差异有别的公益性和商业化。对于那些容易市场化的艺术门类，比如唐卡、泥塑等，要大力推向市场，让相关的画师、大师等从业者接受市场经济的洗礼和磨砺，严防资金投入中的马太效应。对那些不易走向市场或因基础条件限制不能面向市场的艺术门类，比如木雕、浮雕等，要作为政府专项资金投入重点扶持对象。同样，对同一门类的热贡文化，同样要市场与公益并重。这包括两方面，一是发挥好政府投入的杠杆作用，对所有艺术门类中不图名利、潜心钻研的艺术大师，要给予特别的资金帮助，助其克服收学徒、传技艺中的种种困难，使其成为热贡艺术技艺传承的中坚力量。二是要积极引导有市场前景的艺术门类挣脱官方资助，走向商业开发。比如藏戏，就应吸引社会资金，鼓励组建民间营利性的藏戏团；同时，保证村级有悠久历史的藏戏演出组织开展正常活动，也要培养其走向市场的能力，引导其商业化。

（五）反思物欲化，给区域文化一面真切的尊崇

在面对热贡文化生态保护时，必然要面对文化生态的外延所包含

结论与省思：在传统与现代的互构中重塑生态

的诸方面，此时，作为制定政策者、施策者以及政策落实者，首先要明晰价值问题，也就是以怎样的标准评判政策面向的价值。当然在国际、中国国家层面对民族文化多样性的价值是高度认同的，有关国际公约的签订便是应对全球生物及文化多样性衰减重重危机的一个举措。《世界文化多样性宣言》认为，包括语言权利在内的文化权利是人权的组成部分之一："文化权利是人权的一个组成部分，它们是一致的、不可分割的和相互依存的……因此，每个人都应当能够用其选择的语言，特别是用自己的母语来表达自己的思想，进行创作和传播自己的作品。"[1] 但是，在执行政策过程中，在不少人的思想中或多或少地将游牧存续、母语使用、宗教信奉等当作异类和需要排除的对象和行为看待。实际上，青藏高原文化生态不但是中华文化传承、中国社会发展之必需，而且是实实在在的社会存在。应该关爱高原诸文化、诸文明，发扬中国"各美其美，美美与共"的优良传统，在全社会营造良好环境，以此形成共建共享的深厚氛围。

（六）反思技术化，给生态建设一个系统的观照

对村落和社区两种空间里文化生境的呈现是有重大意义的。深入地认识到这种意义，必须看到调查对象所在区域自然环境的独特性。由其往西往北，便是地球第三极——青藏高原腹地。习惯上，自然科学界将案例所处区域称为"青藏高原东北缘"，也就是其自然地理边缘地带。青藏高原被称为山之宗、水之源，具有极端重要的全球生态安全地位。这一区域自然生态环境极其脆弱。很长一段时间，人类对这一片生态净土的不合理扰动，加之全球气候变化的影响，其生态环境系统平衡性（甚至动态平衡性）被打破，20世纪80年代末突发严重的中国南涝北旱，引发对青藏高原生态环境问题的广泛关切。

---

[1] 范俊军编译：《联合国教科文组织关于保护语言与文化多样性文件汇编》，民族出版社2006年版，第100—101页。

中国肩负着保护使命，在该区域实施了多项生态环境保护工程。委托第三方开展的项目评估显示，从2005年初实施至2013年竣工，"三江源生态保护和建设一期工程"取得"初步遏制，局部好转"的成效，但"区域生态系统的健康状况远未达到理想的状态"[1]。虽然得出了这样的工程效益"权威"评价结论，但是，后续的生态保护和建设工程未能取得策略、方法及其成效上的重大突破。

如何从根本上扭转备受关注的三江源自然生态环境依然呈现的"总体恶化"趋势？除有赖于全球气候治理条件外，作为这块疆域的拥有者、其生态否泰的直接关系者，中国必然要为此付出更大的努力。过去，为此走过了一条总体上就自然生态而自然生态，特别倚重科技的保护之路，可以称之为青藏高原生态环境保护的"科技路线"。回过头看，这样的保护道路所取得的成效是"天帮忙、人努力"综合作用的结果。"人努力"中，最开始认为行之有效并自上而下着力推行的一些举措，比如限畜减畜、围栏封育、种草灭鼠、移民迁居等，有的会引发一系列新的不良后果，反而不利于自然生态保护目标的实现，最终不得不搁置。十多年的保护实践留下的必须面对的教训是，这样的思路下的努力造成了投入与产出的严重不匹配，甚至带来不可逆的负面后果。

当地居民面对政策指向，并不是一味地去接受，而是做出主动的调适。比如，就限畜减畜和生态移民措施，有的牧民在迁出地与入居地之间往复盘桓，居住、劳作，交替从事畜牧业与服务业，在游牧与定居生活中不断寻求平衡。有学者称其为"摆动"，肯定其在移民选择和调适中发挥的作用。[2] 对于围栏封育，民间（包括内蒙古）采取拆除之的集体行动。乃至对曾经以为极大地释放了生产力的草原和草场"双承包"制度，则试图用合作社的方式予替代和革新。这种回

---

[1] 邵全琴、樊江文等：《三江源生态保护和建设一期工程生态成效评估》，《地理学报》2016年第1期。

[2] 王晓毅：《从摆动到流动：人口迁移过程中的适应》，《江苏行政学院学报》2011年第6期。

应，是检验政策效用的重要指标，说明过去的保护之路还有很大的调整空间。

从实施三江源生态保护和建设工程中后期始，在理论和实践层面，对保护方式方法的反思和讨论，从来没有停歇过，但创新和突破不多。比如，在中共青海省委宣传部主要负责人的倡议下，2011年于西宁市召开"人文视野下的高原生态国际学术研讨会"，试图探讨自然生态演化和生态保护背后的人文因素。遗憾的是，这种理论探讨未能掀起波澜，影响十分有限。在实践上，2016年国家在三江源地区试点、2021年正式实施国家公园生态保护管理体制，目的是树立以人为中心的保护理念，实施更加有效的三江源生态保护。这种理念突出表现在广泛实行生态管护公益岗位制度，以充分调动农牧民参与保护的积极性、主动性。笔者参与了其体制试点中期评估，发现在实施过程中，各地在保护理念上有所转变却难有大的突破，尤其是面对一些被认为十分敏感的问题，比如宗教团体和民间环保社会组织的参与等，只能避而绕行。即便是高寒畜牧业、生态旅游业的特许经营，迟迟不能明确定位、完全落锤。

附　　录

一　专论

（一）深化青海区域民族文化生态保护的形势与建议

保护和发展少数民族优秀传统文化，维系中华民族文化多样性，这是中国共产党一贯的文化立场。在 21 世纪初开始实施的文化生态保护区建设方略，极大地推动了中国少数民族和区域文化的整体性保护。青海各级党委政府积极申请申报、扎实组织实施文化生态保护实验区建设，三个实验区相继获国家级别的批准建立，还设立了三个省级文化生态保护区。在文化生态保护实验区建设中，青海以坚决贯彻落实中央大政方针为要，充分调动激发干部群众的积极性、创造性，在欠发达民族地区如何推进文化生态保护上先行先试，积累了经验、提供了示范。为了及时总结经验、发现问题、挖掘潜力，使青海文化生态保护区建设步伐迈得更为扎实、平稳，笔者在分析研判深入推进文化生态保护实验区建设所面临的基本形势的基础上，就深化青海区域民族文化生态保护提出建议。

1. 在准确认知的基础上宏观把握保护进程

准确理解把握政策内容，是贯彻落实好政策的前提。在文化生态保护实验区建设中，中央政策文件对其关键词"文化生态"始终没有给出一个比较明确的界定。相对比较接近的是"整体性保护"，这是中央和有关部委从推出文化生态保护政策（包括最初的"非遗"）伊始就强调的原则方法或目标任务。

在这样的情况下,各地实践这一政策就很难到位,难免出现保护不充分、发展不平衡的问题。以热贡为例,存在着不同区域的保护发展、不同艺术门类的保护开发不平衡的突出问题。具体表现在:对于被划定为核心区的隆务河谷地特别对传统"四寨子"的项目覆盖、资金投入等明显要多,文化资源保护开发基础最好的吾屯上庄村和吾屯下庄村尤甚;唐卡的保护开发所受到的关注和投入明显高于其他热贡艺术门类;在保护方式或手段上,更加注重对传承人的扶持,整体性、系统性、全面性保护的理念尚未完全树立起来。

究竟何谓"生态"或"文化生态"?生态所指首先为物化环境,文化生态即为文化诸元素所依存的自然环境,其次是社会环境。后者至少包含人改变环境的结果即住家、城市、社区、村落等人造"场所",技术生计,社会空间,及至宗教信仰、语言文字使用等文化要素。

这样看来,青海在文化生态保护中作为重点对象的"非遗"传承人,只是文化生态中微小的部分。之所以如此抉择,除了前述对核心概念解释不到位外,至少还有两方面的原因,一是"非遗"保护的惯性思维。"非遗"保护的主要方式是通过保护传承人达到保护"非遗"(主要是技艺)目的,作为"非遗"保护行动的进一步推衍,文化生态保护实验区建设也自然将此作为主要方式。二是资金投入能力的局限。若把文化生态所涉内容皆纳入保护范畴进而投入资金,无论是有限的国家投入还是拮据的地方财政,都难以实现。以热贡为例,在实验区成立以后,主要依靠国家文化部"非遗"保护专项资金开展建设,对"整体性保护"就爱莫能及。

对横亘在整体性保护面前的资金障碍,亟待在全面、准确理解文化生态基础上对保护进程的宏观指导。首先,宜进一步优化保护实验区行政管理体制。总结热贡文化生态保护实验区管委会副厅级架构的运行经验,积极探索在省级层面建立统领青海省文化生态保护区建设的经常性协调机构。这种体制创新,必然基于对有限资源的整合。其次,宜明确保护区建设所指两大分类并纳入"关系"或系统理念。明确自然环境和社会环境这两类保护目标，尝试在自然生态环境保护中文化部门的有力介入，扩展自然生态保护的文化视野。更加重视制度预设中对两类环境下各个部分之间关系的权衡和把握，体现系统性和结构性，以互补性架构扩大整体性效益。再次，宜对诸多保护面向做出遵循轻重缓急的先后安排。在兼顾均衡性前提下，对辐射带动作用强的门类做出优先安排。最后，宜整合相关投入资金并纳入统一管理。在设有文化生态保护实验区的州县，对涉及其文体广电旅游、城建、民族宗教、教育、人社、扶贫等部门的文化、文物、村落、村寨等的投入资金进行整合，并依上述思路进行统筹安排。

2. 走政府投资与市场开发相结合的保护道路

投入资金筹集难必将是青海文化生态保护征程中始终要面对的棘手问题。解决这一问题，除了要继续争取国家财政对青海国家级文化生态保护实验区更大的资金投入外，还应积极挖掘市场潜力，激活内生动力，走政府投资与市场培育开发相结合的投融资路子。

一要努力破除思想迷雾，更加重视发挥市场作用。经过多年发展，有些"非遗"项目开发已经形成一定的市场规模，有的则逐步挖掘出商业化、市场化潜力。对此，有的基层管理者认为，文化生态保护是公益性事业，推向市场就意味着扼杀。国家层面对"非遗"和文化生态"保护优先（或保护为主）"的指导原则，以及对通过文化资源开发和文化生态保护来促进文化艺术商业化所持非常谨慎的态度，也在一定程度上束缚了基层干部的开拓创新勇气。实践证明，这种认识是片面的，已经初具市场规模的门类（比如唐卡）自不用说，即便一些看似市场前景暗淡的，实际上具有光明的市场化未来。比如历史悠久的黄南藏戏。问卷显示，有66.9%的热贡地区受访者表示会花钱看藏戏演出，说明作为世界"非遗"项目的黄南藏戏，其市场化的群众基础不可限量。

二要公益和市场分类引导，实现多样化发展。对于那些具有深厚商业化传统或容易市场化的艺术门类，比如唐卡、泥塑、石刻、黑陶等，要大力推向市场，让相关画师、大师等从业者更加广泛、深入地接受市场经济的洗礼和磨砺；对那些不易走向市场或因基础条件限制不能面向市场的文化艺术门类，比如热贡地区传统手工工艺木雕、浮雕等，要作为政府专项资金投入的重点扶持对象，谨防财政资金投入中的马太效应。对于同一门类的文化艺术，也需要公益与市场并重。比如，对那些从事市场化程度高的门类中淡泊名利、潜心钻研的艺术大师，要给予特别的政府资金和政策支持，助其克服收学徒、授技艺中的各种困难，培养其自力更生的能力，并进而发展成为热门艺术技艺传承的有生力量。对那些确有市场前景的文化艺术门类，要积极引导其走向市场开发。比如藏戏，就应吸引社会资金，鼓励组建民间营利性的藏戏团；尽力保证村级有藏戏演出基础的团队能开展正常活动，培育其走向市场的能力，引导其商业化发展。

三要进一步促进文化与旅游的深度融合。将被誉为"朝阳产业"的旅游业引入文化资源开发过程，是文化生态保护实验区建设的有效支撑；特别是对于欠发达的青海民族地区而言，以旅游带动文化生态保护，不仅是国家政策层面所指的"生产性保护"内容，而且是其必然选择。首先，应在青海省级层面对旅游之于文化生态保护的重要性予以政策彰显，以打消基层实践者在促进文旅融合上的思想顾虑。其次，应尽可能延展《青海生态旅游发展规划》《青海全域旅游发展规划》等所涉及的国家级文化生态保护实验区所在地旅游规划内容，挖掘规划开发潜力，突破青海旅游业发展的季节、地域局限；同时，制定重点面向文化生态保护实验区的"青海文化与旅游融合发展规划"。再次，应进一步丰富多样化的旅游产品类型，使文化开发产品更多融入旅游领域。尤其应开发多元化的文化产品，以满足不同购买力游客的消费需求。比如，在加强标准体系建设、严格质量监控的同时，允许热贡艺术学校学生、普通农牧民制作有真实标识、面向普通游客、题材广泛的小幅唐卡、小件石刻等旅游产品，亦以此吸引更广泛的民众参与传统技艺传承。最后，应打造青海旅游向腹地拓展的中转站。在对已初具雏形的北向的青石嘴、西向的茶卡两个重要支点进行扩容增效的同时，积极研究建设南向高原腹地的旅游中转站，以切实解决三个国家级文化生态保护实验区所覆盖区域旅游资源富集却难以起到旅游辐射带动作用的问题。

3. 更加重视村落在文化生态保护中的重要地位

村落是人们在一定环境下共同生产生活的特定空间和聚落形式。而普遍面临着的村落解体或可能的"终结"，意味着已经或即将失去聚拢各种文化生态要素的躯壳和纽带，村落就难发挥马克思所言个体"获得全面发展其才能的手段"的共同体功能。如果说必须给出前文所述优先次序安排的文化生态元素，村落是较为合适的选项。故应将村落纳入文化生态保护实验区建设的主要视野，更加重视村落为视域的文化生态保护。

一是制定地域有别的村落保护规划。规划对有效避免和解决青海传统村落保护中的无序状态至关重要。比较而言，黄南州在村落保护规划的制定上走在前列，不仅有多个针对单一村落的保护规划，还有专业类别的保护规划，比如"古屯田寨堡古建筑群文物保护规划""和日石经墙及和日寺保护规划""同仁县历史文化名城保护规划"，其"生态保护区总体规划""城市总体规划""经济社会发展规划"亦不同程度涉及村落保护。很有必要借鉴国家民委《中国少数民族特色村寨保护与发展规划纲要》（2011—2015）、中共中央国务院《关于实施乡村振兴战略的意见》等，以单一村落保护规划为基础，结合传统村落和少数民族特色村寨建设，面向生态环境特点相似、村落集中的一定地域（比如"隆务河流域"）制定村落保护规划，用生态、系统的宏观维度将村落保护纳入文化生态保护框架，以对村落保护做出有针对性的有效引领。

二是适当整合村落发展资金。急需在实验区所在州级层面整合住建系统的"历史文化名城"、文旅系统的"传统村落"和民宗系统的"中国少数民族村寨"等的保护资金，并在规划指导下，与文化生态保护实验区建设相关资金捆绑，集中财力，打造保护建设样板村落，以示范引领牵动后进地区。在加强政府监管，坚决防止媚俗化、杜绝破坏的前提下，积极探索民间资本参与传统村落开发的方式和模式，鼓励村民以户或联户（包括合作社）为单位对村落资源进行保护性开发利用。

三是密切关注城郊传统村落的命运。随着城镇的地域扩张，农业区城郊村落面临着被破坏甚至被"终结"的危机。从热贡地区看，这种危机来自两方面，首先是由外而内的冲击，村落生产生活用地被征用为商业开发用地，多个传统村落逐步演变为"城中村"。其次是由内而外的冲击，主要表现为村落内的古建筑（主要是古民宅）受自然和人为破坏严重，村民随意改变古建筑样式和构件的行为屡禁不止；村民对村落存在价值产生疑惑，问卷（2018年11月）显示，有近四成居住于同仁县传统村落的受访村民认为"村庄文化就是落后文化"（详见前文）。面对这种现状，目前学术界提供的办法是"适应"或内部转型。但对青海农牧区而言，首当考虑的是如何保全传统村落，特别是保持传统生计这个文化生态保护的经济基础，否则，一旦生计方式发生突变，整个村落文化社会结构遭遇解构，文化生态保护就会成为空话。对此，必须予以足够关注和重视。

4. 探索与生态相适应的牧业区新型城镇化模式

对于生态极度脆弱的青海牧区而言，城镇因其较强的人口容纳能力、离"自然"相对较远等优势，具有发展的巨大空间。对于文化生态保护而言，当今发展范式下催生的中国新型城镇，尚不能提供接纳传统村落文化的环境和土壤，解决这一矛盾，必须多措并举，分类施策，不断探索与自然和文化生态相适应的青海牧业区新型城镇化模式。

一是对于城郊有文化生态保护价值的村落且气候相对暖湿地区的城镇，应当要求城镇空间平面发展而非平面扩张；面上扩张的城镇化，仅适用于郊区无传统村落且气候高寒地区的城镇。

二是对于已经将传统村落纳入城镇空间而成为城中村的城镇，应当展开美国著名城市理论家芒福德所主张的城镇文化建设或文化重构，使已经匿迹或逐渐被城镇吞噬的文化元素特别是民俗艺术（比如尖扎县的皮影戏，同仁县隆务镇四合吉村的"神舞"、吾屯等村的於菟）得以重新焕发生机。在这些地区宜探索城镇平面扩张式发展与文化生态保护并行的模式。

三是对于周边传统村落即将或可能融入城镇的情况，应当尽可能保持村落形态的完整性，特别应保持传统生计的延续性和文化生态的完整性，并与文化生态保护实验区建设相结合，加快提升这些村落传统生计的比较优势，推进传统生计提质增效。

（二）打造黄南州和日镇为青海旅游发展新支点

把旅游业作为实现高质量发展的优先产业选项，不仅是基于青海旅游资源所具有的新优特奇的比较优势，而且是青海发展的环境约束所决定的。但总体而言，青海旅游业还较滞后，发展不平衡、不充分的问题突出。从实践探索看，依托或打造一个景点，特别是"旅游小镇"，以带动区域旅游发展，对促进青海旅游区域平衡、解决季节失衡作用明显，给予推进青海旅游业纵深发展很大启迪。打造青海旅游由先行发展区向腹地特别是青南地区辐射、拓展的支点，有了可资借鉴的范例。同时，亦发现有南向的旅游小镇可予着力打造并与已有小镇形成掎角之势，从而真正促成青海旅游全域发展。本书基于实地调查，就此展开论述，以求对青海各地奋力推进"一优两高"有所裨益。

1. 有何打造价值？

（1）发展不足的青海旅游业以点突破的需要

经多年努力，青海旅游业取得长足发展，早已成为全省一大优势产业。但是，这种发展水平还不足以让青海成为中国"旅游大省"。按2018年接待游客总量、旅游总收入衡量，青海在全国各省（自治区、直辖市）排名倒数第三。这在一方面反映了青海旅游发展颇具潜力，另一方面表露出其发展不足的突出问题。主要体现在：一是区域之间不平衡。以西宁市为据点，西至青海湖、北至"土族之乡"、南至塔尔寺的旅游中心区域地位突出；随着环西宁市区1小时旅游经济圈的建设，作为"西宁后花园"的贵德亦步其中。无论自驾游抑或团体游等，多以该区域为青海旅游的首选目的地。即便如此，该区域内经济发展水平最高、旅游带动受益最多的西宁市，在全国仍难入流。据统计，就旅游人数、旅游收入、人均消费、旅游业比重、交通便利程度和旅游基础设施6个维度评价全国城市，西宁市排名远在所列50名开外。就青南地区而言，由于深居高原腹地、景点所处地偏远且分散而可进入度仍然不足，虽其旅游资源富集，可旅游各项指标仍乏善可陈。二是季节之间不平衡。也就是在七八月盛期，主要旅游景区人满为患，有的经营场所满负荷甚至超负荷运转；而在漫长的淡季，各景区普遍门可罗雀，参与主体多惨淡经营，甚至难以为继。气候相对暖湿、冷季稍短的青海偏东部地区（比如文化资源丰富的黄南州同仁、尖扎县），由于其旅游业受各方重视程度不够、认识上有误区等的限制，未能对打破这一格局起到十分明显的作用。而省级层面一系列旨在促进冬季旅游发展的政策措施，尚未产生非常明显的实践效果。因此，在遵循生态保护优先（包括三江源国家公园内的特许经营）前提下，如何突破地域和季节局限，是青海旅游实现跨越式发展的关键一环。就青海地方财力而论，实现这种突破，不可能面面俱到、全域铺开，必须点面结合、以点带面。

（2）力促青海牧区城镇聚落形成发展的需要

游牧的生产方式使然，历史以来，除了晚近自上而下所成为数不多的州县乡建制镇外，广袤的青海牧业区鲜有类似于农业区村落的聚落形态扎根，绝大多数地区牧民过着逐水草而居的生活。在集镇和建制镇基础设建的推波助澜下，加之生产生活方式由游牧转向定居，青海牧业区基层渐次普遍形成以乡镇为重点的城镇聚落。主要面向自然生态环境保护的游牧民定居、牧民异地搬迁、生态移民等政策措施的实行，加速了以乡镇集镇为中心的牧业区聚落的形成发展进程。这种趋势与新型城镇化建设、生态环境保护和建设政策方向一致。城镇化被认为是现代性的一个重要体现。对于生态极度脆弱的青海高寒高海拔牧区而言，城镇因其较强的人口容纳能力、离"自然"相对较远等优势，具有发展的巨大空间。然而，对牧民而言，青海牧区多数城镇只是一个体验异样生活或照料学龄儿童为要的临时居住地，其发展的内生动力不足；即便身份已经转换为城镇居民的牧民，多从事低端服务业，生计转型为"市民化"极度艰难。牧民所操持的传统畜牧业，由于程度不同地受到发展政策调整、工资性收入大幅增加、城镇生活方式影响乃至牲畜"禁宰（售）"风波冲击等因素的作用，多数地区效益严重下滑，故而整体趋于衰败。这样，可供定居牧民选择的产业种类极其有限，这种"产业困局"是对生态移民政策生发质疑的主要背景。缺乏宏观上的战略布局，基层管理者陷于"生态移民后续产业发展难"问题；令人纠结的文化传承和变迁问题，更是举步维艰。此时，辐射带动作用堪称产业典范、能以较小的环境损耗代价换取较大经济回报的旅游业，可为这些城镇带来活跃的消费人群，从而扩充服务对象，激发畜牧业、手工业、畜产品加工业等的产业效益，进而开拓城镇新移民的生计渠道，切实增强城镇发展的内生动力。

2. 为何宜选和日镇？

（1）实践经验可鉴

青海旅游向西、向北拓展中异军突起的茶卡、青石嘴的经验可资青海腹地各州县汲取。茶卡、青石嘴皆于20世纪80年代中期由公社改为镇。不同的是，前者依托于茶卡盐湖和茶卡盐厂，属于工矿型城镇；后者则依借于国（G227）省（S302）道交接处，属于交通枢纽型。即便如此，二者长期籍籍无名，就在进入21世纪的第二个10年，各自凭借异质的旅游资源禀赋，分别打着"天空之境""油菜花海"招牌，力塑"小镇"功能和价值，迅速名扬四海。其间又有不同的是，前者由企业经营，主动商业打造意味浓厚；后者由政府主倡，因势利导、精心包装的历史印象深刻。但无论如何，茶卡镇傲然成为青海旅游向辽阔戈壁拓展的第一站，真正起到"海西东大门"的作用。正是有了茶卡旅游的突飞猛进，处在柴达木盆地深处的"情人湖""外星人遗址"及远在盆地中北部大柴旦镇西240千米处曾人迹罕至的"水上雅丹""魔鬼城"等景点声名鹊起而逐渐为驴友所热捧。青石嘴镇大致处在西宁市区至"东方小瑞士"祁连县城之中间位置，已然成为西宁北上祁连或甘肃张掖的一个关键支点。可以说，祁连县旅游的井喷式增长与这个支点的中转作用密不可分。比较而言，两个镇所属县的县城（乌兰县城希里沟镇、门源县城浩门镇）既具相近的交通优势，另有政治、文化优势，而前两者的旅游声名盖过后两者，从中折射出"小镇"（茶卡为首批中国特色小镇之一）所具有的成为后起之秀的潜质。

由是观之，与县城或州府所在地镇相比，一在小镇多未成形，可塑性更强，利于旅游化设计打造，且没有多少负累而利于开发商轻装上阵；二在小镇并非孤镇，其周边有更多、更具规模的镇属农牧人口和农牧业作为旅游支撑；三在小镇更接地气、更显特色，更能满足游客求新求异需求。

（2）"小镇"优势独特

和日镇具有与前述两个镇相似且更具特色的"小镇"优势。一是人口特色：规模适度。该镇于2014年由和日乡改称，属黄南藏族自治州泽库县（四乡）三镇之一。截至2018年底，全镇辖11个行政村46个牧业合作社，农牧民有2686户10951人，居民以藏族为主。加上镇政府、学校等的干部职工以及非本地户籍的常住人口（多为批发零售、餐饮经商者），总人口至多15000人。二是地域特色：高原牧场。和日镇辖区东西、南北最大距离分别为56千米和38千米，总面积1011平方千米；具有良好的自然山水生态资源优势，自然景观多样性丰富。全镇总用地面积905.61平方千米，其中农林用地占98.95%，村庄建设用地、水域分别占0.09%和0.40%；草场总面积151万亩，其中可利用草场面积69.7万亩。截至2018年底，全镇经济生产总值为8700.1万元；有机畜牧业为主导产业，产值占比接近90%。居民主要收入来源于畜牧业，少量的种植业则以饲草和油料作物种植为主。三是产业特色："石刻小镇"。和日镇和日村被誉为"高原石刻第一村""石雕艺术之乡"。在该村带动下，特别是村民整体搬迁入镇区后，石刻产业得以更快发展。和日镇政府委托专业公司编制《和日石经主题公园策划设计方案》（2018），将该镇定位为"石经城"，主张以"这里的石经刻成了一座城"作为宣传推介主题。2008年，"泽库和日寺石刻"作为石雕大类之一，与国内多个石雕技艺一同被列为第二批传统美术类国家级"非遗"代表性项目，从而成为全国知名的石雕（刻）门类。全镇有三人为该门类国家级传承人，多人为州、县级民间工艺大师或民间工艺师。四是文化特色：寺院经墙。"和日"因境内有著名的藏传佛教宁玛派寺院和日寺而得名。紧邻该寺院的"和日石经墙"是国家重点文物保护单位，是迄今被发现的中国最大的雕刻石群，被颂为"石书奇观"。

（3）支点位置突出

和日镇政府所在地位于泽库县城西北部68千米处，纬度N35°14′、经度E100°59′；距离西宁市约350千米，在环西宁市2日旅游经济圈内。西宁通往果洛州、川北等地的主要干道——S101（西久公路）从其西北角穿过，境内长3.85千米。X623（和泽公路）从泽库县城方向穿北部的王家乡进入镇域，在乡政府西约7千米处与S101在王家乡"王家岔路口"相接；X621（泽同公路）则从同一方向经南部的宁秀乡在乡政府西约7千米处与S101在同德县"三岔路口"相接。两条公路在镇域内里程长49.92千米。和日镇处在西宁市区经黄南州府所在地隆务镇、过泽库县城通往海南州南部三县及果洛州的要道枢纽。基于这样的交通优势，和日镇成为连接泽库县城泽曲镇与该镇周边宁秀、王家等乡的节点，是周边多个乡镇牧民的集中安置地，也是方圆地区的商贸集散中心。每逢重大节庆时节，镇区熙熙攘攘，交通拥堵不堪、小商品断货等现象。若从西宁市区往果洛州达日县城画一条直线（按西久公路所经路线计，达555.4千米），和日镇恰好处在这条线的中间位置。由和日镇政府所在地、果洛州玛多县城所在地玛查理镇、班玛县城所在地赛来塘镇构图成三角形（近似等腰），达日县城吉迈镇处在这个三角形中与和日镇所在角（顶角）对应边的"垂足"。这样的地缘关系下，和日镇一经能打造成旅游目的地和过境旅游目的地，必然至少对青海经济发展最为滞后、环境最为封闭的果洛州旅游发展产生强有力的支点作用；并可在一定程度上疏散同仁县隆务河谷旅游人口集中的压力，极大地释放其旅游消费和辐射带动潜力。

（4）基础条件良好

一是地理条件。和日镇地势东南高、西北低，地貌为典型的高原浅丘（南）、平坝（北），海拔在3300—3900米。这种条件，有助于游客自西宁过贵德县到和日镇往青海腹地的逐级海拔适应。二是气候条件。与可直接产生"支点"作用的果洛各地比较，该镇年平均气温（-2.4℃—2.8℃）、年降水量（437.2—511.9毫米）等更适于游客在此过渡。三是水文条件。巴水河在镇北部呈东西向穿境而过，次哈吾曲河（境内长约12千米）和吉地河自南向北汇入巴水河，集镇饮用水源为和日寺以南河弯，其地泉水量丰富，同时供给和日村（原）、东科日村、司玛村和同德县巴水乡驻地。四是认识条件。问卷（2018）显示，和日村、和日寺、和日镇政府三个调查点，有近七成的受访者同意开发商入驻开发旅游资源，"不同意"的占比不及二成。

（5）发展前景可期

一是蕴藏的旅游开发潜力巨大。和日之"高寒草原景观，安多牧业文化"特点鲜明。基于其自然条件，可成为高寒草原景观的集中展示点；基于其东为热贡文化核心区、西临海南文化、南联"三果洛"文化等各具特色的藏族安多文化，可成为安多牧业文化荟萃地。经精心打造，游客可在此一窥其以西、以南自然、文化样貌，进而激发其进入腹地深度游览体验的愿望和兴趣。而且，基于高寒气候可资旅游开发的可能，若能积极开展冬季滑雪、登山等体验式高端旅游，可对撬动青海旅游季节失衡起到示范作用。二是石刻产业初具规模。作为政府和村民委员会主打的产业品牌，石刻产业已从最初的和日寺、和日村扩展到整个和日镇，从家庭作坊为主转变到私营企业和集体经济组织共同引领的生产格局。村集体经济组织以合作社、村集体企业形式，主要采用订单方式组织生产、销售，从而把家庭作坊式小生产与石刻（雕）宗教、工艺产品大市场连接在一起。其中，政府的牵线搭桥、争取并分配订单等举措，在这一产业存续和发展中起到培育、引领作用。三是巴滩牧场的体制示范。位于泽库县的巴滩牧场紧邻和日镇政府所在地，曾为1956年成立的国家经营牧场，之后归属体制几经变化，2004年部属牲畜分配到户。到2018年11月，牧场辖3个村9个社，有455户1831人，属县财政全额拨款的事业单位，场部有在编职工9人、聘用人员11人。牧场虽行使乡镇行政职权，但在行政区划上归属于和日镇。在青海牧业区，一家一户单打独斗的畜牧经营方式下，仍然不能有效防范自然灾害，还在一定程度上破坏自然生态，畜牧科技投入缩水，亟须探索多样化的畜牧业经营管理体制。巴滩牧场不仅可为此提供鲜活历史经验，现有基础（还经营青稞、油菜、饲草种植）还易搭建尝试捷径。若和日镇成为青海旅游向高原腹地纵深拓展的支点，基于旅游业天然的消费带动能力，极益于为牧业生产经营体制的转变探求"巴滩模式"，进而为青海草地生态畜牧业的可持续发展提供有益制度示范。

3. 如何去打造？

（1）尽早编制支点规划

在以青海西宁为中心的旅游先行发展区与其海南州乃至果洛州之间，很难找到和日镇之外第二个适宜的"小镇"。当然，更偏西南向至玉树州，同样需要找到一个与和日镇具有类似特征的小镇，作为青海旅游向西南方位纵深拓展的支点，从而与茶卡、青石嘴、和日镇共同产生支撑合力。同样，实现青海全域旅游发展，自茶卡向西的广阔区域，亦需要找到并建立这样的支点，比如处在茶卡至格尔木之间盛产优质枸杞的诺木洪。就高原腹地，特别是处在青南地区的果洛地区而言，和日镇无疑是首选的第一个南向支点。而且，该镇处在三江源国家公园建设范围之外，产业特许经营和生态红线压力较轻，深入探索实践所受到的生态政策约束较少，积累经验能为纵深的生态旅游发展提供借鉴。因此，应在深入全面的研究基础上，结合《泽库县城市总体规划（2015—

2030)》、《泽库县和日镇总体规划》(2016—2030)、《和日镇集镇建设规划》(2016)、《全国重点文物保护单位和日石经墙及和日寺保护规划》(2018)以及《藏羌彝文化产业走廊总体规划》(2017)、《热贡文化生态保护区总体规划》(2011)等,立足于支点建设思路,尽早委托高资质的设计单位编制高起点的《和日镇旅游发展规划》及文化产业发展、村落文化建设等方面的"详规"。其中,业已酝酿或提出的"石经城""高原石刻第一村""石雕艺术之乡"等打造理念和思路值得充分借鉴。另外,基于生态红线约束,这一规划宜把"精致"置于首位,倾心打造"石刻之乡",用"石"为沟通媒介和文化底色,探索人与自然环境高度融合的"小镇"建设典范。

(2) 尽美谋划发展远景

作为支点规划或小镇规划的重要内容,和日的规划宜以"景观"和"文化"为主打内容。主要通过以下几种办法进行尝试。一是紧密结合牧业与观光,把和日视作广域的公园,将观光资源最大化,精心打造"高寒牧业公园"。二是继续沿着《和日镇总体规划》(2016—2030)以各类二级园区作功能分区(如黑帐篷文化园、和日沙漠公园等)的思路,将总体定位落实在园区建设上。三是为自然环境、文化体验创造浓厚氛围,特别在文化体验上,主打体验式旅游的"石刻之乡",为游客提供产品生产的现场教学和制作体验;同时,鼓励开展民族歌舞、藏戏演艺、赛马、赛牛等具有深厚群众基础的民俗宗教体育活动,使之由节庆活动内容向经常性展演适度扩展。四是围绕发展定位优先建成高原农牧产业体验实习馆、农畜产品加工所、民间藏戏讲述和展示所、石刻(雕)资料馆等关键设施,使和日成为高寒牧区环境改善、文化展示、农牧业发展展示中心。五是创建"一村一品"特色旅游产业发展模式,弘扬发展民族文化,在促进旅游发展的同时提高农牧民生产生活水平,推动地方经济活动和农牧产业化高质量发展。

(3) 尽快打通交通梗阻

对于"小镇"旅游而言,自驾游客是主要目标群体。而自驾游对交通距离、通达性、路况等有更高要求。和日镇已具有较好交通条件，但也存在梗阻之处，主要有：一是西久公路"王家岔路口"、同德滩"三岔路口"至和日镇政府所在地的公路，前者为改造不久的柏油路，质量远优于后者的水泥硬化路，但等级不高，通行不畅；二是S302同仁县城隆务镇至夏日德滩路段，主要在麦秀林区，山体高耸、弯急坡陡，路害严重，虽经反复修建，却难见切实改观。应加紧推进已建成的张（掖）汶（川）高速大通—西宁—同仁段，经泽库县城、过河南县城优干宁镇达赛尔龙（省界）段的建设。宜将"王家岔路口""三岔路口"分别至和日镇区的2个约7千米建成高等级旅游公路，并在相应地点，特别是两个岔路口建成醒目的景区（点）指向牌（在前者面向北、后者面向南）、景区（点）渲染牌等。在西久公路改造升级尚不能全线实现的情况下，应优先申请或规划立项其中贵德至同德段的建设。

（4）努力发展石刻产业

毫无疑问，石刻（雕）文化、经济资源是和日"石刻小镇"建设中可以而且必须倚仗的资本，石刻产业化发展为必然出路。一要提升传统产业。坚持公益性与效益性并重，鼓励村"两委"在做好石刻（雕）技艺传承人培育的同时，用各家各户资金、技术等入股的形式，引导村办企业的股份化改造。在思想上、制度上主动革新，对参与管理、经营的村"两委"负责人、成员给予名正言顺的劳动报偿。继续在黄南州、泽库县层面，对州、县内大规模的石刻产品订单进行统筹，同时，积极利用行政手段争取州外、省外订单，进而分配给和日镇（村），使其产品有绵延的营销市场。就以行政方式调配的石刻订单，必须用企业规制对订单生产加以约束，保证能如期保质保量完成合同约定。二要培育现代企业发展的市场环境。认真研究吸取当地企业经营沉浮的经验教训，通过必要的财政、税收、金融等杠杆手段，扶持濒临停产歇业的泽库县泽和石源石材工艺开发有限公司（从事石材采掘、雕刻时间最早的私营企业）等当地积累有一定生产开发经验的经营实体重拾曾经的荣耀。引导当地从事与"石"有关业务的另外近20家企业尽快从合作社、传习所等传统角色中解放出来，在规范企业运行的同时，彰显经营行为、提振经济效益。三要紧紧抓住石刻（雕）产品品种和种类这个关键，扩充石刻（雕）产品市场。借鉴唐卡开发中的有益经验，引导为僧的传承人深入挖掘石刻（雕）产品的世俗功能，鼓励个别艺人开发石刻（雕）挂饰、玩件等旅游产品的尝试，为小镇旅游产品开发产业勃兴创造观念和引导力条件。

（5）尽力引进开发力量

营造公开、公平、公正的营商环境，为镇、县、州、省外资金或企业参与石刻（雕）及旅游产业营造良好社会环境。进一步明晰政府在小镇产业发展中"制定规划政策，搭建发展平台"的角色，使企业真正成为"按照政府引导、企业主体、市场化运作"的建设主体。利用消费升级助推旅游消费市场趋好的契机，在基本建成旅游发展所需的交通、环境、政策等公共基础后，借鉴茶卡景区的成功经验，吸引青海省内外成功的大型企业，特别是文化企业、控股公司整体开发"石刻小镇"。顺应国家对青海的产业发展指向，引导实力资本探索高原牧业区旅游小镇开发中的"旅游+"模式，比如"旅游+石刻产业""旅游+生态畜牧业""旅游+高原物流业"等，在将相关产业财政扶持政策和资金作为监管市场的必要手段，使生态旅游这一绿色产业更绿的同时，为企业在小镇旅游开发中获得期待的利润，甚至倍增商业收益提供必要的条件。应深入挖掘和日镇作为历史上"松潘茶卡商道"（藏语称"夏尔兰木"）、"黄河九曲道"、"河南道"等的所经地甚至必经地的连通，借助黄南州域处在"藏羌彝文化产业走廊"核心区的优势，吸引川、滇、黔等省知名旅游开发企业参与和日镇旅游开发，或将和日纳入其所开发旅游品牌经营范围，实现与实力资本联合开发。

（6）尽心重建村落文化

和日镇作为热贡文化生态保护实验区的一部分，其旅游资源开发必然要与其核心区同仁地区的旅游开发相统一。其中，藏文化中的安多文化或热贡文化始终是旅游文化资源开发的灵魂。村落在文化生态保护中的躯壳作用不可替代。故应将村落纳入文化生态保护实验区建设的主要视野，更加重视村落为视域的文化生态保护。对于和日镇而言，必须重视牧民居住方式、格局发生转变后所出现的文化突变，借鉴中国内地通过村落保护实现文化生态保护的成功经验，尝试对迁居和日镇政府所在集镇的移民社区进行类似村落内部关系的重构，维系村落结构平衡。对牧民迁出地聚落，就其完整性和价值进行评估，然后做出是否进行保护的决策。以和日镇诸多以村落为主要形态的聚落进行研究评价，并做出更加有利于自然和文化生态系统平衡的牧民聚落形式的规划和安排，为高原高寒地区的新型城镇化发展提供"和日经验"。对于村落建设所需的庞大资金需求，可在州、县级层面整合住建系统的"历史文化名城"、文旅系统的"传统村落"和民宗系统的"中国少数民族村寨"等的保护资金，而后在规划指导下，与文化生态保护实验区建设相关资金捆绑，集中财力，打造保护建设样板村落，以生发示范引领牵动作用。在加强政府监管，坚决防止媚俗化、杜绝破坏的前提下，积极探索民间资本参与传统村落开发的方式和模式，鼓励村民以户或联户（包括合作社）为单位对村落资源进行保护性开发利用。

二　调查问卷

传统村落与移民社区发展调查问卷

尊敬的先生/女士：

　　为了深入了解热贡文化传承、保护、发展的基础，为制定文化发展政策提供依据，我们开展这次问卷调查。这个问卷是匿名的，调查结论不会用于商业用途。您的看法对我们研究、解决藏族传统文化传承问题非常重要。请您根据自己的实际，做出真实的填答。首先看下面的"填答说明"。

　　填答说明：

　　问卷选项都是单选题，答案没有对错之分，您只需选一个答案并在该选项前圆圈序号上画"√";要求填写的,请在( )或_____内填相应的数字或文字。

一 基本情况

1. 您的年龄: ①24 岁以下 ②25—34 岁 ③35—44 岁 ④45—59 岁 ⑤60 岁以上

2. 您的性别: ①男 ②女

3. 您的婚姻状况: ①未婚 ②已婚 ③分居 ④离婚 ⑤丧偶 ⑥同居 ⑦其他

4. 您的户籍是: ①农村户口 ②城镇户口

5. 您的国民教育文化程度: ①没上过学 ②小学 ③初中 ④中专[中技] ⑤高中[职高] ⑥大专[高职] ⑦大学本科 ⑧研究生及以上

6. 您的政治面貌: ①中共党员 ②共青团员 ③民主党派成员 ④未加入任何党派

7. 您家里的人口数: ①1 人 ②2 人 ③3 人 ④4 人 ⑤5 人 ⑥6 人 ⑦7 人及以上

8. 您本人身份证上写的民族是( )、您认为您应该是那个民族( ): ①汉族 ②藏族 ③回族 ④土族 ⑤ 撒拉族 ⑥蒙古族 ⑦其他

9. 您的职业: ①从事农业的人 ②从事牧业的人 ③企业工人 ④专门的手工艺人 ⑤党政机关干部 ⑥科技和科研人员、医生或护士 ⑦商业人员 ⑧教师 ⑨上学的人 ⑩宗教人士 ⑪其他

二 村落发展

10. 您觉得目前村里或者社区的居住环境怎么样? ①感觉很舒服 ②感觉还可以 ③感觉不舒服 ④感觉很不舒服 ⑤不清楚

11. 您对城乡生活环境的看法是: ①生活在城市里好 ②城镇、乡里都可以 ③在村里好 ④很难说

12. 您认为对曾经居住或现在居住的村落里的建筑,政府应该采取怎样的措施? ①不理会,保持原貌 ②修复并基本上保留原貌

③拆除，重新修建　　④拆除，修建新时代的建筑　　⑤无所谓

  13. 您是否同意由开发商来开发自然村落？　　①同意　　②不同意　　③无所谓

  14. 有人说"村庄文化就是落后文化"，您是否同意这个说法？①同意　　②不同意　　③不好说

  15. 您对在热贡地区一些自然村落文化遗产保护的现状持什么态度？　　①得到很好的保护，保持原貌　　②得到较好的保护，基本保持原貌　　③保护不到位，有损坏　　④基本没有保护，损坏严重　　⑤不清楚

  16. 您认为旅游开发对自然村落文化遗产保护有什么影响？①好处多于坏处　　②坏处和好处一个样　　③坏处多于好处　　④没什么影响　　⑤说不清楚

  17. 您认为保护村落的做法对热贡文化保护有什么样的作用？①作用很大　　②有一点作用　　③没有作用　　④不清楚

  18. 您认为热贡地区自然村落开发与保护面临的最大困难是什么？（选一个）①交通落后，地理位置偏远　　②政府的支持力度不强　　③各方面的资金投入不够　　④村民保护与传承文化遗产的意识薄弱　　⑤市场需求较小　　⑥其他　　　　　⑦不清楚

  19. 请问您对自然村落文化的哪一部分最感兴趣？（选一个）①传统手工艺　　②传统文化遗迹　　③传统习俗　　④饮食文化　　⑤居住文化　　⑥村落的起源与发展　　⑦寺庙里的文化　　⑧其他　　　　　⑨不清楚

  三　文化生态

  20. 您对国家建立"热贡文化生态保护实验区"的了解程度：①非常了解　　②了解一点　　③知道，但不了解　　④不知道有这么一回事

  21. 总体上看，您觉得目前党委政府保护热贡文化的措施对热贡文化传承的作用：　　①有很大的作用　　②有一点作用　　③没有作用　　④不清楚

22. 您们家的收入主要靠（　　），其次靠（　　）：①种庄稼　②养牛羊等　③挖虫草　④卖跟热贡艺术有关系的文化产品　⑤给别人打零工　⑥单位工资　⑦社会保障金　⑧出租房屋　⑨其他_____

23. 您认为做买卖的人应不应该得到尊重？①应该　②不应该　③不清楚

24. 您家里人吃的酥油多数是怎么来的？（选一个）　①从商店里买的　②亲戚朋友送的　③自己家的牛奶做的　④其他_____　⑤家里人不吃酥油

25. 从本地人的祖父母、父母、本人及其子女这四代说藏语的水平看：　①说得一代比一代好　②说得都差不多　③说得一代不如一代　④不清楚

26. 您平时使用民族文字的情况：　①经常使用　②多数情况下使用　③偶尔使用　④懂，但基本不用　⑤懂的很少，也不用　⑥不懂

27. 如果您要送自己的孩子在本地学校上学，您更愿意送到哪一种学校？　①以民族语授课为主的学校　②以汉语授课为主同时教民族语文的学校　③完全以汉语授课的学校　④哪一种都可以　⑤说不上

28. 有人说，保护热贡文化就必须保护当地民众的宗教信仰。您是否同意这个说法？①完全同意　②基本同意　③不同意　④不清楚

29. 您愿不愿意送您的子女到寺观当教职人员　①非常愿意　②比较愿意　③不太愿意　④很不愿意　⑤说不清楚

30. 我国《宪法》规定"中华人民共和国公民有宗教信仰自由"，您觉得这条法律贯彻落实得怎么样？　①贯彻落实得非常好　②贯彻落实得一般　③贯彻落实得不好　④不清楚

31. 如果有藏戏演出并要求买票看，您会花自己的钱去看吗？①会　②不会　③不好说

32. 您认为跟以前相比，本地人穿戴民族服饰的次数：　①越来越多　②一个样　③越来越少　④说不清楚

33. 您觉得普通人去世后用下面的哪一种葬法最好（选一个）？

①天葬　②火葬　③土葬　④火葬后再土葬　⑤水葬　⑥其他方式_____　⑦哪一种都可以　⑧不好说

34. 在平时的生活中，比较来说您跟下面的哪一种人最容易相处得来？（选一个）　①有血缘关系的人　②宗教信仰相同的人　③有业务关系的人　④一个村的人　⑤同一部落的人　⑥有同学关系的人　⑦其他_____

35. 您们家在出嫁姑娘或娶媳妇时，首先要考虑，然后考虑：①是否同一民族　②"身袖"怎么样　③家庭经济条件的好坏　④两家所在地距离的远近　⑤对方的人品好不好　⑥对方长得怎么样　⑦文化水平的高不高　⑧相似的经历　⑨其他_____

36. 人们常说"远亲不如近邻"，您觉得这句话：　①说得很对　②说得有一定的道理　③说得不对　④不好说

我们的调查结束了，向您表示感谢！祝您身体健康、生活幸福，扎西德勒！

您有什么问题想探讨，可以给我们打电话（号码×××××××××××）

三　受访者名录

序号	姓名	性别	民族	年龄	供职单位或所在村社	身份
1	DZJ	男	藏	44	黄南州泽库县和日乡和日村	村支部书记
2	CRNJ	男	藏	60+	黄南州泽库县和日乡和日村	村主任
3	GGHD	男	藏	28	黄南州泽库县和日乡和日村	待业青年
4	SJK	男	藏	~40	黄南州泽库县和日乡	党委书记
5	CRDZ	男	藏	30+	黄南州泽库县民语办	副主任
6	NM	男	藏	52	泽库县人大常委会	副主任
7	QTJ	男	藏	—	泽库县广播电视站	站长
8	XXL	男	汉	—	黄南州民族宗教事务委员会	主任

续表

序号	姓名	性别	民族	年龄	供职单位或所在村社	身份
9	HSQ	男	汉	—	黄南州地方志编纂委员会办公室	主任
10	CRDJ	男	藏	—	黄南州民语办	科长
11	BYY	男	—	—	青海省文化和新闻出版厅非遗处	处长
12	QDL	男	汉	56	热贡文化生态保护实验区管理委员会	常务副主任
13	ZXX	男	汉	50+	热贡文化生态保护实验区管理委员会	副主任
14	NLT	男	藏	40+	青海省藏剧团	副团长
15	LJ	男	—	40+	黄南州同仁县文体广电旅游局	局长
16	XWJC	男	—	30+	黄南州同仁县吾屯村	画师
17	GZ	男	藏	30+	黄南州同仁县仁俊唐卡苑	职工
18	DZSD	男	—	20+	黄南州同仁县民族文化宫	画师
19	SNZX	男	藏	30+	黄南州同仁县年都乎乡政府	乡长
20	SNJC	男	藏	30+	黄南州同仁县年都乎乡政府	人大主席
21	CRDJ	男	藏	40	黄南州同仁县年都乎乡郭麻日村	村民（唐卡画师）
22	GDSZ	男	藏	53	黄南州同仁县年都乎乡郭麻日寺	僧人
23	SJJ	男	藏	30+	黄南州同仁县年都乎乡郭麻日村	村民（唐卡画师）
24	XWT	男	藏	30+	黄南州同仁县年都乎乡郭麻日村	村民
25	DJCR	男	土	29	黄南州同仁县隆务镇霍尔加村	村民（唐卡画师）
26	DGR	男	土	50+	黄南州同仁县年都乎乡郭麻日村	支部书记
27	DB	男	土	—	黄南州同仁县年都乎乡郭麻日村	副村长
28	EXDZ	男	土	40+	黄南州同仁县年都乎乡郭麻日村	村委会主任
29	SNJ	男	土	72	黄南州同仁县年都乎乡郭麻日村	退休教师
30	WDCR	男	土	~30	黄南州同仁县年都乎乡郭麻日村	村民

续表

序号	姓名	性别	民族	年龄	供职单位或所在村社	身份
31	SJJ	男	土	92	黄南州同仁县年都乎乡郭麻日村	村民
32	WMCL	男	土	66	黄南州同仁县年都乎乡郭麻日村	村民（法师）
33	JBDZ	男	土	69	黄南州同仁县年都乎乡郭麻日村	村民
34	XWLX	男	藏	51	郭麻日完全小学	校长
35	DJK	男	藏	—	黄南州民族宗教事务委员会驻郭麻日村	第一书记
36	DB	男	土	30+	黄南州同仁县年都乎乡郭麻日村	村医
37	STJ	女	土	36	黄南州同仁县年都乎乡郭麻日村	村民
38	DBJG	男	土	76	黄南州同仁县年都乎乡郭麻日村	退休教师
39	DHB	男	土	28	黄南州同仁县年都乎乡郭麻日村	村民
40	SM	女	藏	26	黄南州同仁县年都乎乡郭麻日村	斗合本妻、村民
41	SNDJ	男	土	38	黄南州同仁县年都乎乡郭麻日村	村民
42	WMJ	男	土	26	黄南州同仁县年都乎乡郭麻日村	村民（唐卡画师）
43	WSA	男	汉	44	黄南州同仁县年都乎乡郭麻日村	村民（木匠）
44	JMDZ	男	藏	36	黄南州泽库县文体广电旅游局	副局长
45	WMDZ	男	藏	37	黄南州泽库县佛教协会	会长
46	XWZX	男	藏	36	黄南州泽库县和日镇	副镇长
47	NJH	男	藏	43	和日镇中心完小	校长
48	GRDJ	男	藏	45	黄南州泽库县和日镇和日村	支部书记
49	HBZ	男	藏	73	黄南州泽库县和日镇和日村	原村会计
50	LZDB	男	藏	—	黄南州泽库县和日镇	镇长
51	CJL	男	汉	—	黄南州泽库县巴滩牧场	党委书记
52	SDJC	男	藏	30+	黄南州泽库县和日镇和日村	村民（石雕艺人）

续表

序号	姓名	性别	民族	年龄	供职单位或所在村社	身份
53	CWJ	女	藏	71	黄南州泽库县和日镇和日村	村民
54	GQSZ	男	藏	84	黄南州泽库县和日镇和日村	原村书记
55	RZDJ	男	藏	30	黄南州泽库县和日镇和日村	村民（石雕艺人）
56	JTJ	男	藏	30+	黄南州泽库县和日镇和日村	村民
57	JMLJ	男	藏	53	和日寺	僧人
58	NJJ	男	藏	30+	黄南州泽库县和日镇驻和日寺	干部
59	ZXWJ	男	藏	42	三江源国家公园曲麻莱管理处	局长

注：以访谈先后时间为序。1—10系笔者访谈于2010年，其余访谈于2018年。

参考文献
（以首字拼音为序）

（一）文献著作

白渔撰文，郑云峰摄影：《黄南秘境》，中国青年出版社2006年版。

北京大学社会学人类学研究所编：《社区与功能——派克、布朗社会学文集及学记》，北京大学出版社2002年版。

曹锦清、张乐天、陈中亚：《当代浙北乡村的社会文化变迁》，上海人民出版社2014年版。

曹娅丽：《青海黄南藏戏》，文化艺术出版社2007年版。

陈乃华：《无名的造神者——热贡唐卡艺人研究》，世界图书出版公司2013年版。

杜发春：《三江源生态移民研究》，中国社会科学出版社2014年版。

范长风：《从地方性知识到生态文明：青藏边缘文化与生态的人类学调查》，中国发展出版社2017年版。

范长风：《自然之道：文化眼里的青藏牧民及其自然资源管理》，中国发展出版社2017年版。

范俊军编译：《联合国教科文组织关于保护语言与文化多样性文件汇编》，民族出版社2006年版。

费孝通：《乡土中国　生育制度》，北京大学出版社1998年版。

冯雪红：《三江源藏族生态移民三村》，社会科学文献出版社2016年版。

付海鸿：《三江源生态移民的文化变迁与身份认同研究：以格尔木昆

仑民族文化村为例》，中国社会科学出版社 2017 年版。

格勒：《藏族早期历史与文化》，商务印书馆 2006 年版。

郭来喜主编：《青海省旅游业发展与布局总体规划（2001—2020年）》，青海人民出版社 2003 年版。

国家民委经济发展司编著：《中国少数民族特色村寨保护与发展经验研究》，民族出版社 2014 年版。

韩念勇主编：《草原的逻辑——顺应与适应：游牧文明的未来价值》，北京科学技术出版社 2011 年版。

黄南藏族自治州文化局民文集成办公室编：《黄南谚语》（藏汉对照），青新出（90）准字第 35 号。

黄树民：《林村的故事：一九四九年后的中国农村变革》，素兰、纳日碧力戈译，生活·读书·新知三联书店 2002 年版。

黄正泉：《文化生态学》（上下册），中国社会科学出版社 2015 年版。

李培林：《村落的终结——羊城村的故事》，商务印书馆 2004 年版。

李培林等主编：《社会学与中国社会》，社会科学文献出版社 2008 年版。

李元元：《经堂与市场之间——青海黄南藏族自治州唐卡文化产业与民族社区发展研究》，民族出版社 2018 年版。

林耀华：《金翼：中国家族制度的社会学研究》，生活·读书·新知三联书店 1989 年版。

林耀华：《义序的宗族研究》，生活·读书·新知三联书店 2000 年版。

鲁顺元：《文化圈的场域与视角——1929—2009 年青海藏文化变迁与互动研究》，中国社会科学出版社 2016 年版。

陆学艺：《改革中的农村与农民：对大寨、刘庄、华西等 13 个村庄的实证研究》，中共中央党校出版社 1992 年版。

吕霞、贾一心：《热贡六月会》，青海人民出版社 2010 年版。

罗康隆：《生态人类学理论探索》，湖南人民出版社 2017 年版。

马成俊：《热贡艺术》，文化艺术出版社 2005 年版。

马成俊主编：《神秘的热贡文化》，文化艺术出版社 2003 年版。

马戎、周星主编：《田野工作与文化自觉》（上），群言出版社1998年版。

毛丹：《一个村落共同体的变迁——关于尖山下村的单位化的观察与阐释》，学林出版社2000年版。

孟向京等：《中国生态移民的理论与实践研究》，中国人民大学出版社2017年版。

彭兆荣等：《热贡唐卡考察录》，民族出版社2012年版。

钱学森：《论宏观建筑与微观建筑》，杭州出版社2001年版。

（清）龚景瀚编：《循化厅志》，李本源校，崔永红校注，青海人民出版社2016年版。

（清）智观巴·贡却乎丹巴饶吉：《安多政教史》，吴均、毛继祖、马世林译，青海人民出版社2017年版。

丘咸初：《青海农村经济》，青海省党务特派员办事处1934年版，青海省地方志编纂委员会界定复印本。

任善英：《三江源生态移民生产生活效益研究》，天津大学出版社2016年版。

桑才让：《中国藏区生态移民问题研究》，中国社会科学出版社2016年版。

色音：《蒙古游牧社会的变迁》，内蒙古人民出版社1998年版。

覃光广、冯利、陈朴主编：《文化学辞典》，中央民族学院出版社1988年版。

同仁县志编纂委员会编：《同仁县志》，三秦出版社2001年版。

汪民安等主编：《后现代性的哲学话语——从福柯到赛义德》，浙江人民出版社2000年版。

王铭铭：《村落视野中的文化与权力——闽台三村五论》，生活·读书·新知三联书店1997年版。

王铭铭：《社区的历程——溪村汉人家族的个案研究》，天津人民出版社1997年版。

王晓毅：《生态移民与精准扶贫——宁夏的实践与经验》，社会科学文献出版社 2017 年版。

王颖：《新集体主义——乡村社会的再组织》，经济管理出版社 1996 年版。

韦仁忠：《高原城市的陌生人：三江源生态移民的文化调适和社会资本重建》，中国社会科学出版社 2016 年版。

吴毅：《村治变迁中的权威与秩序——20 世纪川东双村的表达》，中国社会科学出版社 2002 年版。

谢元媛：《生态移民政策与地方政府实践：以敖鲁古雅鄂温克生态移民为例》，北京大学出版社 2010 年版。

徐勇：《中国农村村民自治》，华中师范大学出版社 1997 年版。

许德祥：《水库移民系统与行政管理》，新华出版社 1998 年版。

阎云翔：《礼物的流动——一个中国村庄中的互惠原则与社会网络》，上海人民出版社 2000 年版。

杨庭硕：《生态人类学导论》，民族出版社 2007 年版。

杨庭硕、罗康隆、潘盛之：《民族、文化与生境》，贵州人民出版社 1992 年版。

意娜：《直观造化之相：文化研究语境下的藏族唐卡艺术》，社会科学文献出版社 2013 年版。

尹绍亭：《森林孕育的农耕文化——云南刀耕火种志》，云南人民出版社 1994 年版。

于建嵘：《岳村政治——转型期中国乡村政治结构的变迁》，商务印书馆 2001 年版。

泽库县志编纂委员会编：《泽库县志》，中国县镇年鉴出版社 2005 年版。

张厚安等：《中国农村村级治理——22 个村的调查与比较》，华中师范大学出版社 2000 年版。

张素秋、吕宝海主编：《当代经济新术语》，中国财政经济出版社 1990 年版。

折晓叶：《村落的再造——一个"超级村庄"的社会变迁》，中国社会科学出版社 1997 年版。

郑杭生主编：《社会学概论新修》，中国人民大学出版社 1994 年版。

中国科学院地理科学与资源研究所、青海省旅游局：《2009—2025 青海省三江源区生态旅游发展规划》，中国旅游出版社 2009 年版。

周大鸣：《凤凰村的变迁——〈华南的乡村生活〉追踪研究》，社会科学文献出版社 2006 年版。

庄孔韶主编：《人类学通论》，山西教育出版社 2004 年版。

[德] 斐迪南·滕尼斯：《共同体与社会——纯粹社会学的基本概念》，林荣远译，北京大学出版社 2010 年版。

[法] H. 孟德拉斯：《农民的终结》，李培林译，中国社会科学出版社 2010 年版。

[加] 朱爱岚：《中国北方村落社会性别与权力》，胡玉坤译，江苏人民出版社 2004 年版。

[美] R. E. 帕克、E. N. 伯吉斯、R. D. 麦肯齐：《城市社会学》，宋俊岭、吴建华、王登斌译，华夏出版社 1987 年版。

[美] 查尔斯·哈珀：《环境与社会——环境问题中的人文视野》，肖晨阳等译，天津人民出版社 1998 年版。

[美] 丹尼尔·哈里森·葛学溥：《华南的乡村生活——广东凤凰村的家族主义社会学研究》，周大鸣译，知识产权出版社 2012 年版。

[美] 杜赞奇：《文化、权力与国家：1900—1942 年的华北农村》，王福明译，江苏人民出版社 2006 年版。

[美] 黄宗智：《华北的小农经济与变迁》，中华书局 2000 年版。

[美] 克利福德·吉尔兹：《地方性知识——阐释人类学论文集》，王海龙、张家瑄译，中央编译出版社 2000 年版。

[美] 拉铁摩尔：《中国的亚洲内陆边疆》，唐晓峰译，江苏人民出版社 2008 年版。

[美] 刘易斯·芒福德：《城市文化》，宋俊岭、李翔宁、周鸣浩译，中国建筑工业出版社 2009 年版。

[美] 罗伯特·E. 帕克等：《城市——有关城市环境中人类行为研究

的建议》，杭苏红译，商务印书馆2016年版。

[美] 罗伯特·F. 墨菲：《文化与社会人类学引论》，王卓君译，商务印书馆2009年版。

[美] 罗伊·A. 拉帕波特：《献给祖先的猪——新几内亚人生态中的仪式》，赵玉燕译，商务印书馆2019年版。

[美] 马文·哈里斯：《文化唯物主义》，张海洋、王曼萍译，华夏出版社1989年版。

[美] 明恩溥：《中国乡村生活》，陈午晴、唐军译，时事出版社1998年版。

[美] 欧·奥尔特曼、马·切默斯：《文化与环境》，骆林生、王静译，东方出版社1991年版。

[美] 施坚雅：《中国农村的市场和社会结构》，史建云、徐秀丽译，虞和平校，中国社会科学出版社1998年版。

[美] 史徒华：《文化变迁的理论》，张恭启译，远流出版事业股份有限公司1989年版。

[美] 唐纳德·L. 哈迪斯蒂：《生态人类学》，郭凡、邹和译，文物出版社2002年版。

[美] 托马斯·哈定：《文化与进化》，韩建军等译，浙江人民出版社1987年版。

[日] 绫部恒雄主编：《文化人类学的十五种理论》，周星等译，贵州人民出版社1988年版。

[日] 秋道智弥、市川光雄、大柳太郎：《生态人类学》，范广荣、尹绍亭译，云南大学出版社2006年版。

[英] 安东尼·吉登斯：《社会学》，赵旭东等译，北京大学出版社2003年版。

[英] 罗伯特·比尔：《藏传佛教象征符号与器物图解》，向红笳译，中国藏学出版社2007年版。

[英] 莫里斯·弗里德曼：《中国东南的宗族组织》，刘晓春译，王铭铭审校，上海人民出版社2000年版。

313

（二）学术论文

阿拉坦宝力格：《论干旱戈壁地区游牧生活方式的历史文化定位》，《广西民族大学学报》（哲学社会科学版）2008年第3期。

百乐·司宝才仁等：《试论三江源生态移民的文化变迁》，《复旦学报》（社会科学版）2007年第3期。

陈景源、庞涛、满都尔图：《青海省同仁地区民间宗教考察报告》，《西北民族研究》1999年第1期。

陈锐：《基于居民时空行为的热贡地区城市社会空间结构研究》，硕士学位论文，长安大学，2018年。

崔明昆：《生态人类学的系统论方法》，《中南民族大学学报》（人文社会科学版）2012年第4期。

崔延虎：《生态决策与新疆大开发》，《民族研究》2001年第1期。

邓先瑞：《试论文化生态及其研究意义》，《华中师范大学学报》（人文社会科学版）2003年第1期。

杜靖：《中国生态人类学70年研究理路与反思》，《湖北民族学院学报》（哲学社会科学版）2019年第6期。

范长风：《权力话语中的高原鼠兔与藏族传统生态知识》，《西北民族大学学报》（哲学社会科学版）2012年第6期。

方李莉：《文化生态失衡问题的提出》，《北京大学学报》（哲学社会科学版）2001年第3期。

费孝通、方李莉：《关于西部人文资源研究的对话》，《民族艺术》2001年第1期。

风笑天：《"落地生根"？——三峡农村移民的社会适应》，《社会学研究》2004年第5期。

付广华：《人类学的系统生态学述论》，《广西民族研究》2018年第5期。

高丙中：《中国民俗学的人类学倾向》，《民俗研究》1996年第2期。

高丙中：《中国民俗学三十年的发展历程》，《民俗研究》2008年第3期。

高丙中、宋红娟：《文化生态保护区建设与城镇化进程中的非遗保护：机制梳理与政策思考》，《西北民族研究》2016年第2期。

葛根高娃、乌云巴图：《内蒙古牧区生态移民的概念、问题与对策》，《内蒙古社会科学》（汉文版）2003年第2期。

韩昭庆：《美国生态人类学研究述略》，《原生态民族文化学刊》2012年第1期。

胡燕等：《传统村落的概念和文化内涵》，《城市发展研究》2014年第1期。

黄蕊：《旅游联动发展视角下的青海同仁古村落保护与发展研究》，硕士学位论文，长安大学，2015年。

姜振华、胡鸿保：《社区概念发展的历程》，《中国青年政治学院学报》2002年第4期。

角巴才让：《热贡艺术的起源与发展》，《群文天地》2011年第2期。

解彩霞：《三江源生态移民的社会适应研究——基于格尔木市两个移民点的调查》，《青海社会科学》2009年第3期。

柯熙泰：《安多藏区传统聚落与民居建筑研究——以青海同仁郭麻日村为例》，硕士学位论文，西安建筑科技大学，2015年。

蓝宇蕴：《我国"类贫民窟"的形成逻辑——关于城中村流动人口聚居区的研究》，《吉林大学社会科学学报》2007年第5期。

雷洪、孙龙：《三峡农村移民生产劳动的适应性》，《人口研究》2000年第11期。

李屹峰等：《青海省三江源自然保护区生态移民补偿标准》，《生态学报》2013年第1期。

李勇华：《农村"社区"与"行政村"辨析》，《探索》2014年第5期。

李元元、李军：《市场的诞生——青海吾屯"唐卡"文化市场的个案研究》，《北方民族大学学报》（哲学社会科学版）2015年第1期。

刘术一：《人类生态学研究现状与发展趋势》，《绿色科技》2012年第4期。

刘铁梁：《村落——民俗传承的生活空间》，《北京师范大学学报》（社会科学版）1996年第6期。

刘夏蓓：《青海隆务河流域的"六月会"及其文化内涵》，《西北民族研究》1999年第1期。

刘学敏：《西北地区生态移民的效果与问题探讨》，《中国农村经济》2002年第4期。

鲁顺元：《生态移民理论与青海的移民实践》，《青海社会科学》2008年第5期。

吕咪咪：《人居环境科学视角下热贡地区传统村落保护与发展研究》，硕士学位论文，长安大学，2017年。

吕霞：《热贡艺术的历史渊源及发展分期》，《青海民族学院学报》2008年第1期。

吕霞：《文化生态与艺术传承——以热贡艺术为例》，《青海民族研究》2009年第3期。

骆桂花：《三江源生态移民安置与后续产业发展的社会调查》，《青海民族学院学报》2009年第2期。

骆梁笑：《热贡地区场所景观特征研究》，硕士学位论文，长安大学，2017年。

骆梁笑、刘婧超：《热贡地区地域文化对聚落分布的影响》，《美与时代》（城市版）2016年第6期。

麻国庆：《草原生态与蒙古族的民间环境知识》，《内蒙古社会科学》（汉文版）2001年第1期。

马雨婧、魏婷：《热贡唐卡艺术市场发展状况及对策初探》，《经济与管理战略研究》2014年第2期。

孟向京：《三江源生态移民选择性及对三江源生态移民效果影响评析》，《人口与发展》2011年第6期。

米庆志：《基于居民时空行为的热贡地区乡村社会空间结构研究》，硕士学位论文，长安大学，2018年。

穆昭阳：《非物质文化遗产保护与中国民俗学学科建设》，《长江大学学报》（社会科学版）2018 年第 1 期。

祁进玉：《非物质文化遗产传承与保护的可行思路——以青海省黄南藏族自治州"热贡艺术"为个案》，《西北民族大学学报》（哲学社会科学版）2009 年第 6 期。

钱正坤：《"热贡艺术"与藏传佛教》，《美术研究》1987 年第 4 期。

邵全琴、樊江文等：《三江源生态保护和建设一期工程生态成效评估》，《地理学报》2016 年第 1 期。

石德生：《三江源生态移民的生活状况与社会适应——以格尔木市长江源生态移民点为例》，《西藏研究》2008 年第 4 期。

宋蜀华：《人类学研究与中国民族生态环境和传统文化的关系》，《中央民族大学学报》（哲学社会科学版）1996 年第 4 期。

孙国才：《多元文化背景下的青海省同仁县江什加村传统聚落研究》，硕士学位论文，西安建筑科技大学，2017 年。

索端智：《藏族信仰崇拜中的山神体系及其地域社会象征——以热贡藏区的田野调研为例》，《思想战线》2006 年第 2 期。

索端智：《三江源生态移民的城镇化安置及其适应性研究》，《青海民族学院学报》2009 年第 2 期。

索南旺杰：《囊索制度与部落社会关系初探——以热贡十二部落社会历史为例》，《西南民族大学学报》（人文社科版）2017 年第 5 期。

唐仲山：《青海"於菟"巫风调查报告》，《民俗研究》2003 年第 3 期。

唐仲山：《热贡文化百年学术研究》，《青海民族研究》2012 年第 4 期。

唐仲山：《同仁县年都乎村村落山神信仰与村落民俗的民族志分析》，《西北民族研究》2012 年第 3 期。

汪欣：《非物质文化遗产保护的文化生态论》，《民间文化论坛》2011 年第 1 期。

王红艳：《简释北美印第安人节日和生态文化的内涵及启示》，《世界民族》2009 年第 5 期。

王继光：《青海隆务河流域藏族来源的社会考察》，《西藏研究》1998年第2期。

王康康、祁进玉：《热贡地区土族"六月会"祭祀活动的仪式分析——以同仁县尕沙日村为个案》，《青海民族大学学报》（社会科学版）2010年第4期。

王友江：《浅谈热贡艺术的发展及其特色》，《西北民族学院学报》（哲学社会科学版）1998年第1期。

王远新：《城镇边缘土族村庄的语言生活——青海同仁县年都乎村语言使用、语言态度调查》，《新疆师范大学学报》（哲学社会科学版）2009年第3期。

魏美仙：《文化生态：民族文化传承研究的一个视角》，《学术探索》2002年第7期。

文忠祥：《民族文化与江河源地区生态策略选择》，《青海社会科学》2004年第1期。

萧放、贾琛：《70年中国民俗学学科建设历程、经验与反思》，《华中师范大学学报》（人文社会科学版）2019年第6期。

荀丽丽、包智明：《政府动员型环境政策及其地方实践——关于内蒙古S旗生态移民的社会学分析》，《中国社会科学》2007年第5期。

杨嘉琦：《青海同仁传统村落公共空间保护与更新研究——以郭麻日村为例》，硕士学位论文，长安大学，2016年。

杨圣敏：《环境与家族：塔吉克人文化的特点》，《广西民族学院学报》（哲学社会科学版）2005年第1期。

杨庭硕：《地方性知识的扭曲、缺失和复原——以中国西南地区的三个少数民族为例》，《吉首大学学报》（社会科学版）2005年第2期。

张婷婷：《青海古村堡年都乎村保护现状调研》，《新西部》2015年第6期。

赵宏利等：《生态移民后续产业发展模式研究——以三江源国家级自然保护区为例》，《生态经济》2009年第7期。

赵清阳：《热贡艺术历史考察纪略》（上），《西藏艺术研究》1996年第4期。

折晓叶、陈婴婴：《超级村庄的基本特征及"中间"形态》，《社会学研究》1997年第6期。

周华坤等：《三江源区生态移民的困境与可持续发展策略》，《中国人口·资源与环境》2010年第3期。

周鹏：《中国西部地区生态移民可持续发展研究》，博士学位论文，中央民族大学，2013年。

周全鑫：《青海省历史文化名村郭麻日村聚落评介》，《新西部》（理论版）2015年第6期。

左臣：《基于复合生态系统的青海郭么日村落空间结构研究》，硕士学位论文，西安建筑科技大学，2013年。

［美］J. H. 斯图尔德：《文化生态学的概念和方法》，玉文华译，《民族译丛》1988年第6期。

［美］汤姆斯·N. 海德兰：《生态人类学中的修正主义》，付光华译，《世界民族》2009年第2期。

（三）其他

北京国文琰文化保护发展有限公司：《全国重点文物保护单位保安古屯田寨堡古建筑群文物保护规划》，2016年。

北京国文琰文化遗产保护中心有限公司：《全国重点文物保护单位和日石经墙及和日寺保护规划》，2018年。

《关于解决和日村扩建藏戏团藏戏演出场地费用的申请报告》，和政字〔2015〕24号，泽库县和日镇政府，2015年3月15日。

《国家民委关于印发〈少数民族特色村寨保护与发展规划纲要（2011—2015年）〉的通知》，2012年12月5日。

国务院办公厅：《关于进一步加强控辍保学提高义务教育巩固水平的通知》，国办发〔2017〕72号，2017年9月5日。

《国务院批转民政部关于调整设市标准报告的通知》，国发〔1993〕

38号，1993年5月17日。

《和日镇人民政府关于同意成立泽库县和日镇和日村光明牌石雕技术产品生产及销售合作社的批复》，和政字〔2016〕9号，和日镇人民政府，2016年2月29日。

黄南藏族自治州人民政府：《热贡文化生态保护区总体规划》（成果稿），2011年8月。

黄南州热贡文化生态保护实验区管理委员会：《热贡文化生态保护实验区建设自评报告》，2017年。

《黄南州热贡文化生态保护实验区管委会关于上报2017年热贡文化生态保护实验区建设工作总结的报告》，热管委〔2018〕5号，2018年1月25日。

《坎布拉宗喀巴文化园区藏经"丹珠尔""甘珠尔"石刻项目协议书》，2011年4月29日。

鲁顺元、参看加：《三江源国家公园生态公益岗位制度运行及其效益评估报告》，三江源国家公园管理局课题，未刊稿，2018年8月。

青海黄南州同仁县文化局：《青海省第四批省级非物质文化遗产项目代表性传承人推荐表》，2018年5月29日。

《青海省人民政府办公厅关于印发〈2017青海文化旅游节活动总体方案〉的通知》，青政办〔2017〕91号，2017年5月17日。

《青海省人民政府关于公布调整更新后的青海征地统一年产值标准和征地区片综合地价的通知》，青政〔2015〕61号，2017年6月30日。

热贡文化生态保护区管理委员会：《热贡文化生态保护实验区总体规划实施方案（2013—2015）》，2012年。

陕西省城乡规划设计研究院、长安大学城市规划设计研究院：《青海省同仁县历史名城保护规划》，2015年。

陕西省古迹遗址保护工程技术研究中心、上海巩英建筑设计有限公司：《全国文物保护单位隆务寺保护规划》，2013年3月。

同仁县人民政府：《青海省同仁县城市总体规划（2014—2030）》，2014年12月。

文化部：《关于加强非物质文化遗产生产性保护的指导意见》，文非遗发〔2012〕4号，2012年2月2日。

项光伦：《在国家级文化生态保护实验区建设工作座谈会上的讲话》，2017年7月27日，载文化和旅游部非物质文化遗产司《西部地区国家级文化生态保护实验区建设经济交流活动材料汇编》，2018年10月，内部印发。

《艺术的天堂——热贡民族文化宫第二届毕业班论文》，青（黄）文（2018）准字第（18）号。

泽库县人民政府：《泽库县城市总体规划（2015—2030）》，2016年1月。

泽库县文体广电旅游局：《关于命名泽库县民间工艺大师、民间工艺师的通知》，泽文广旅字〔2013〕39号，2013年11月19日。

泽库县文体广电旅游局：《青海·泽库县旅游发展总体规划（2016—2025）》，2016年。

后　　记

　　从本书所依的国家社科基金项目结项至今已逾 3 年。在修改完善书稿并就其中某些关键命题作深入思考时，总在反躬自问：最初提出的那个问题究竟在多大程度上得到有效、有力的回答？从写作技术层面上说，这种反问有助于唤醒成果的问题意识，增强其针对性和实证性。在此之上，如面对最初的命题那样，一直在努力地思考着"剪不断，理还乱"的文化生态问题。

　　生态往往和系统紧密地联系在一起，而系统的概念如此复杂，领悟"生态系统"这一概念，就"别是一般滋味在心头"。及至对其有所理解后对照发现，本书的调查和研究并未撬动文化的生态系统问题，充其量只是描述了这种文化的生境。把聚焦点落在"生境"上，并不是为讨论"民族生境学"之主张。窃以为，"生态"的系统性要求仍然是文化生态保护理论和实践更高一层的目标，而"生境"的保护是实现这一目标的前一块基石。生态与生境有着天壤之别，前者讲系统性，也就是在一个具有明显边界的"区位"，生物与非生物之间的关系是非线性的，而后者仅是"生物个体、种群和群落所在的场所"。这本书，只是微观地呈现了"热贡"这个特殊的自然、文化空间里，村落与社区两种空间形态下，国家和民间力量在传统与现代、保护与开发两个相互抵牾又统一的价值和目标取向上，努力调和的社会文化行动过程。笔者希望，自然和文化边缘地带的文化生态保护实践，能够取得最大的效益。也希望本书对文化生境的初步呈现，能够唤起对文化生态的更多关注，对于进一步理解与本书议题相关的青藏高寒区域自然、文化和社会问题有所帮助和启发，特别是在全球化、

后　记

现代化背景下，其腹地有计划的社会变迁中，如何引导、优选合乎其生境、生态的"安身之所"，引发一些有意义的思索，提供一种可能方向或方案。

在这里，要向使调研成行、体味转文、成果就书的诸多相助者表达感谢。作为项目合作人，青海省社会科学院参看加研究员参与了提纲议定、问卷设计、调查撰写的全过程；黄南州委政策研究室蒋静女士还是课题组田野调查的引荐人，她卓有成效的协调，解了"如何进入调查点"之难。感谢青海省社会科学院胡芳研究员、青海师范大学文忠祥教授，在调查选点中给予无私帮助。在调研中牵线搭桥的还有，青海省文化与新闻出版厅（原）"非遗"处鲍延云处长、黄南州泽库县文体广电旅游局久美旦增副局长、和日镇夏吾扎西副镇长、同仁县年都乎乡索南扎西乡长等。他们是文化生态保护政策的基层践行者，都怀着一颗美美与共的赤诚之心，特别对地方文化了然于胸，每每回忆相处的点点滴滴，常令人肃然起敬。此外，还有允许笔者查阅相关资料的诸多机构或部门，回忆起来至少有：政协黄南州委文史资料委员会，黄南州文体广电旅游局、民族宗教事务委员会，同仁县文体广电旅游局、文物管理所，泽库县文体广电旅游局、民族宗教事务委员会、市场监督管理局，等等。书中藏文的词义解读、拉丁转写，仰仗青海省社会科学院旦正加副研究员、益西卓玛副研究员，西北民族大学看本加教授的相助。兰州文理学院刘润泽老师帮助绘制了文中地图。

要特别感谢的是在调研中的两位"房东"：郭麻日村的艺人多杰才让大师，他唐卡技艺精湛，曾在圈内颇负盛名，大师之称名实相副，后因一起交通事故使自身专注度受损，但他热爱艺术、钻研技艺之初心未泯，相信有一天必会恢复往昔荣光；和日村党支部各日多杰书记，他继承前任书记的衣钵，在带领村（牧）民发扬光大石刻（雕）艺术、探索产业多种经营上孜孜以求、荣誉等身，期待他能为高寒草地畜牧业的现代化发展积累更丰富的和日经验。还要感谢两位"房东"的家人对我讨扰的容忍。

这样的感谢理应在三年前就通过文字来传达的。如今，其中有相

323

助者的头衔已经发生改变，在此也应表达未跟踪其变化的歉意。就文本本身，除个别反思为近来学习、思考的体会外，对其他部分只是在文字、逻辑等技术层面作了修润或调整，最后基本保持了 2019 年成稿时的整体模样。如果说这本书的很多认识、观点来自民间和诸多受访者，那么，希望这种保持能够体现对他们的崇高致敬。

最后，要感谢西北民族大学组织人事部、科研处、财务处等部门的领导，以及相关项目负责人扎西当知教授、满珂教授等同人，对本书出版的大力支持。

当然，书中谬误甚至错漏等文责，皆由本人承担。

2022 年 9 月 20 日
于西宁